新时代湖南省乡村振兴与新型城镇化的耦合协同研究

曹雄彬　傅贻忙　著

北京理工大学出版社
BEIJING INSTITUTE OF TECHNOLOGY PRESS

版权专有 侵权必究

图书在版编目（CIP）数据

新时代湖南省乡村振兴与新型城镇化的耦合协同研究/曹雄彬，傅贻忙著. —北京：北京理工大学出版社，2020.11

ISBN 978-7-5682-9266-5

Ⅰ.①新… Ⅱ.①曹… ②傅… Ⅲ.①农村-社会主义建设-关系-城市化-协调发展-研究-湖南 Ⅳ.①F327.64②F299.276.4

中国版本图书馆 CIP 数据核字（2020）第 228910 号

出版发行 / 北京理工大学出版社有限责任公司
社　　址 / 北京市海淀区中关村南大街 5 号
邮　　编 / 100081
电　　话 /（010）68914775（总编室）
　　　　　（010）82562903（教材售后服务热线）
　　　　　（010）68948351（其他图书服务热线）
网　　址 / http：//www.bitpress.com.cn
经　　销 / 全国各地新华书店
印　　刷 / 北京虎彩文化传播有限公司
开　　本 / 710 毫米 × 1000 毫米　1/16
印　　张 / 13.5　　　　　　　　　　　　　　　责任编辑 / 梁铜华
字　　数 / 258 千字　　　　　　　　　　　　　文案编辑 / 杜　枝
版　　次 / 2020 年 11 月第 1 版　2020 年 11 月第 1 次印刷　责任校对 / 刘亚男
定　　价 / 80.00 元　　　　　　　　　　　　　责任印制 / 施胜娟

图书出现印装质量问题，请拨打售后服务热线，本社负责调换

内容摘要

　　本书的核心目标是新时代湖南省乡村振兴与新型城镇化的耦合协同研究，遵循现状分析、理论机制、耦合模型、治理对策的基本逻辑结构来研究湖南省乡村振兴与新型城镇化的发展。本书主要通过乡村振兴、新型城镇化和耦合协同三个方面来研究新时代湖南省乡村振兴与新型城镇化的耦合协同。与此同时，为实现研究目标，从理论解释和实证分析两个角度进行研究。具体来说，首先，对乡村振兴与新型城镇化耦合协同的理论基础进行研究；其次，通过研究乡村振兴与新型城镇化的内涵，分析出乡村振兴与新型城镇化耦合协同的演化规律，描述出乡村振兴战略、城镇化、新型城镇化和耦合协同模式的内涵及对乡村振兴与新型城镇化耦合协同的构成要素进行分析；再次，对湖南省乡村振兴与新型城镇化的耦合协同治理现状进行实地调查，了解新时代湖南省乡村振兴与新型城镇化耦合协同机制，提炼出新时代湖南省乡村振兴与新型城镇化耦合协同模式；最后，根据理论分析和调查结果，提出新时代湖南省乡村振兴与新型城镇化耦合协同对策研究的方法。

　　关键词：乡村振兴　新型城镇化　耦合协同

Abstract

The core objective of this paper is to study the coupling and synergy research of rural revitalization and new urbanization in Hunan Province in the new era, and to study the development of rural revitalization and new urbanization in Hunan Province according to the basic logic structure of the current situation analysis – theoretical mechanism – coupling model – governance countermeasures. It mainly studies the coupling synergy between rural revitalization and new urbanization in Hunan Province through the three aspects of rural revitalization, new urbanization and coupling synergy. In order to achieve the research objectives, research is carried out from two perspectives: theoretical explanation and empirical analysis. Specifically speaking, firstly, the theoretical basis of the coupling of rural revitalization and new urbanization is studied. Secondly, by studying the connotation of rural revitalization and new urbanization, the evolution law of rural revitalization and new urbanization coupling synergy is analyzed. The connotation of rural revitalization strategy, urbanization, new urbanization and coupling synergy model, and the analysis of the components of rural revitalization and new urbanization coupling synergy; again, through the coupling and coordinating governance status of rural revitalization and new urbanization in Hunan Province Field investigation, understanding the coupling mechanism of rural revitalization and new urbanization in Hunan Province in the new era, and refining the cooperative mode of rural revitalization and new urbanization in Hunan Province in the new era. Finally, based on theoretical analysis and investigation results, propose a new era of rural revitalization in Hunan Province. Research on coordinated countermeasures with new urbanization.

Keywords: Rural Revitalization   New Urbanization   Coupling Coordination

序

习近平总书记在十九大报告中明确提出"实施乡村振兴战略",成为我国经济社会发展的七大全局性战略之一,同时,强调"新型城镇化战略",开启了新一轮扩大内需、深化改革的伟大进程。乡村振兴战略是新时代中国经济社会现代化发展的全新思维,是对长久以来制约中国社会现代化短板问题的集中关注,能有效促进农村现代化的实现。新型城镇化是通过改革将"粗放型"城镇化模式转变为以创新城市文化内涵和提高公共服务水平为内在驱动力的新型城镇化模式。新型城镇化是现代化的必由之路,乡村振兴是决胜全面小康的重大部署。当前,乡村振兴战略与新型城镇化的发展存在耦合度、协调度过低,缺乏协同性的诟病及农村"空心化"、城乡差距扩大、生态环境问题日益突出的现象,导致了城乡发展不均衡、农村发展不充分、农村现代化与新型城镇化整体发展的不同步,因此,新时代湖南省乡村振兴与新型城镇化的耦合协同研究对当前湖南省乡村振兴及新型城镇化战略的深度发展具有深远影响。分析湖南省乡村振兴与新型城镇化战略发展的现状,构建耦合协同发展体制机制及其模型,提炼耦合协同治理研究对策,助推新时代湖南省乡村振兴与新型城镇化的耦合协同创新发展,具有一定的理论价值和现实意义。

本书立足湖南省新型城镇化与乡村发展战略实施的现状,从探讨现代治理体系下湖南省乡村振兴与新型城镇化的理论和实践入手,剖析了乡村振兴、新型城镇化和耦合协同的概念与内涵,系统梳理了国内外相关理论的历史脉络和最新成果,构建了"五位一体"耦合协同发展机制和"四位一体"耦合协同发展模式。

本书围绕湖南省城乡发展及城乡规划实际,探索新时代湖南省乡村振兴与新型城镇化耦合协同的发展对策。

本书是作者在长期的产业发展理论研究与规划实践过程中总结形成的成果。

新时代湖南省乡村振兴与新型城镇化的耦合协同研究是一项综合、复杂的研究课题。尽管作者经历和花费较长的时间思考、研究和写作,但囿于个人理论水平有限和实践经验的不足,书中难免存在不足,恳请各位专家、学者、同仁不吝指正,以期后续能够修改完善。

目 录

第1章 绪 论 (1)
1.1 研究背景和研究意义 (1)
1.1.1 研究背景 (1)
1.1.2 研究意义 (5)
1.2 国内外研究综述 (7)
1.2.1 国内外关于乡村振兴的相关研究 (7)
1.2.2 国内外关于新型城镇化的相关研究 (13)
1.2.3 国内外关于城乡耦合协同的相关研究 (20)
1.2.4 国内外研究现状评述及发展趋势 (25)
1.3 研究目标、研究内容和研究方法 (27)
1.3.1 研究目标 (27)
1.3.2 研究内容 (27)
1.3.3 研究方法 (29)
1.4 研究思路与技术路线 (30)
1.4.1 研究思路 (30)
1.4.2 技术路线 (30)
1.5 主要创新与不足之处 (32)
1.5.1 主要创新 (32)
1.5.2 不足之处 (32)

第2章 乡村振兴与新型城镇化耦合协同的理论基础 (33)
2.1 乡村振兴的理论基础 (33)
2.1.1 乡村振兴战略理论 (33)
2.1.2 城乡等值化理论 (35)
2.1.3 可持续发展理论 (36)
2.1.4 多功能乡村理论 (36)
2.1.5 城乡融合发展理论 (38)
2.2 新型城镇化的理论基础 (39)

2.2.1　新型城镇化理论 …………………………………………（39）
　　2.2.2　城市化理论 ………………………………………………（41）
　　2.2.3　城乡二元经济理论 ………………………………………（44）
　　2.2.4　非均衡增长理论 …………………………………………（46）
　　2.2.5　系统化理论 ………………………………………………（51）
　2.3　耦合协同的理论基础 ……………………………………………（52）
　　2.3.1　耦合理论 …………………………………………………（52）
　　2.3.2　协同理论 …………………………………………………（53）
　　2.3.3　空间黏性理论 ……………………………………………（54）
　2.4　本章小结 …………………………………………………………（55）

第3章　乡村振兴与新型城镇化耦合协同的内涵研究 …………………（56）
　3.1　乡村振兴与新型城镇化耦合协同的演化规律研究 ……………（56）
　　3.1.1　第一阶段：1949—1978年 ………………………………（56）
　　3.1.2　第二阶段：1978—2003年 ………………………………（58）
　　3.1.3　第三阶段：2004—2016年 ………………………………（60）
　　3.1.4　第四阶段：2017年至今 …………………………………（61）
　3.2　乡村振兴与新型城镇化耦合协同的科学内涵研究 ……………（62）
　　3.2.1　乡村振兴战略 ……………………………………………（62）
　　3.2.2　城镇化 ……………………………………………………（66）
　　3.2.3　新型城镇化 ………………………………………………（67）
　　3.2.4　耦合协同模式 ……………………………………………（68）
　3.3　乡村振兴与新型城镇化耦合协同的构成要素研究 ……………（69）
　　3.3.1　适应与和谐：城乡生态空间耦合协同发展 ……………（70）
　　3.3.2　集聚与高效：城乡产业空间耦合协同发展 ……………（70）
　　3.3.3　衔接与契合：城乡交通空间耦合协同发展 ……………（71）
　　3.3.4　连接与紧凑：城乡空间结构耦合协同发展 ……………（71）
　3.4　本章小结 …………………………………………………………（72）

第4章　新时代湖南省乡村振兴与新型城镇化发展现状研究 …………（73）
　4.1　新时代湖南省乡村振兴与新型城镇化发展战略差距分析 ……（73）
　　4.1.1　湖南省乡村振兴与新型城镇化发展战略现状分析 ……（73）
　　4.1.2　湖南省乡村振兴与新型城镇化发展存在的问题 ………（79）
　　4.1.3　湖南省乡村振兴与新型城镇化发展进程分析 …………（84）
　4.2　新时代湖南省乡村振兴与新型城镇化教育就业差距分析 ……（86）

4.2.1　城镇教育就业现状分析 …………………………………… (86)
　　4.2.2　农村教育就业现状分析 …………………………………… (91)
4.3　新时代湖南省乡村振兴与新型城镇化医疗社保差距分析 ………… (93)
　　4.3.1　医疗卫生城乡差距分析 …………………………………… (93)
　　4.3.2　社会保险城乡差距分析 …………………………………… (97)
4.4　新时代湖南省乡村振兴与新型城镇化基础设施差距分析 ………… (99)
　　4.4.1　基本公共服务城乡差距分析 ……………………………… (99)
　　4.4.2　基本社会服务城乡差距分析 ……………………………… (107)
4.5　本章小结 …………………………………………………………… (109)

第5章　新时代湖南省乡村振兴与新型城镇化耦合协同机制研究 …… (110)

5.1　新时代湖南省乡村振兴与新型城镇化城乡产业结构融合协同机制研究 …
　　…………………………………………………………………………… (110)
　　5.1.1　城乡产业结构融合互动机制 ……………………………… (110)
　　5.1.2　城乡生产要素自由流动机制 ……………………………… (112)
　　5.1.3　城乡公共产品均衡配置机制 ……………………………… (113)
　　5.1.4　城市群形成培育协同发展机制 …………………………… (114)
　　5.1.5　城乡户籍制度一元化推动机制 …………………………… (114)
　　5.1.6　以工促农、以城带乡的长效机制 ………………………… (115)
5.2　新时代湖南省乡村振兴与新型城镇化城乡要素市场深化合作机制研究 …
　　…………………………………………………………………………… (116)
　　5.2.1　城乡劳动要素充分对流双向机制 ………………………… (116)
　　5.2.2　城乡资本要素自由流动开放机制 ………………………… (117)
　　5.2.3　城乡土地要素平等交换公平机制 ………………………… (117)
　　5.2.4　城乡技术要素自由扩散共享机制 ………………………… (117)
　　5.2.5　城乡管理要素统筹协调共建机制 ………………………… (118)
　　5.2.6　城乡资源要素合理配置互动机制 ………………………… (118)
　　5.2.7　城乡金融要素支持补充协作机制 ………………………… (119)
5.3　新时代湖南省乡村振兴与新型城镇化城乡公共服务均等发展机制研究 …
　　…………………………………………………………………………… (119)
　　5.3.1　公共服务的分工协作机制 ………………………………… (119)
　　5.3.2　公共服务均等化体制机制 ………………………………… (120)
　　5.3.3　便利的民众需求表达机制 ………………………………… (122)
　　5.3.4　多元化城乡公共服务机制 ………………………………… (123)

5.4 新时代湖南省乡村振兴与新型城镇化城乡基础设施互联互通机制研究 ……………………………………………………………………… (124)
 5.4.1 基础设施融资机制 ………………………………………… (124)
 5.4.2 城乡规划互动机制 ………………………………………… (126)
 5.4.3 教育培训补充机制 ………………………………………… (127)
 5.4.4 项目成本控制机制 ………………………………………… (128)
 5.4.5 竞争性过程管理机制 ……………………………………… (128)
 5.4.6 风险预警和防范机制 ……………………………………… (129)
5.5 新时代湖南省乡村振兴与新型城镇化城乡生态环境共建共治机制研究 … ……………………………………………………………………… (130)
 5.5.1 生态文明建设制度保障机制 ……………………………… (130)
 5.5.2 生态文明建设公众参与机制 ……………………………… (131)
 5.5.3 生态文明建设决策与协调机制 …………………………… (132)
 5.5.4 生态文明建设激励与约束机制 …………………………… (133)
 5.5.5 公众环境保护知情权保障机制 …………………………… (134)
5.6 本章小结 ………………………………………………………… (134)

第6章 新时代湖南省乡村振兴与新型城镇化耦合协同模式研究 ………… (136)
6.1 新时代乡村振兴与新型城镇化城乡多元主体耦合协同模式研究 …… (136)
 6.1.1 乡村振兴与新型城镇化土地整合模式 …………………… (136)
 6.1.2 乡村振兴与新型城镇化产业支撑模式 …………………… (139)
 6.1.3 乡村振兴与新型城镇化人才培养模式 …………………… (140)
 6.1.4 乡村振兴与新型城镇化生态保护模式 …………………… (141)
6.2 新时代乡村振兴与新型城镇化城乡各级资源耦合协同模式研究 … (143)
 6.2.1 乡村振兴与新型城镇化社会保障模式 …………………… (143)
 6.2.2 乡村振兴与新型城镇化经济社会模式 …………………… (146)
 6.2.3 乡村振兴与新型城镇化产业集群模式 …………………… (147)
 6.2.4 乡村振兴与新型城镇化城乡交通模式 …………………… (148)
6.3 新时代乡村振兴与新型城镇化城乡综合利益耦合协同模式研究 … (150)
 6.3.1 以特色农业产业化破解城乡二元结构 …………………… (150)
 6.3.2 以新制造业为支撑实现城乡协调发展 …………………… (150)
 6.3.3 以旅游产业为主导产业实现城乡联动 …………………… (151)
 6.3.4 以生产性服务业为纽带实现产城共融 …………………… (151)
6.4 新时代乡村振兴与新型城镇化城乡网络信息耦合协同模式研究 … (152)

		6.4.1 建立信息资源发布共享平台	(152)
		6.4.2 建设现代信息技术支撑系统	(152)
		6.4.3 建立健全信息反馈控制系统	(153)
	6.5	本章小结	(153)

第7章 新时代湖南省乡村振兴与新型城镇化耦合协同对策研究 (155)

- 7.1 新时代湖南省乡村振兴与新型城镇化耦合协同政府对策研究 (155)
  - 7.1.1 构建农业产业化支持政策 (155)
  - 7.1.2 构建城乡统筹教育发展政策 (157)
  - 7.1.3 推进城乡统筹的法治建设 (161)
- 7.2 新时代湖南省乡村振兴与新型城镇化耦合协同社会对策研究 (163)
  - 7.2.1 统筹城乡农村经济 (163)
  - 7.2.2 统筹城乡社会保障 (164)
  - 7.2.3 统筹城乡医疗服务 (167)
- 7.3 新时代湖南省乡村振兴与新型城镇化耦合协同产业对策研究 (174)
  - 7.3.1 推进农业供给改革,创新农村农业发展模式 (174)
  - 7.3.2 促进城乡垂直分工,加强城乡产业合作体系 (176)
  - 7.3.3 完善农村金融体制,促进城乡资金合理配置 (177)
  - 7.3.4 发挥城镇纽带作用,扶持特色小(城)镇发展 (179)
- 7.4 新时代湖南省乡村振兴与新型城镇化耦合协同生态对策研究 (180)
  - 7.4.1 城乡土地资源合理利用,构建和谐城乡空间体系 (180)
  - 7.4.2 建设城乡统筹生态工程,提高农村生态保护意识 (181)
  - 7.4.3 加强城乡生态环境监测,完善生态评价考核机制 (182)
- 7.5 本章小结 (182)

第8章 结论与展望 (184)

- 8.1 主要结论 (184)
- 8.2 研究展望 (185)

后记 (187)

参考文献 (188)

第1章
绪　论

1.1　研究背景和研究意义

1.1.1　研究背景

2018—2022年是我国实施乡村振兴战略的第一个五年，湖南省发展既面临难得的机遇，也面临诸多风险和挑战。从国际角度看，乡村振兴是世界各国现代化进程的必经之路。目前，我国城镇化率已接近60%，将进入农业农村优先发展和城乡融合发展的历史时期。作为人口大国，我国对粮食及重要农产品需求将持续刚性增长，保障粮食安全始终是头等大事。新一代信息技术正引发新一轮科技革命，为"互联网+农业"助推乡村振兴战略提供了支撑。与国外相比，我国经济发展由高速增长阶段转向高质量发展阶段，发展动力主要依靠创新驱动，乡村发展将进入大变革大转型的关键时期，同时，农业现代化和社会主义新农村建设取得了历史性成就，各省市立足资源禀赋和实际发展情况，围绕乡村振兴提供经验与管理方式，为推进乡村发展奠定了坚实的基础并提供了经验。从省内看，湖南自然环境优越，农耕文化历史悠久，精耕细作技术经验和农业品种资源丰富，"一带一部"战略优势愈加明显。在政府引导和市场调控的共同作用下，城乡发展实现要素双向流动，城市发展进程不断加快，农村产业结构不断转型升级。人民群众对农产业和乡村发展的迫切需求及质量与效率是新时代乡村振兴的发展主题。

当前，湖南省农村农业发展滞后，"三农"问题依旧是农村经济发展短板的现状仍未从根本上改变。现阶段，湖南省现代化建设最薄弱的环节依旧是农业农村问题。主要表现为：农业发展的结构性矛盾突出，农业供给质量亟待提高；农村第一、第二、第三产业融合发展层次和深度不够；缺乏科学技术支撑，农业现代化水平较低；区域自然环境与经济发展存在差异；村级集体经济整体薄弱，乡村治理能力亟待强化。

1.1.1.1　农业发展效率低，产业结构失调

产业是乡村最重要的经济基础，直接关系到农村建设、农业发展和农民增收。湖南省农村产业发展效率较低、成效慢，农村产业收入占全省GDP比重相

对较低。湖南省产业发展效率较低的原因有：农村地区以第一产业为主，第二、第三产业相对较少；产品种类相对单一，资金投入较低，农村品牌的社会效应低；乡村产业缺乏技术与资源；劳动力不断流失，人口老龄化严重，土地资源利用率较低；农村小农户较多，生产经营规模较小，产业集群分散，相互合作程度不高；乡村土地经营集中程度低，未形成规模化模式；管理部门各自为政，产品质量不均衡，市场竞争混乱。

乡村生态建设是湖南乡村振兴的重要组成部分。生态旅游业，生态农业，低排、低耗工业是乡村生态产业发展的重要内容。湖南生态产业发展贡献率偏低的原因有：乡村公共服务体系和基础设施建设相对落后，环境条件较差、污染严重，一定程度上影响着乡村生态建设；由于湖南无特色生态产业，致使市场缺乏活力；产业技术落后，缺乏科学管理技术与科学技术人才；乡村生态产业与市场一体化未能有机结合，政府缺乏科学管理经验，市场调节能力与设施不完善。

乡村产业结构能够很大程度反映乡村经济发展状况，乡村产业结构最基础的产业是农业，非农业主要为农业生产与农民生活服务。湖南乡村产业结构发展不平衡的原因是：第一产业占据主要地位，农村工业与服务业发展较慢；粮食与经济作物比例失调，相比农业，林牧渔业的产值较低；自然环境缺乏合理利用，土地资源破坏严重；生产水平低，缺乏社会资金的投入，工业管理水平与工业技术水平较低，产品质量较差，缺乏市场竞争力；人口素质较低，劳动者就业范围小，经营管理人才缺乏。

1.1.1.2 农村产业耦合缺乏有效性，产业发展失衡

农村产业融合的最终目标是提高农民可支配收入。对于产业融合，大部分农民愿意投资或参与，但由于资本有限、经验匮乏，致使大部分农户对产业融合发展浅尝辄止，无法深入发展。产业融合主体引导不足是造成产业融合发展缓慢的重要原因，其主要有以下几个方面：第一，参与产业融合发展机制数量有限，部分合作机构资本薄弱，研发能力和抗风险能力较弱。由于产业盈利能力有限，部分合作组织无法从银行获得足量的贷款，融资链条断裂，致使农村组织生产建设受到影响。第二，产业融合结构模式单一、缺乏创新性，管理体制不足，部分产业合作社未对产业融合发展做出实质性贡献，个体农场和集体庄园融合度不高，无法驱动产业融合发展。第三，大部分参与者缺乏创新精神，在项目研发和设计过程中脱离当地实际情况，不能充分利用当地产业优势，第一产业中的养生产业与生态产业发展资源未能得到有效开发，乡村特色、传统历史文化和农村金融产业建设有待进一步加强。第四，产业协调管理机制不完善，缺乏合理有效、互利共赢的利益共享机制，尤其是在实施"公司+农民"或"龙头企业+合作社+农民"模式的过程中，各参与主体之间未形成利益共同体，产业链中农民的市场话语权不被重视，利益分配比例不合理，容易引发市场秩序混乱、道德风险等问题，严重影响新农业组织生产、加工与服务，不利于农村产业融合的稳定发展。

促进产业一体化发展，可以有效提高每亩土地产量，农业建设效益和土地综合利用率，实现农民可支配收入持续增长，为农村城市化发展开辟新的道路，吸引大量科技人才和劳动力回流。由于缺乏强有力的支撑引导机制，湖南省产业融合发展缺乏导向性，与当地特色结合程度较低，未形成规模效益，缺乏创新能力，抗风险能力较弱，同质性产业经营竞争不能满足消费者需求，致使可持续发展势头减弱，农民收入不稳定。与此同时，新型农业管理效率慢，行业的驱动能力不强，新型经营管理主体较少，缺乏现代化新型复合型人才，限制了湖南省产业融合发展，不利于社会经济效益的提升。

管理体制与政策不完善。政府对第一、第二、第三产业融合的相关建设、安全防护、卫生管理、生态环保、服务体系等方面缺乏统一的标准，管理制度落后，政策执行力度不足。产业融合发展若要进一步发展创新，则需要各管理部门多方位协调，共同努力，由于以往的政策中未将农业管理单位设为主管单位，未能与其他业务部门相衔接，因此，导致办事效率低。各地区区域缺乏产业融合发展总体规划体系，产业融合度不高。优惠政策只针对农民，而部分经营主体无法享受同等政策。长期以来，进一步削弱了社会资金对农村的投入。

1.1.1.3 农业科技发展水平较低，农业产业发展效率较低

近年来，随着经济的不断发展，农业水平不断提高，湖南农业的发展也步入了新的发展阶段。2018年，湖南省初步核算，全年地区生产总值为36 425.8亿元，比上年增长7.8%。其中，第一产业增加值为3 083.6亿元，比上年增长3.5%；第二产业增加值为14 453.5亿元，比上年增长7.2%；第三产业增加值为18 888.7亿元，比上年增长9.2%。按常住人口计算，人均地区生产总值为52 949元，比上年增长7.2%。其中，农业增加值为1 856.6亿元，比上年增长3.0%；目前，农业生产模式仍以传统的高投入、高能耗、高污染为主，农业生产边际效应不断递减，农业科技技术存在一定的问题。在农业科技因素和高新农业技术推广方面仍存在一些问题。目前，湖南省发展低碳农业主要存在以下问题：一是当前湖南农村农业科技发展水平低，创新水平不够，限制了农业发展速度与质量。相对于发达国家，湖南省农业科技转化率较低。近年来虽然传统农业生产水平较高，但农业技术方面创新较差，高端农产品、管理经验与科学技术需要进口，相对于国外，国内农业科学技术水平较低，农业科技难以转换成新的成果，农业机械化水平也低于我国的经济发达地区。二是传统农业生产模式造成环境破坏严重，其中水污染最为严重，相对于发达国家，灌溉效率低，灌溉资源少，同时，传统农业发展过程中，大量农业化学药剂的使用，致使环境受到严重污染。化学药剂难以分解，最终形成恶性循环，加剧环境污染。三是农民知识素养较低，对科学的认知不足。随着社会经济的发展，大量农村劳动力不断外流，致使农业生产缺乏大量人才，当前农村生产主要动力呈现老龄化与女性化，农村居民受教育水平基本处于初中以下，对农业科技发展的推广不够，对农业理念理

解不足，缺乏主动性，在发展中由于利益驱动忽略可持续发展理念，不利于农业的发展，也难以实现农业生产科技化。

1.1.1.4 乡风文明建设是实现乡村全面振兴的内在要求

党中央一直重视"三农"问题，2004—2019 年中央一号文件都是关于"三农"的政策，"三农"已成为中央一号文件的专有名词。"大力实施乡村振兴战略"被写入 2018 年政府工作重点任务。政府重视"三农"，但还存在各种问题，如目前我国乡村治理体系不完善，治理能力不足，精神文明建设不足，文化素养较低等。为进一步改善乡村治理体系，强化农村治理理念，构建乡村治理体系，加强精神文明建设，提高农民文化修养，加强乡村文化建设，特提出如下建议：第一，加强乡风文化建设，进一步培养良好的农村社会风尚，为乡村治理提供重要动力。乡风文化是优秀传统文化的重要成分，以良好乡风促进乡村振兴的发展，构建自治、法治、德治三者融合的治理体系，提高乡村治理的有效性。第二，农民是乡村振兴的主体，农民的参与度与认可度在一定程度上影响乡村振兴战略的实施效果。由于现阶段中国农民素质较低，农民的认知较低，思维受到局限，乡村振兴战略规划不具前瞻性，而思想文化素养则是乡村振兴的重要内容，可以通过潜移默化的方式提高思想文化素养，因此，加强乡风文化建设是乡村振兴的要求，是推进农村社会发展的重要动力。

1.1.1.5 湖南经济发展和自然条件存在地域差异性，城镇区域分布不均衡

2012 年，全省建制镇密度是 68.52 个/万平方公里，其中湘北（常德、岳阳）为 75.01 个/万平方公里、湘南（衡阳、郴州、永州）70.86 个/万平方公里、湘西（湘西自治州、怀化、张家界）53.72 个/万平方公里、湘东（长沙、株洲、湘潭）66.58 个/万平方公里、湘中（娄底、邵阳、益阳）81.58 个/万平方公里，由于湖南西部地区城市较少，发展规模较小，密度较低，因此，制约了湖南社会经济的发展，其主要原因是城镇体系建设机制没有理顺。一是缺乏支撑小城镇经济持续发展的主导产业。相对于大产业，小城镇发展速度较慢，产业集聚程度较低，总产量较低，产业结构混乱，发展不平衡，导致农村劳动力无法立足。二是城镇规划水平较低，规划模式滞后，不能有效推进城乡建设。部分城市规划标准较低，缺乏详细的建设规划，致使城市基础建设水平低，自然环境不美观。长期以来，城市规模较小，人口密集度较低，城市辐射能力弱，无法带动邻近城市的发展。三是发展模式缺乏可持续性，建设发展中存在问题较多，缺乏特色。部分城镇建设质量标准与水平较低，无特色建设，缺乏标准性、代表性建筑，同时，一些小城镇功能不足、绿化差、城镇环境较差。

1.1.1.6 在我国现代化建设和国家法律建设中，城乡关系发生巨大变化，国家对农村建设治理的理念发生巨大转变

国家现代化离不开农村现代化，乡村振兴有利于实现农村现代化的发展。另外，法治建设是乡村振兴的重要保障，也是农村现代化建设的主要内容。十九大报告提出"三治"结合的乡村发展结构体系，2018 年，中央一号文件强调法治建设对乡村振兴的重要性。我国乡村治理以传统的文化形式发挥作用，其中，德治发挥着重要的作用。虽然道德规范在一定程度上能弥补法治的缺陷，但在中国现代化建设和国家法律建设的背景下，法治是党和政府治理国家的基本手段，乡村建设亦是如此。村民自治是乡村治理的基本形式，我国法律规定了乡村群众治理体系，农村应依照法律进行有序治理，因此，在乡村基层治理中，法治、自治与德治三者相融合，法治是"三治"的重要保障，具有绝对的重要性。乡村治理与城市治理具有一致性，更凸显的是乡村治理的特殊性，乡村基层具有依法执政、领导的能力，乡村政府依据法律进行执政，为全面发展乡村提供完备的法律体系，基层司法机关公正执政，乡村自治能依法进行自我治理，保障农村居民各项权益，各类乡村组织和精英依法参与治理，提高乡村社会的法治意识，构建完善的法治体系，进一步助推乡村治理现代化，实现国家治理的现代化。

1.1.1.7 改革开放四十年，我国经济不断发展，城乡发展速度日益增长，城乡生活水平不断提高，但城乡发展存在不平衡现象

我国是农业大国，农业生产量大，人口数量大，根据国家统计局统计数据显示，2018 年，我国农村人口为 56 401 万人。乡村发展是中国社会发展的奠基石，是中国现代化发展的平衡器。2017 年 10 月 18 日，中共十九大报告提出"实施乡村振兴战略，实现农民富、农业强、农村美"的全面规划，优先发展教育事业，推进城乡义务教育一体化。"乡村振兴，教育先行"。乡村教育是乡村振兴的重要途径之一，为乡村发展提供人才支持，兴盛乡村文化的发展，提高农民的修养。随着国家政策的大力支持，加大对乡村教育的投资力度，进一步改善了农村教育，但由于城乡二元结构等因素，城乡教育水平差距较大，处于失衡状态，具体表现在义务教育阶段。

1.1.2 研究意义

1.1.2.1 理论意义

（1）提出新时代乡村振兴与新型城镇化的内涵与特征，分析乡村振兴与新型城镇化之间的相关联系、作用机理、影响机制和协同体系，从耦合协同研究角度进行实证分析，进一步丰富了新型城镇化和农业现代化理论，开创我国城乡协同治理及城乡统筹发展的新路径；进一步丰富和完善我国对协同治理的应用研究；进一步突破原有"乡村问题由乡村自己解决"的单一思维，化解深层次社会矛盾，破除体制机制弊端。

（2）进一步分析与改善乡村振兴发展不合理现象，把握当前发展状况，解决乡村振兴与新型城镇化的问题；进一步开阔研究视野，丰富研究理论；进一步创新工作思路，科学地构建政策体系。

（3）进一步深化协同发展与耦合体系研究的理论深度；进一步拓展乡村振兴与新型城镇化的实践宽度；进一步增强以城带乡与城乡一体化建设的作用力度，助推乡村振兴与新型城镇化战略。

1.1.2.2 现实意义

（1）从理论研究出发，确认当前乡村振兴与新型城镇化的状态，为湖南省乡村振兴与新型城镇化的耦合协同发展提供参考和依据，总结归纳耦合协同研究对策，组成高效协同体系。重构政府与市场、社会等主体间的关系，有利于为乡村振兴与新型城镇化的推进提供可操作化的协同模型和建设方案，将协同治理从"价值层面"推向"操作层面"，有利于提高推进新型城镇化方面的决策能力，为政策资源提供依据，具有重要意义；有利于丰富和完善乡村振兴与新型城镇化理论。

（2）乡村振兴与新型城镇化的发展有利于加快促进经济发展方式的转变。在当前的国家政策下，对湖南省乡村振兴与新型城镇化建设的发展方向进行规划，结合现行发展阶段，致力于农业生产力的提升研究有利于促进农村经济发展模式转型升级；有利于提升城乡产业关联性；有利于助推乡村经济结构转型；有利于实现城乡统筹发展；具有一定的理论与现实意义。

（3）深入分析湖南省乡村振兴与新型城镇化的问题，遇到问题及时讨论并解决，有利于完善城镇化的体制机制；有利于促进新型城镇化的发展，解决湖南省发展城镇化所面临的困难；从实际出发，有利于构建科学的发展模式，不断完善城乡产业结构。

（4）比较分析、文献研究等方法，借鉴部分省份的先进理念和做法，有利于开创新的湖南省乡村振兴与新型城镇化建设之路；有利于乡村振兴与新型城镇化的稳步发展；有利于推进湖南省的工业化、信息化进程，互相交融、互为动力、携手并进，实现区域繁荣目标。

（5）城乡协同发展有利于提升城乡产业关联性，助推乡村经济结构转型；有利于突出城乡治理针对性，实现城乡发展衔接同步；有利于把握城乡统筹全局性，强化城乡区域联动发展；有利于开展城乡发展一体化和治理能力现代化的新局面。

1.2 国内外研究综述

1.2.1 国内外关于乡村振兴的相关研究

1.2.1.1 国内外关于乡村振兴发展的相关研究

中国是农业大国，中共十九大对于这个属性，提出了"乡村振兴"概念、新时代"乡村振兴"具体目标，科学地界定了新时代"乡村振兴"内涵——产业兴旺、生态宜居、乡风文明、治理有效、生活富裕。这"20字"方针，因为覆盖面广，得到学术界的普遍认同。学者们各抒己见，叶兴庆等人认为，乡村振兴比新农村建设更为深刻。韩俊等人认为，新时代乡村振兴战略是强调乡村全面发展；而韩长赋等人则认为，新时代乡村振兴有重大意义应该写入《中国共产党章程》（以下简称《党章》）中。

国外乡村发展的研究主要从实践的角度探讨适合某国的具体模式。典型的模式有以下四种：一是以改善乡村环境、发展乡村经济、提高村民素质和建设新社区的"新村建设模式"。如郑传贵和卢晓慧研究了韩国的实践，总结出韩国以政府主导、村庄治理、农民主体意识和农村资源利用等方面实施的"新村运动"，有效改变了农村的落后状况，提高了农民的生活水平。二是通过"三农"齐抓的"造村运动"模式。该模式提倡农业设施、农民自身和农村社区建设协调推进，促进农村的全面发展。颜毓洁和任学文研究认为日本乡村发展成效显著的核心就在于注重因地制宜，突出"一村一品"的特色化理念，围绕核心资源综合开发，培育特色产业与打造宜居环境并重。三是村庄更新模式。曲卫东和斯宾德勒指出，该模式以城乡生活等值为目标，通过完善农村基础设施、综合人居环境、景观打造和土地利用来提升重塑农村生产生活结构，并强调这是一项循序渐进的工程，需要政府的总体规划和调控。他们的研究聚焦德国的实践，提炼出政府在做好规划引领后，调动村民的积极性，整合当地旅游资源综合开发"生态文旅"的休闲与经济价值，为乡村发展注入了活力的村庄更新模式。四是以美国为代表的特色村庄建设模式。李瑞霞等指出美国在发达的工业化基础上通过城市反哺农村、工农互促实现了城乡一体化发展，坚持个性化的乡村建设与第一、第二、第三产业的协调发展，打造多功能现代乡村。综合来看以上四种模式的共性在于：政府整体规划并提供政策、资金和项目支持，同时，村民有乡村建设的自主权和积极性，经济上以特色（优势）产业为引导、环境改造为前提走乡村自主发展道路。

中共十九大报告提出实施乡村振兴战略，习近平总书记提出要坚持农业农村优先发展原则，严格按照"产业兴旺、生态宜居、乡风文明、治理有效、生活富裕"的总要求，加快推进农业农村现代化。此后，多位学者、专家深入探讨了乡村振兴的科学内涵、战略目标和实现路径等。2018年，中央一号文件《关于实施乡村振兴战略的意见》进一步明确了战略总要求，首次提出农村经济要多元化发展。此前，国内外学者对与乡村振兴相关的乡村复兴、乡村再造等研究较多，Renting H, Rossing W, Groot J 提出的多功能农业理论（MFA）为农业农村转型提供了理论支撑。房艳刚和刘继生探讨了乡村发展多元化的动力：基于农业的深化、土地的拓宽和生活方式的再植入，阐释了乡村旅游推动乡村休闲功能的实现过程。付姓提出实施乡村振兴战略的关键一方面是要通过人、地、钱等要素偏向农村的供给，即坚持农村优先发展来改变要素长期由农村向城市单向流动的局面；另外是要增加乡村发展的制度性供给，通过体制机制创新破除要素双向流动的制度障碍，激活长期沉睡的乡村资源，调动农民的积极性，促进城乡一体化发展。朱霞、周阳月和单卓然从乡村主体的角度出发，重新审视城乡关系，认为内部结构调整和外部价值产出是"乡村振兴"的两个重要内容，并提出从城乡要素系统要互补、文化重塑要魅力、乡村产业要活力、乡村制度要重组等多方面实现乡村转型复兴。

农业农村部许多专家主要从乡村振兴的实现路径出发，如陈锡文和蔡昉等提出深化农业农村改革、推进农业劳动力转移、优化农业结构发展、培育新型农业产业和新业态等举措，探讨了包括乡村旅游观光休闲在内的四大支持产业。宗锦耀提出多业态打造、多要素发力、多主体培育、多利益联结的基本路径。地理学界专家基于新型城镇化背景，廖洪乐提出通过构建城乡要素互补体系、重振乡村产业活力、重塑乡村文化魅力、重构乡村治理结构等方面促进乡村转型与复兴。李铜山、乌东峰和郑辽吉提出基于多功能农业和多功能乡村理论，国内学者探讨了现代农业农村转型。张京祥在此基础上又提出了居乡兼业、边缘化、乡村多样化等路径。李国祥提出乡村振兴应注重发挥农业企业的作用，它们构建与小农户多样化的利益联结机制，既可以把小农生产引入农业现代化的轨道上，也可以为自身发展创造更大的空间，所以农业企业可以在推动乡村振兴战略的同时，自身也受益。

1.2.1.2 国内外关于乡村建设规划的相关研究

国外乡村规划理论研究比国内要成熟，因为早年就开始了相关研究，通过对相关资料的查阅发现，国外主要研究有以下两个方面：一是在空间方面。侧重对空间上的利用、形态、多功能等方面研究与规划。比如，美国的芙罗拉在乡村进行环境规划时，认为应该将当地的生态本底环境、乡村空间和自然环境等与乡村整体发展相协调。加伦特通过研究乡村的界限，认为乡村的发展要减少城市扩张、保护乡村绿化、实现乡村经济可持续发展。二是在整体风貌特色方面。城市的扩张使乡村特色减少，引起了人们对特色的重视。学者蒂尔特认为，我们要站在视觉认知的角度上去理解乡村的大多数特征，并且去分析这些特征形成的原因，更好地深入了解乡村。

目前，国内的相关研究还是集中在发达地区的示范性，研究在建设规划的整体上还是处于摸索研究阶段。李霞等认为县域乡村建设规划其系统性、全面性比传统村镇体系规划更高。武仁仲等认为它起到"承接上文，启示下文"的作用，主要承接上位规划（如乡镇总规划等），对下则是对底层的乡村规划有一些指引和启示。赵毅等指出县域乡村建设规划有"承前启后""指导实施"的作用，乡村的建设规划既要对其整体空间发展起作用，也要对其设计、环境等方面实施指导。吴亚伟等认为县域乡村建设规划的编制目的主要就是为乡村注入新的活力。采取针对性的扶贫，合理配置空间，建立有利于人民的公共服务设施体系。蔡立力等通过分析认为要做到两点，第一，通过综合整合农村等级结构、空间控制、设施建设、风格控制和改造指导方针来弥补不足。第二，通过协调县级对乡村的建设内容精炼规划内容。胡小兰以岳西县的大别山为例，通过对其分析和研究发现，乡村建设规划的内容包括五个关键点，即"村庄空间识别，乡村体系规划和土地利用指导，乡村景观风貌规划，乡村绿色发展规划，乡村总体发展分区"。对文献的梳理发现，县域乡村建设规划在编制过程中还是存在一定的问题。吴小平以琼中黎族苗族自治县县域乡村建设规划为例，研究发现当地的总体技术路线还不太明晰，还需要依托不同的实践结果去完善总结。

1.2.1.3 国内关于乡村产业的相关研究

从社会主义新农村建设所强调的"生产发展"到新时代"乡村振兴"战略所强调的"产业兴旺"，都要求解放和发展农村生产力，推动乡村经济的可持续发展。原有的关于"生产发展"的研究成果，一定程度上也或多或少展现了"产业兴旺"的一些属性。杨青夫对新农村建设的"生产发展"目标的定义进行了界定。他们认为"生产发展"就是实现"三化"统一（农业的现代化、农村的工业新型化和农村服务的社会化的统一），就是促进我国第一、第二、第三产业的可持续发展，就是要走一条现代农业发展道路。这条道路包括产业化经营、市场化配置、规模化发展、标准化管理、特色化生产。这样的定义加深了人们对社会主义乡村经济建设方面的更系统、更全面的理解和认识，从而为我国乡村振兴中"产业兴旺"提供了清晰的思路。胡逢绪等研究者认为"生产发展"是新农村建设的物质层面，从某种程度上而言，它强调的就是在推进农业的现代化进程中，要始终以"粮食生产"为中心，提高我国农业的综合生产能力，这与宋洪德、赵福春等研究者的观点基本类似。赵福春、宋洪德等研究者认为"生产发展"在我国现代化建设中的作用重大，它是新农村建设的首要任务，亦是我国现代化建设中始终强调"以经济建设为中心"的具体表现，衡量"生产发展"程度的基本标准是村民人均纯收入真实情况和我国现代农业发展现实状况，然而，笔者认为这两大衡量标志是有欠缺的，因为"生产发展"程度的衡量标准还有乡村城镇化程度和农民生活现代化水平等。白雪瑞等研究者亦认为"建设乡村的首要任务就是发展现代农业，提高农业生产力"。卢增兰、杨勇承等研究者认为我国现阶段农业增长方式要实现向"集约型发展"转变，然而，由于诸多因素影响了我国的"生产发展"，因此需要发展生态农业，并且这种生态农业是要以种养业为主的，是一种节约资源性的生态农业；刘志澄等人认为若要加快现代农业建设，用现代产业体系拓展农业，则应采用现代科学技术和管理方法等服务农业。

1.2.1.4 国内外关于乡村治理的相关研究

美国政治经济学家奥斯特罗姆（Ostrom）创立了多中心治理理论，通过理论发现在乡村治理中，作为主体的政府与市场都存在不完美的地方，因此，为了改善缺陷，应该对市场、政府及社会多元共治，形成一个视觉构建治理体制。1990年，在《治理公共事务》中，通过对"公地悲剧""集体行动逻辑""囚徒理论"等多方面的模型进行探讨，系统地进行阐述，要重视小型的公共资源角度研究，有自主组织、治理公共事务等方面的创新思想。1992年，詹姆斯·罗西瑙在《没有政治的治理》中指出，治理与政府统治含义不一致。治理主要是指有共同目标，并且为了这一目标发挥相关的能力，治理具有较强的包容性，既包括政府机制，也包括非正式、非政府的机制。英籍学者鲍伯·杰索普（Bob Jessop）提出了"元治理"理论，强调国家在治理中起主导作用。该理论主要主张多中心治理，突出公共利益与注重合作与平等，公民需求与公民参与。

（1）国外学者关于乡村治理方面的理论研究。欧洲国家大多数乡村治理中的主要方法是对于农业产业新价值进行治理。欧洲国家将乡村经济视为可持续发展的重要内容，农民被赋予提高生产、生存与生活物品更高品质的使命。经过几个世纪的摸索，以欧洲与美国为代表的西方国家，在乡村治理模式中已经有了较完善的体系，并且都有自己的特色。比如，美国是通过大力建设乡村设施、促进城乡一体化为代表的小城镇建设的北美乡村治理模式。法国与荷兰则是通过原生态的保护，进行农村改革与农村规划为代表的西欧乡村治理模式。日本与韩国则是通过以政府为主导，发挥农民的积极性，推动乡村的发展，促进乡村的经济。欧洲国家对乡村的发展策略侧重于乡村的建设并将农业融入可持续的发展中。北美国家则侧重于发展的高效性，加拿大鼓励成立高效乡村政府，美国阿拉斯加推行治理的文化性、参与性。对西方国家乡村的治理分析可以发现城乡治理一体化是乡村建设的主体。无论是联邦制的德国、美国，总统制的法国，还是君主立宪制的英国、日本，地方政府制度上都实行城乡一体治理。国外的政权和自治制度具有明显的历史传承，不断地创新基层组织和治理形式。

（2）国外学者关于中国乡村治理及精英的研究。中国乡村治理引起了西方学术界的普遍关注，主要对一党执政下的乡村治理问题进行了研究，其中研究的重点是村民自治问题。欧博文（Kevin J. O'Brien）一直对中国的基层民主建设有较多研究，认为中国的农村选举程序相比于以前有明显进步，特别是在经济运转较好的行政村中选举更容易被实现，但是在选举过程中也有不匹配的地方，高质量的民主不仅仅靠选举，应该将重点放在选举后的村庄治理上。戴慕珍（Jean C. Oi）对中国乡村进行了实地考察，用庇护主义去分析现代乡村政治，发现村民的收入情况与竞选之间存在着互相联系，与行政选举相比，村民自治制度更加依赖于行政村选举之后的相关政策与实施。

改革开放前的人民公社时期，国外学者对中国乡村治理，特别是乡村集体化模式的影响及其变化进行了系统研究。韩丁所著的《翻身：一个中国村庄的革命纪实》，讲述了中华人民共和国成立前后的农村土地改革状况，西方对此有较强烈的反响。W·R·葛迪斯《共产党领导下的农民生活》写出了中国土地革命后农村翻天覆地的变化。弗里曼等人对衡水市五里村这样的河北中部农村，进行了系列改革的跟踪调研，并对中国农民改革以后的乡村治理进行了分析研究，撰写了《中国乡村，社会主义国家》。最早阐述中国乡村精英问题的是国外学者M·韦伯的《儒教与道教》，书中提到在乡村中真正发挥权力的人是"地方人士"，因为在自治区，朝廷的权利很难延伸到乡村。Melanie Manion在研究中国农村选举时，通过对村委干部与村民之间的关系研究，发现二者的关系对选举有重要影响。萧凤霞在《华南的代理人与受害者：乡村革命的胁从》中指出"国家权力的下沉，建立适宜乡村"的政治体制，引出的是治理乡村的精英，它们可以通过社会关系网络控制乡村社会，将乡村社会国家化，从而进行有效管理。

在国内学术界，俞可平《治理与善治》一书中将西方学者关于治理的理论系统地介绍给了国内学者，并指出"在一个概念范围内运用权威维持秩序以增进公众的利益"。俞可平指出治理"要以善治为目的，以国家与社会的合作为前提。改革开放以来，经济社会一直经历着政治生活、经济生活、文化生活于一体的变迁历程，通过对治理的进程分析，发现治理是从一元治理走向多元治理、人治到法治、从管制型政府到服务型政府的路径"。周晓菲认为，现代管理更多的是多元主体管理，是强调民主、互动、参与性的管理，而不再是垂直、自上而下、单一的管理。乡村治理是国家基层治理体系的重要组成部分，随着乡村的发展，其已经从单一中心转向多中心。在乡村治理中，我们要坚持党组织的领导，自治组织和各类社会力量共同协作发展。俞可平认为，政府是乡村治理模式的主体，主要结构特征是治理结构的多元化及主体的精英化。国内对乡村治理的研究时间还不长，主要依靠西方学者对中国治理的研究，一般是以乡村自治、村委选举、村民自治领域的内容进行研究的。

（3）国内研究乡村治理的发展脉络。中华人民共和国成立后，国内乡村治理结构主要经历了三个阶段，即政治导向型的乡村治理结构（1949—1956年）、城市工业化导向型的乡村治理结构（1957—1978年）、市场经济导向型的乡村治理结构（改革开放后）。从乡村治理制度以来，乡村治理引起了研究的热潮，其中有两所高校的研究团队对研究相对较深。一是以徐勇为代表的华中师范大学中国农村研究院团队，其侧重对农业基层政治与乡村治理方面的研究。他们将这一研究嵌入政治学领域，然后通过基层社会的角度，研究其发展，对村民自治进行深入的研究，然后对城乡进行比较研究，再从政党方面对乡村治理进行研究。徐勇认为，乡村治理体系应坚持以"县政、乡派、村治"为内容的治理结构，这样才能适应中国社会转型的需要。二是以贺雪峰为代表的华中科技大学中国乡村治理研究中心团队，通过实地调研、案例研究等方法，在中国乡村治理、农民自治、农村改革、新农村建设等方面的研究取得了一定的研究成果。其主要研究成果为《新乡土中国》《乡村治理的社会基础》《中国村治模式：若干案例研究》《村治的逻辑》等。贺雪峰认为，乡村治理既包括对乡村的有效管理，也包括自主管理，他们都是为了乡村有序发展而设立的管理方法。

（4）国内关于村"两委"干部的现状研究。国内学术界对村"两委"一直有研究，因为"两委"干部是基础建设治理中的中坚力量，所以其中对村民自治与两委之间的关系是研究最多的。吴毅、申静等用类型学的研究方法，对农村和城市边缘农村的干部提出观点。吴毅认为，村干部不能同时担任"代理人"与"当家人"的角色，会有"双重边缘化"，会使干部立于政府体制和农村社会的双重边缘位置，而干部的行为模式和角色也会变成"守夜人"和"撞钟者"，从而发生村政懈怠的现象。

（5）国内关于村党组织书记的研究。中华人民共和国成立后，在农村政治舞台的传统乡村精英都逐渐消失，新上台的是村党组织书记，已经成为国家政权在农村基层延伸的重要力量。国内对村党组织书记的研究，主要是对其职责及存在的问题展开的研究。王长江认为，基层党建工作的主要目的是要通过基层党的工作凝聚民心，将老百姓满意度放在首位。当前，一些基层党组织存在软弱涣散的问题。张希贤指出，在从严治党的新形势下，要从全面入手，让基层党组织书记树立"从严治党"的主体责任意识，把党建工作抓深入抓具体。对村党组织书记的队伍的研究有两种，一是对党政干部的思想工作和工作研究，主要可以通过提出问题、分析问题、解决问题来进行；二是对经济学、社会学、行为学等学术的研究模式，从而进行案例、实例研究。

（6）关于村党组织书记治理能力建设的研究。党的十八届三中全会指出"要完善和发展中国特色社会主义制度，推进国家治理体系和治理能力现代化，就要进行全面的深化改革。村党组织承担了村改革稳定的重要任务，书记的治理能力能够直接影响农村治理体系"。陈东平认为，村党组织是农村基层建设管理中的核心，领导核心作用的发挥当前主要体现在服务。姜裕富认为，若要实行"两票制""一肩挑"，则应在一定程度上把组织成员转化为经济能人。这样做主要是为了防止家族力量对乡村治理的影响，对村庄进行管理即可以强化村党组织的权威，也可以保证基层自治制度的落实。

1.2.2 国内外关于新型城镇化的相关研究

1.2.2.1 国内外关于城镇化发展的相关研究

在城镇化的研究中国外学者形成了不同的学派。以帕克、卡斯托等为代表的生态学派，他们强调应该将生态学原理应用到城镇化的研究中；以克斯、莫尔为代表的新韦伯主义学派认为，应该将伯吉斯的同心圆模式与住房等级的韦伯理论进行结合，来阐述自己的独特观点；以桑托斯为代表的新保护主义学派认为，应该将现实主义作为研究城镇化理论的新版本，而不是墨守成规的方法与理论；而以安东尼奥葛兰西为代表的福特主义学派则强调城市的核心边缘结构和社会、经济、空间结构。随着研究的深化，城镇化的相关问题也引起了学者们采用多视角的方法对其进行研究。综上所述，国内外关于新型城镇化的相关研究可以体现在城镇化的作用、发展规律、基本模式和动力机制等方面。

在国外，对于城镇化作用的研究主要有乐观和悲观两种观点，其中，乐观的观点认为城镇化能够促进经济的发展，带来一系列的正能量，促使整个国家进步，向现代化大步伐迈进（哈德森）；悲观的观点认为，城镇化会带来诸多的城镇问题，使城镇化没有达到本质的内涵，从而使国家一直处于贫困的发展中国家（利普顿）。Chenery 在对全球各国人民的国民生产总值和城镇的水平的比较中发现，城镇化能够促使经济增长，使国内人均提高。美国地理学家 Berry 也验证了这一点，对 95 个国家的 43 个变量通过主成分分析可以发现，经济增长与城市化之间的关系是紧密相连的，而且是伴着时间逐步推进。Lucas 运用内生经济增长模型对城镇化和国民经济增长的内在关系进行了考察，得出的结论与 Fay 和 Opal 的一致，即二者之间存有日显的正向性。Moomaw 和 Shatter 通过回归分析得知，城镇水平是伴随着国内人均生产总值和工业化程度发展的增高而变高的，农业生产水平的降低而变低的，这样验证出了城镇化水平和经济增长及工业化的正向关系及工业化是城镇化的根本动力的基本观点。为明确城镇化与经济增长的相关系数，Henderson 通过对不同国家的数据横截面计算出城镇化水平与经济增长直接的关系数，同时，城镇化的和谐健康还可以快速发展，有利于转移农村剩余劳动力，带动集聚效应（Ortega；Kawsar）、促进产业集聚，产生外溢效应（Quintana；Farahmand 和 Akbari）、提高生产效率，促进创新（Peres 和 Muller）等，这些都充分展示出了城镇化的乐观派所持的观点，但是城镇化在发展的过程中也会产生各种各样的问题。Gallup 等认为，城镇化作为经济增长的原因，从某种程度来看是经济增长过程中的一种现象。城镇化的过快发展还会带来诸如人口过度拥挤（Magura 和 Lovei）、交通堵塞（Henderson；Downs）、房价高企（Sanidad-Leones）及环境污染（Copel 和 Taylor）等。以上的相关研究，展示出了国外学者对城镇化作用的基本态度。

国外学者对于城镇化的发展规律，有着深入研究，认为城镇化的发展带有一定的规律性。Chenery 通过大量实证分析，证实了人均国内生产总值与城镇化的水平成正向关系，图画可以表示为两条互相平行的上升曲线，Northam 经过大量的实验研究认为，如果把一个国家和地区的城镇人口比总人口变化成一条"S"形曲线，那么经过多年的变化，它将会呈现出一条"逻辑斯蒂"曲线，并且在城镇化过程中可以分为初期（0~30%）、中期（30%~70%）和后期（70%~100%）三个阶段，同时，城镇化发展还表现出后发加速的规律。诺瑟姆提出，城镇化"S"形曲线是城市地理学的经典理论成果，被后人广泛应用，其一般应用在国家或区域阶段划分与研究中。一般情况下，发达国家的城镇化都表现为集中趋向的城镇化阶段（Center Urbanization）、郊区城镇化阶段（Sub Urbanization）、逆城镇化阶段（Counter Urbanization）和再城镇化阶段（Re Urbanization）四个阶段。这四个阶段能够清晰地展示城镇的成长过程与历史阶段，而这些城镇化的演进规律为我国新型城镇化未来的发展提供了宝贵的经验。

国内的相关研究进展。在国家对城镇化的政策制定与城镇化自身的功能下，城镇化越来越受学者们的关注，也成为当前学术界的研究热点，通过对国内学者的研究成果可以发现，学者们的研究目标主要是城镇化的特征、路径的选择、动力机制与对策建议方面的研究。随着新型城镇化的开展，国内学者也对此展开了相应分析。

城镇化发展与演进过程中，对于其呈现了何种特征，不同学者有不同的看法。首先，在城镇化水平方面，陈晓倩和张全景等构建了衡量城镇化水平的指标体系，并进行了实证检验。其次，陈明和王凯对城镇化的速度和趋势进行了分析，发现我国城镇化的进程与经济发展水平呈现出"S"形曲线。再次，在城镇化的质量方面，朱洪祥、张春梅和张小林等通过对山东省与江苏省的质量测度，为相关问题与如何提升城镇化的发展质量提供了相关政策与建议。沈正平对优化产业结构与提升城镇化发展质量的互动机制及实现途径进行了研究。研究表明，优化产业结构可以促进城镇转型发展与质量提高，城镇质量提高可以促进产业结构的优化升级。走一条属于中国特色的质量型城市化道路，不只是注重数量的单线，更加注重数量的双线转变（相伟；张明斗和王雅莉）。最后，城镇化的地域差异受多方面影响，主要是发展水平、区域条件、科技水平、劳动力素质、基础设施状况的影响。目前，我国城镇化的中心是以东部沿海为主体，但是也有向中西部地区蔓延的趋势。辛胜阻、吕文明和刘海燕及巴曙松等对国家整体的宏观与某省域的微观差异性进行了分析，并提出了相关的对策。基于城镇化水平、发展速度、发展质量及地域差异等内容，可以使人们更加清楚地了解城镇的发展特征，为未来城镇化发展的方向做出指引。

在国家政策的引导下，学者们对中国的城镇化发展应该如何选择适宜的发展路线各抒己见。一部分学者认为应该走大城市的发展道路，如张明斗和王雅莉认为，要走包容型、民生型和均衡型的城镇化发展道路，体现出以人为本的思想，在中国未来的发展中要转变发展方式、提升发展速度，走一条具有中国特色的城镇发展道路。另外，马凯指出，我国应走新型工业化、信息化、城镇化、农业现代化相结合的四化同步发展道路。对城镇化的政策研究，大多数学者认为应该从多方面管理，从土地管理制度、户籍改革制度、财税体制改革、城乡一体化体制机制建设等方面来说明。康银劳、袁兰兰通过对西部地区的城镇化发展研究发现，改革户籍管理、建立合理的土地流转及缩小城镇试点战线的战略，有选择地发展小城镇等措施，可以加速西部地区城镇化的发展。赵峰和倪鹏飞对我国城镇的特征和存在的问题进行了较详细的阐述，提出解决人口质量和人口融入问题，提升产业发展质量，通过功能优化的措施来推进中国城镇化的发展。这样既会带来正面效应，也会带来负面效应。鉴于此，周元和孙新章通过对中国城镇化道路的反思，从城镇化带来的突出的可持续发展问题出发，提出应坚持积极发展小城市和小城镇的方针，以此缓解地域中心城市人口压力等推进城镇化发展的政策思路。这些发展措施能够从宏观上把握城镇发展的基本思想，若要运用到实践中，则应该将他们分区指导分类推进。

新型城镇化是中国未来的发展趋势。管理学者对此做了深入的分析与研究，发现对经济与社会进步有很大的促进作用，但其重点主要表现在以下五个方面：一是新型城镇化的概念和内涵。甘露和马振涛认为，新型城镇化应重点解决好农民市民化和城镇化质量问题。单卓然和黄亚平认为，新型城镇化主要包括民生性、可持续性和质量性三大内涵；平等、幸福、绿色等六大核心为区域及协调一体的四大内容，之后对新型城镇化的认识误区给予了详尽的阐述。魏后凯提出，新型城镇化应该重点关注农民市民化并解决城乡二元结构体制，是人本城镇化、市场城镇化、文明城镇化、特色城镇化、绿色城镇化、城乡统筹城镇化、集群城镇化和智慧城镇化等的统一。二是新型城镇化的协调发展问题。耿明斋通过对新型城镇化引领新型工业化、信息化和农业现代化三化协调发展进行了研究，为什么要提出引领、如何引领等，并做出回答和解释。魏人民认为，新型城镇化的协调发展可以解决城乡发展失衡等七种失衡问题。（陈伯庚和陈承明）需要正确处理好新型城镇化与城乡一体化发展的关系问题和新型城镇化与新型工业化互动发展关系（苗建萍）。三是新型城镇化中的地方政府行为。刘嘉汉和罗蓉通过结合地方政府的行为，通过传统与新的对比，提出以发展权为核心的新型城镇化道路。刘少华和夏悦瑶认为低碳理念是推进城镇化走向现代化的必经之路。四是新型城镇化发展的财税政策。黄艳芬和陆俊通过对新型城镇化税制度的探讨，提出彻底打破"土地财政"的利益格局、扩大房产税试点等一系列配套改革措施。王正明和吕艾芳从税收视角提出支持乡镇工业化、支持改善民生工程等新型城镇化发展的政策建议。张明斗和王雅莉通过对财税政策支持新型城镇化发展中存在的问题及动力机制的了解，认为改革与完善分税制财税体制、公共财政框架及服务机制等是促进我国新型城镇化健康发展的财税政策选择。五是区域层面的新型城镇化研究。陈映以四川省为例，通过对四川省的新型城镇化发展现状和宏观背景分析，提出加快制定和完善四川城镇体系规划等六条对策建议。张占仓和王发曾通过对河南省和中原的经济区为研究区域，了解到新型城镇化的发展战略、城市发展特色、城乡一体化及统筹发展等是新型城镇化发展的推进策略。

1.2.2.2 国内外关于新型城镇化的相关研究

我国对于"城镇化"的不同定义，是结合国情而给出的。国外学者使用"城市化"的概念，但是"我"认为"城镇化"更能体现出我国的特色发展，新型城镇化是顺应我国现阶段的国情提出的更加具有针对性的指导概念，国外罕有相关研究。1776年，亚当·斯密在《国富论》一书中就提出了"绝对利益说"，引入比较效益的概念，对城镇与乡村之间流动人口因素可能导致的后果进行了研究分析。因为工业的生产比农业生产要获利大，所以人口从农村向城市的流动量就越来越大。马克思和恩格斯创造性地从城乡对立的角度，阐述了以资产阶级为代表的城市社会必将取代以乡村社会为代表的封建社会。瑞典经济学家缪尔达尔提出了"地理上的二元经济"结构理论，利用"扩散效应""回流效应"等能够带来经济发展的商品资本，人力、技术等会将贫富差距拉得越来越大，富裕的地方将会持续富裕，贫穷落后的地方将会更加贫穷落后，从而形成鲜明的对比，构成区域二元结构。

新型城镇化是国家发展战略之一，结合了我国社会主义现代化的基本国情。张荣寰在《生态文明论》中最早提出这一概念。自新型城镇化的概念提出以来，在社会各层次广为关注，也一直是学术界研究的热点。中共十八大报告指出新型城镇化的基本特征为城乡统筹、城乡一体、产城互动、节约集约、生态宜居、和谐发展，大、中、小城市，小城镇，新型农村社区协调发展，互促共进。宋冬林和姚常成总结了改革开放四十年来中国城镇化发展的进程，并依据不同的时代背景总结归纳我国各阶段的城镇化建设情况，同时，结合各阶段的城镇化发展模式，提出中国正走向极具中国特色的新型城镇化道路。张卫和糜志雄认为，新型城镇化是我国扩大内需、改善民生、实现经济增长及促进社会进步的重要战略选择。他们就我国城镇化的时间进程进行了分析，总结期间出现的问题。其认为，首先，新型城镇化建设要尊重经济发展的客观规律；其次，新型城镇化建设要以特大城市为核心；最后，要打破制度瓶颈并且完善投融资机制。梁雯、孙红等认为新型城镇化与物流间的关系对中国新型城镇化质量的提升至关重要，他们分别构建了新型城镇化与物流发展评价指标体系，用熵值法确定权重，结合耦合协调度模型。二者存在长期均衡关系，代表供给的物流业人均固定资产投资对各省新型城镇化水平的提高都具有正向作用。吴艳艳、袁家冬选取陕西省10个地级市，取不同的时间点对陕西省的新型城镇化发展水平进行研究。郭未和鲁佳莹以新型城镇化建设为背景，对农民工迁入城市户籍的意愿进行研究，并采用赫克曼选择模型的统计思路对农民工在这方面的意愿及具体选择这两个独立而又有关联的问题进行了计量分析。

1.2.2.3 国内外关于民营经济对新型城镇化影响的相关研究

在西方国家没有"民营经济"的提法，但民营经济可以对劳动力和产业带来影响，同时，城镇化的发展体现于城市区域人口的集中和产业的升级，因此，本文主要从人力和产业等方面分析民营经济对新型城镇化的影响。在人口、产业与城镇化互动方面，西奥多·W·舒尔茨提出人力资本表现为知识、技能、体力（健康状况）价值的总和，而这些都存在于人的身上；人力资本的投资有多条渠道。德国经济学家霍夫曼在《工业化的阶段和类型》中对20多个国家1880—1929年消费品工业和资本品工业比重的数据进行了归纳，通过计算霍夫曼系数将工业化进程分成四个阶段，并得出随着经济的发展资本品的产出会逐渐大于消费品的产出。威廉姆森1965年在《区域不平衡与国家发展过程》一文中统计了1940—1961年24个国家的资料，计算了7个国家人均收入水平的区际不平衡程度，研究表明随着经济的发展，区域间差异存在着一个先增大后缩小的趋势，形似于倒U形。威廉·配第1691年结合英国的背景总结出三大产业间的利润与劳动力流向有着明显的对比关系，按利润的由大到小排序结果为第三产业、第二产业、第一产业，劳动力流向也呈现三二一的走向；英国经济学家科林·克拉克的研究建立在威廉·配第的基础上，通过分析收入水平与就业产业的分布结构变动趋势得出结论，即劳动力会随着产业报酬的变动逐步沿着第一产业、第二产业、第三产业的顺序流动。

国内学者主要就民营经济对城镇化的推动路径及民营经济和新型城镇化互动共进机制等方面进行研究。杨大楷研究认为，产业投资和基础设施建设投资对推动新型城镇化具有重要意义。乔观民对温岭的城镇化进行分析后认为，民营经济对温岭的城镇化起到了重要的推进作用，是一种"自下而上"的城镇化，即农村社区、乡镇企业、农村家庭或个人等民间力量发动的一种由市场诱导的自发的诱致型制度变迁模式。杨重光认为城镇化的推进分为"自下而上"和"自上而下"两种模式，其中，在市场的带动下"自下而上"的模式是较为有效的。许高峰对舟山的城镇化分析研究，认为大力发展民营经济可增加城市就业岗位和人口、提高城镇化水平。刘德承研究认为民营经济和城镇化之间可以通过互动关系相互促进。廖明珠对温州的城镇化发展分析研究。秦岭和高怀定以扬州市为例分析研究，认为在民营经济和新型城镇化互动共进机制方面，唯有建立农村民营经济与城镇化的互动共进机制，才能从根本上解决城镇化进程中的问题；武翠莲从经济带方面研究了民营经济与新型城镇化的相互促进作用。

1.2.2.4 国内外关于农业现代化对新型城镇化的相关研究

美国著名经济学家舒尔茨是最早研究农业现代化的人。他认为，传统农业必将被淘汰，尤其是对于发展中国家而言，而出路在于若能针对传统农业做出突破，引入先进合理的农业发展理念，农业对其经济的增长将发挥巨大作用。美国农业经济学家约翰·梅认为，传统农业转变为现代化农业需经过三个阶段，分别为技术停滞阶段、低资本技术动态阶段和高资本技术动态阶段。

龙冬平和李同昇等从地理学的角度，分别从全国层面和局部层面来分析中国农业现代化发展水平，从全国层面来看，我国以"胡焕庸线"为界，呈现出东高西低的空间分布；从局部层面来看，我国的农业现代化空间发展水平呈现为东高西低。迟清涛在马克思主义基本理论的基础上，借鉴西方发达国家经验，并结合运用多种方法，就我国农业现代化存在的问题进行分析并提出了相关的政策建议。陈江涛和张巧惠等确定了评价指标体系，运用熵权法对我国部分省份的农业现代化发展水平进行了定量评价，得到了农业现代化水平空间分布状况，并从多方面提出了我国农业发展的政策和建议。闵耀良在《知识经济与农业现代化》中，从世界经济一体化的角度论证了实现农业现代化不是"闭门造车"的过程，而是不断国际化和运用科技使经济不断发展的过程。

国内外新型城镇化与农业现代化协调发展研究现状。Robert Paarlberg 在 *The Ethics of Modern Agr* 中指出，城乡居民认为发展现代化农业极有必要。首先，对农村居民而言，有利于解放和发展农村生产力，提高农业综合生产能力和效益，促进农村经济社会全面发展；其次，对城镇居民而言，农业现代化可以促进城乡共同发展，且能为城乡良性发展提供资源支持。21世纪以来，我国的研究重点在促进农业现代化和新型城镇化相互协调、共同发展。王一夫在系统论和协同理论思想的基础上分析了"三化"之间的相互关系及"三化"协调发展的内涵，同时，分别构建了"三化"发展水平评价指标体系及测算了黑龙江垦区"三化"发展水平；并在此基础上结合均衡理论和效益理论对黑龙江垦区"三化"协调发展水平进行分析。首先，韩永强分别构建了淮河流域新型城镇化和农业现代化发展水平评价指标体系并测算了淮河流域"两化"发展水平；其次，运用VAR模型对淮河流域"两化"间的动态相互作用进行了分析；最后，运用耦合协调度模型结合淮河流域"两化"发展水平定量分析了淮河流域"两化"协调发展的水平。赵宏海在博士论文中从经济学和地理学两方面打开视角，在前人基础上，创建了"两化"协调发展水平评估模型，定量评估了安徽省"两化"协调发展有利于解放和发展农村生产力，由此提高了农业综合生产能力和效益，促进了农村经济的发展。

1.2.2.5 国内外关于产业转型对新型城镇化的相关研究

Gilly J P 与 Wallet F 认为，中国的产业问题和新型城镇化问题不同于其他发展中国家，人口和产业结构问题更加复杂。Kaplinsky 与 Morris 学者对城镇产业集群进行研究发现，产业集群升级在城镇化中具有重要支撑作用，产业集群升级分为成长、升级、扩散和延伸四个发展阶段。Meyer Stamenr 对城镇产业进行实证研究发现，城镇社会网络的完善程度与城镇产业集群升级具有很强的相关性，要想加强产业支撑城镇经济变强，必须把信息技术引入三次产业中。Messina 指出，城镇化率的高低可以通过城市经济发展来调节，并认为城镇化有利于资源型城镇产业结构趋于合理性。Pandy 通过构建评价模型对资源型城市城镇化研究发现，从事第二产业、第三产业的劳动力越多，对提高农业劳动生产效率越有利。Moomaw 和 Shatter 对城镇三次产业就业情况和城镇化建设进行研究提出，第一产业就业人员增加不利于现代农业与城镇化协调发展。第二、第三产业就业人员的数量的增加，可以加深城镇化与第二、第三产业的协调程度。Ozawa 对产业升级与城镇化关系研究后认为，制度因素对城镇化产业升级影响作用较大。城镇产业的强弱、技术的复杂程度、产业的现代水平是衡量新型城镇化建设发展水平的重要指标。Cohen 对发展中国家的城镇化研究表明，经济、资源、土地、制度、人口等方面是城镇化发展的动力。西方学者研究表明，服务产业是资源型城镇经济可持续发展和吸纳就业的蓄水池，工业是资源型城镇经济发展和社会稳定的发动机，农业资源是资源型城镇发展现代农业的基础和保障。

发展中国家转变成发达国家的最佳工具，研究发现郊区支柱、重点、先导等产业集群是支撑城镇化的重要力量。Black 和 Henderson 对产业支撑城镇建设研究指出，新型工业和现代服务业对城镇化的支撑强度可以根据城镇的经济规模和产业规划来解释。服务业健全的城镇相较于工业较发达的城镇来说，服务业健全的城镇发展规模较大，服务业的产值与支撑力比工业产值与支撑力大。Davis 和 Henderson 对产业促进城镇化进行研究后认为，发展中国家的城镇化主要依靠第一产业支撑，发达国家的城镇化依赖第二、第三产业支撑。产业支撑体系的功能非常强大，能产生强大的凝聚力。Henderson 对城镇产业系统研究后认为，重点工业行业主要分布在小城镇或发展落后的地区（如此能节约劳动力成本），而现代服务业主要集聚在大城市。

宋连胜和金月华认为新型城镇化的目标是改变城乡居民的生活方式和就业方式。新型城镇化的建设需要提供充足的就业岗位给农业从业人员，以维持他们的基本生活。刘志伟认为，三次产业的发展水平是衡量新型城镇化的重要标准，而产业支撑的核心问题是实现农业转移劳动力充分就业。刘立峰提出，农村人口向小城镇或经济发展较好的地区转移，避免进入大城市或生活成本消费高昂的城市，是实现新型城镇化产业均衡发展，并促进中小城市三次产业与城镇联合发展的良好建议。汪大海和周昕皓等研究认为，新型城镇化要想使农村人员实现充分就业，并为农村人口转移为城市户口提供基本的生活条件，需提倡农民就地从业并提高农业劳动生产率。石忆邵认为，农业、加工业、服务业是农业大市必备的三大核心，农业虽对经济发展的贡献小，但也应该重视农村第一产业的发展，且应是三个部门相互协调、共同推动城镇化发展，同时，还需要引进技术、人才、创新，因为这是产业支撑的核心要素。陈晖涛认为，产业推进城镇化的过程就是第一和第二产业在国民经济中占比在逐步下滑，但由于农业一直发挥重要贡献，因此，最终第三产业成为支撑城镇化新动力，有利于经济的快速发展、产业结构的转型升级和提供就业岗位，从而实现城市资金合理流转、劳动力聚集、城镇数量增加、规模扩张及其功能提升和空间优化等。

有关新型城镇化产业支撑的研究。在现代农业支撑新型城镇化的研究领域，黄祖辉专家认为，发展现代农业支撑新型城镇化建设的重要区域是资源环境比较好的城市。向丽运用 Tapio 法与因子分析法相结合的方法，对我国 2012—2013 年现代农业支撑新型城镇化的发展水平和脱钩现象进行了研究，分析了外因与内因，认为导致农业支撑新型城镇化不足的主要外部因素是我国人口众多，耕地较少；内部因素是农业机械化率小、农民文化程度低、合作社作用小。郭爱君和陶银海对产业和城镇化研究认为，产城要相互融合发展，农业也是重点发展对象。郊区可用来发展现代农业，城镇人口密集区可用来发展制造业和服务业。徐君等建立了耦合模型，对"四化"的发展协调关系进行了评价研究，为我国农村和城镇相互融合提供了新思路。新型城镇化可以促进三次产业相互融合。袁开福认为，产业是城镇经济发展的主心骨，由经济实力雄厚、创新能力强的产业组成。王政武认为，运用农业的多种功能与城镇农产品需求相契合，第一产业支撑新型城镇化的重要出路是建立现代农贸市场作为农产品交易的发展平台。蒲文杉从产业发展的角度研究城镇化后认为，一个城市的发达程度是由城镇三次产业融合共同推动的结果，农业也和城镇一样具有经济贡献的作用。王晓燕对新型城镇化与产业的关系进行研究后认为，产业与城镇犹如牙齿与嘴唇的关系，唇亡齿寒，它们之间是相互连接的共同体。

1.2.3　国内外关于城乡耦合协同的相关研究

1.2.3.1　国内外关于城乡经济动力机制的相关研究

城乡经济社会一体化的动力机制指推进城乡经济社会一体化发展的各种力量及其之间作用关系的传导过程，在不同研究视角下大致分为以下三类：

（1）城乡经济社会一体化的形成源于城乡间资源的再分配，主要表现在农村劳动力与土地大量向城市流动，城市先进科技对农村落后生产力起替代和渗透作用（范海燕）。1957 年，Myrdal G 在"循环累积因果理论"中提到，城乡间存在回波效应和极化效应，其中回波效应指在收益的驱使下，农村的生产要素向城市集聚，极化效应指随着城镇发展到一定程度，发展将受到制约；同时，农村地区对农业生产、工业原材料等的需求对经济产生影响，刺激城镇资源向农村流动。城乡间在二者的推动作用下实现均衡发展。Epsteint S 和 Jezeph D 对发展中国家存在的城乡二元结构现象进行分析，批判了"城市偏向"政策，而应要采取乡村增长区域、乡村增长中心、城市中心的三维合作发展模式。方振辉将城乡经济社会一体化的形成过程划分为两个阶段。首先，吸引农村的生产要素向城镇集聚的原因是城市完善的设施与资源；其次，当城镇集聚达到一定程度后，各类问题逐渐出现，城市在向农村释放压力的同时，还可以带动相关资源向农村扩散。可见城乡经济社会一体化就是在集聚与扩散的协同带动下形成的。任保平提出，集聚扩散、市场互动机制是城乡经济社会一体化的动力机制构成要素。其中，集聚扩散机制指要素向城市集聚，待饱和后，再向农村扩散的过程；市场互动机制包含市场要素流动（第三产业扩张推动农村剩余劳动力转移）与市场的需求扩张（技术、产业等扩散，加快农村非农产业发展、技能培训提高农民的个人素养）。

（2）城乡经济社会一体化是在内部因素与外部因素综合的作用下形成的。其中内因是城乡经济社会一体化系统的主动力，而外因则需要相应政策的引导，实现转化，才能发挥其作用。Kreukels T，Pollé E J 统计了世界粮农组织提供的1980—1995年的各国数据，认为推进城乡融合的外生动力是城市工业的发展和扩张，内生动力是农业劳动力生产率提升、农业规模化生产。张泰城和张小青对城乡融合的动力机制进行解析，从农业产业化发展、政府推动两个角度进行展开；其中，农业产业化发展是其内在动力，政府推动是外部动力。首先，农业产业发展使城市和农村紧密结合，是统筹城乡经济社会发展的战略选择，是实现经济社会全面、协调、可持续发展，加快构建社会主义的重要举措。不仅提供了就业岗位，同时，其延伸的产业链条带动了相关行业的发展，促进生产要素等相关资源在农村的集聚效应，其次，城乡统筹现在还不成熟，需要政府加以引导。黄亚龙认为，实现城乡一体化发展的内生动力是乡村城镇化、农业产业化和乡村工业化，外身动力是科技的发展、行政力量的推动、城市的辐射。

（3）城乡一体化发展的主要动力是城乡经济、社会、生态之间存在的潜在矛盾和差别，人是理性的，追求效应最大化是必然的，进而使城乡差距缩小，如Todaro MP提出的人口迁移预期收益理论认为，影响农村人口向城镇转移的主要是"预期收入"差异。王振亮提出，城乡差别效应是城乡一体化发展的动力，所谓"城乡差别效应"是指由于收入、教育、技术、文化、生活环境、思想观念等在城乡间存在差异，居民通过对其认知、比较和取舍，从而决定其生存定位去向。Zhang K H 和 Song S 运用时间序列和横截面数据对城乡收入差距与城乡人口迁移的关系进行了实证检验，认为城乡间的收入差距与农民向城镇转移的活动有关，这种行为可缩小城乡收入差距。吴靖认为，首先，农业相较于第二、第三产业风险大、收入低，是弱质产业，对劳动力、资本的吸引力不足；其次，农村基础设施、教学资源、文化娱乐、医疗卫生等方面不完善，也会对农村劳动力向城镇转移带来影响。周云波认为，城市部门收入水平高，吸引大量劳动力向城市迁移，这种人口分布格局的改变将直接导致农民人均收入提升、城镇人均收入下降，最终使城乡收入差距缩小、达到平衡。王平、杜娜、曾永明等将城乡经济社会一体化的动力要素归纳为城乡间的经济差别、社会差别、生态差别三个方面，在此基础上，以海口市为研究对象，利用因子分析法对城乡一体化的动力机制进行研究，研究结果发现，三种差别存在演变顺序，即先有经济差别，再有社会差别和生态差别，其中三者的关系是：社会差别由经济差别决定，生态差别由经济差别决定。

1.2.3.2 国内外关于城乡产业耦合协同的相关研究

城市是整个区域经济发展的增长极，是资金、技术、信息、人才汇集和流动的中心。自身的发展优势可以带动农村经济发展，形成"以城带乡"的发展格局。充分发挥工业对农业的支持和反哺作用、城市对农村的辐射和带动作用，建立以工促农、以城带乡的长效机制，促进城乡协调发展。城市主要从吸纳农村剩余劳动力、将城市产业转移到农村两方面来带动农村经济的发展。关于农村剩余劳动力向城市转移的途径有三种：一是增加农民工资性收入；二是开展农业规模化经营，减少农村对劳动力的需求；三是放松对城镇户籍制度的管理，促进城镇人口的增加，并加大对农产品销售的支持力度，增加农业生产总值。蒲艳萍、吴永球对托达罗模型进行了改进，在产业间劳动力转移理论的基础上，构建了二元体制下的劳动力转移模型。同年，Benjamin D，Brandt L 和 Giles J 以三次产业劳动力配置效应和城乡收入差距为解释变量，展开了研究。研究结果表明，若 GAE 越大，则城乡收入差距越小。Cai F，Yang D U 对农民工工资与城镇居民工资的差异在 2003—2010 年的发展状况进行了调查，二者呈收敛趋势。一方面，随着农村剩余劳动力不断向城市转移，农民工工资随之也开始上涨；另一方面，城乡二元体制被打破，农村体制不断完善，市场机制对工资进行有效协调。陈斌开和林毅夫系统研究了政府发展战略与城乡收入差距的关系，并构建了一个基准线性计量模型。结果表明，如果政府采取相关政策大力发展资本密集型产业，那么城市对农村剩余劳动力的吸纳效应将减缓，导致大量剩余劳动力留在农村，受土地规模补偿的限制，减缓农民收入增长速度，进一步扩大城乡收入差距。

其次是城市落后产业向农村转移，一方面，促进城市资金、人才、技术和管理经验向农村扩散；另一方面，为农村劳动力增加就业机会，平衡城乡工业发展，实现"城乡双赢"（刘桂贤和李强）。1996 年，根据 Jr–LR 和 De M 的理论，落后地区积极吸收发达地区的资本、设备等直接生产要素，并不断吸收发达国家的先进技术和管理经验。Markusen J R 和 Venables A J 认为，产业转移能够促进接受地区相关产业的需求增加，并通过前后相关效应对当地产业结构产生积极影响。陈白杨为研究城乡产业转移的经济效应，选择以皖西地区为典例。他认为，城市产业向农村的转移能够有效地劳动农民工返乡务工，促进先进生产技术和管理技术向农村扩散，提高农业发展的科技水平。不仅可以增加农民收入，也为农业发展提供了发展动力；同时，还对农村产业结构的调整具有重要作用，并能够带动相关服务产业的发展。

城乡统筹发展就是要改变和摒弃过去那种重城市、轻农村的观念和做法，实现"以工带农，以城带乡"的发展模式。工业技术进步和工业化综合水平的提高是工业对农业带动作用的主要体现。

工业是唯一生产现代化劳动手段的部门，决定着国民经济现代化的速度、规模和水平，在当代世界各国国民经济中起着主导作用。李岳峰和刘汶指出，工业技术的进步为农业规模化发展提供了机械动力，大大提高了农业的生产效率。冯献和崔凯指出，农业机械化的发展得益于工业化的发展。现有研究认为，农业综合化主要通过三种途径来促进农业和农村发展：第一，工业不仅为自身和国民经济其他各个部门提供原材料、燃料和动力，为人民物质文化生活提供工业消费品，还是国家财政收入的主要源泉，是国家经济自主的根本保证。工业化水平的提高，为农村建设投资提供了巨大保障。马晓河、蓝海涛和黄汉权认为，国家财政对农业的投入是美、德、英、法等发达国家工业反哺农业的共同特点之一，因此，调整城乡收入分配格局是国家加大对农村的经济回馈的首要举措。吴群指出，构建农村公共服务的金融支持体系保障，推动工业反哺农业的主要方式向农村金融投资转变，是在市场经济体制下，引导资金流向农村的有效手段。第二，推进工业化为农业剩余劳动力转移提供了就业渠道。朱劲松和刘传江在改进技术中性理论的基础上，从"替代效应"和"收入效应"两个方面分析了产业发展对就业的影响，并根据回归模型定量分析了两种效应的具体大小。研究发现，"收入效应"的影响大于"替代效应"，从而带动全社会就业总量的持续增加。第三，推动农业产业化发展。李杰义从农业产业链的角度提出，农业在市场经济体制下，可以接受工业反哺，从而延伸其产业链，远比单纯接受政府财政补贴更能从实际出发改善农村发展缓慢的现状。

1.2.3.3 国内外关于城乡统筹视角下农村公共服务建设的研究

关于农村公共服务基础建设的研究，不同学科的专家学者分别从经济、社会、生态等方面出发，对农村公共服务建设提出了不同的意见。近年来，随着经济发展水平的不断提高，国外农村与城市得到了持续的发展，二者之间的发展差距不断缩小，相应的公共服务基础建设也得到了不断完善，使国外学者对农村公共服务建设的研究越来越少。根据相关文献，国外学者的研究主要集中在以下四个方面：

（1）在城乡统筹的视角下，国外的农村公共服务建设理论研究。Hirschman发现，农村公共服务建设是一个包括农业生产力在内的系统发展体系。在城乡一体化的背景下，城乡统筹是以城市和农村一体发展思维为指导，以打破历史和制度设计形成的城乡二元结构为出发点，立足城市发展，着眼农村建设，推进经济基础与上层建筑相适应，离不开地方政府的引导和农民的参与。最终实现城乡差距最小化、城市和农村共同富裕文明的目的。舒尔茨从城乡一体化的角度出发指出，推进农村公共服务建设的主要障碍是城乡二元体制结构的存在。基于对美国农村公共基础服务建设的实证分析，Lawn Philip 认为我国农村公共服务建设的发展面临着诸多阻碍。政府财政、农村基础设施建设、人才流失等问题在发展中国家尤为突出，而城乡一体化的目的就是要让更多的劳动力、农村居民进入城市，让资金、技术、人才更多地流向农村。Coyle 从城乡一体化的研究角度出发，他认为促进农业发展，缩小城乡差距，是发展中国家农村公共服务的建设和发展的根本出路。具体来说，就是必须抓好具有战略意义的大事，促进城市经济发展。而发展中国家过分追求经济增长，忽视了广大农村地区的发展，导致了恶性循环的形成。Chenry 从城乡一体化的角度看，认为农村公共服务建设发展滞后的关键原因是资金、人口等资源的流失。McGee 对此观点也是持赞成态度。Hayami 从影响农村公共服务建设发展的因素出发，认为产业结构的优化调整能够有效地促进农村经济的发展，因此，必须落实合理、完善、服务的原则方针。在统筹城乡经济发展方面，为农民进城务工创造有利条件，做好服务和管理工作。Roy Morrison 的研究指出，在制定国民经济发展计划、确定国民收入分配格局、研究重大经济政策时，要把解决好农业、农村和农民问题放在优先位置，促进城乡协调发展。加大对农业的支持和保护，形成城乡联动发展的机制。William 的研究结论表明资本、劳动力、信息和产业转移是实现城乡协调发展的重要因素。C W Watts 研究发现，城乡二元体制的存在是农村经济发展滞后的重要原因。Martin Oppermann 研究发现，"城乡二元结构"已经成为经济和社会发展的严重障碍，必须加强对城乡之间人才、信息、就业的流动，防止造成一个城乡断裂的社会。"城乡二元结构"问题的严重，甚至会使城市本身的发展失去支撑和依靠。这也意味着实现城乡统筹发展的作用越来越关键。

（2）国内对城乡一体化与农村公共服务建设的研究比国外起步较晚，但在学者经过多年的研究下，也提出了许多具有建设性的经验。在城乡一体化的背景下，Coase 研究了农村公共服务建设的发展需要。他认为，在加强农业基础设施建设发展的同时，要充分发挥农民的主体作用，积极呼吁社会各界为实现农村发展的目标贡献力量。North 提出，要实现农村公共服务建设和发展的目标，政府要充分挖掘农业自身潜力，不进行强制干预，依靠农民的自发参与来达到工业反哺农业的目的。Donald Snow 的研究也支持了这一观点。Tacoli 对韩国、日本和拉丁美洲的农业经济发展进行了比较并指出，结合各自国家的具体发展条件，从实际情况出发，把扩大农村就业与引导农村富余劳动力有序转移结合起来，是农村公共服务建设成功应具备的首要条件。同年，迈克尔的研究表明，加快建立健全以工促农、以城带乡的政策体系和体制机制，完善农村基础设施建设，在促进农业发展方面起到了关键作用。

（3）关于对农村公共服务建设理论的研究。我国始终坚持要把建设社会主义新农村与稳步推进城镇化结合起来，形成城乡良性互动的发展格局。目前，国内学者对农村公共服务建设的研究达到了高峰。他们认为，公共服务建设必须统筹城乡经济社会发展，充分发挥城市对农村的带动作用，这对农村基础服务建设的内涵、意义、发展路径、城乡统筹的发展具有重要的借鉴意义。

江明融认为，城乡一体化是农村公共服务建设的大背景，农村公共服务建设是包括经济、社会、生态、政治等多方面在内的综合性工程。改革开放以来，我国实行了一系列促进城乡经济协调发展的政策和改革举措，做好城乡协调发展规划。同年，李强在城乡一体化的视角下，研究了农民的积极性对农村公共服务建设的作用。与此同时，国内许多学者也赞同林毅夫的观点，如樊丽明、迟福林和李乐。罗震东等从城乡统筹的角度出发，分析了在农村公共服务设施均等化中政府的政策取向。他们指出，新农村建设包括公共服务、政治文明、经济社会、城乡居民收入差距、农民增收渠道等所有方面。马慧强、黄金川、李志军、南锐、丁焕峰等学者从发展道路、发展目标、体制、机制等方面对传统农村发展理论的研究有了突破性的发展。在城乡统筹发展的理论研究中，国内学者在吸收国外的先进经验的基础上，取得了丰硕的研究成果。王悦荣指出，工业反哺农业是解决农民问题的根本途径。刘斌、李敏纳、韩增林等学者的研究也支持了这一观点。刘德吉在对影响农民收入的因素分析时指出，从城乡统筹的角度看，农村公共服务建设与城镇化的建设并不矛盾。我国社会主义市场经济体制已初步确立，当前的任务是进一步完善市场经济体制，必须合理引导农村剩余劳动力向城市的流动，提高城市对剩余劳动力的吸收能力，不断开发农村，充分探索区域协调发展的新模式。李敏纳、欧向军、郑新立、常修泽、张恒龙、唐颖等从文化建设的角度出发，研究了城乡发展在农村公共服务建设中的重要性。

（4）国内学者在城乡一体化的视角下，通过对我国农村公共服务建设的研究，提出许多具有可行性的建议，为农村经济发展带来了巨大的机遇。城乡统筹发展实际上是农村和城市相互联系、相互依赖、相互补充、相互促进的关系，因此，统筹城乡经济社会发展，必须坚持实事求是的原则，因地制宜，开始实施中共中央关于农村公共服务建设的政策，充分发挥城市对农村的带动作用和农村对城市的促进作用。包兴荣从城乡一体化的角度出发，总结了农村公共服务建设的实践经验，并指出，我国农村公共服务发展要严格破除城乡二元结构，要统筹规划，学习国外发达国家的先进经验。陈轶认为，地方政府对农村经济发展的基础设施投入巨大是韩国农村公共服务建设成功的关键所在。谢瑞认为在建设过程中，地方政府应起引导作用，而不能进行绝对干预。李燕凌指出，长期以来，城乡分割，城乡差距不断扩大，农村公共服务建设需要从实际情况出发，不能一概而论，更要协调好各利益相关者之间的关系。同年，夏锋对农村公共服务建设的现状和优化路径进行了分析。王谦、马林靖、白南生等学者对农村公共服务的建设也做出了巨大的贡献。

1.2.4　国内外研究现状评述及发展趋势

虽然国内外关于乡村振兴与新型城镇化发展的理论研究比较多，实践经验也比较丰富，但是乡村振兴与新型城镇化的耦合协同治理研究相对较少。对文献的梳理可以发现，关于乡村振兴与新型城镇化的研究主要还是政策建议等方面，由于缺乏对乡村振兴与新型城镇化耦合协同的分析，因此忽视了乡村振兴与新型城镇化的关联性和均衡性。目前关于新时代湖南省乡村振兴与新型城镇化的耦合协同模型还未得到深入的理论分析和实践运用，关于耦合与协同治理的理论研究和实践运用几乎为空白。

（1）对文献进行分析可知，国外城市化进程研究时间较长，已达到相当高的水平，在城市化进程中，发现不同城市间工资差距较大，因此研究实践较早，也取得了显著成果。国外学者强调劳动者的身体状况、生活成本和工资差距的影响，研究层面包括宏观层面与微观层面，有研究认为，劳动者身体状况是造成工资差距的主要原因；还有研究认为，生活成本差异才是主要原因，大多数研究认为聚集经济是主要原因。但是大多数研究者未进行深入分析不同城市的发展模式，也未对城市化发展弊端进行研究。

（2）国内城镇化建设速度不断加快，但在城镇化进程中不同城市工资问题、城市规模扩张带来负面效益成为研究焦点，同时，对城镇化模式和路径选择的研究较为重要。由于城市起步较晚，对工资水平与城市模式研究分析较少，国内学者研究重点是区域间工资水平的差异，运用实证分析对工资差异进行分析，研究结论有助于缩小区域不平衡现象，未能缓解城市间的发展差距。国外学者对影响城市工资差距进行深入分析，但未考虑社会发展状况，也未对城镇化模式进行解释。综合分析，由于现阶段我国对这一问题研究存在不足，因此需进一步研究。

（3）关于村党组织在乡村治理中的作用和行为研究。目前，国内学术界研究的主要是定性的分析与经验的描述，基于乡村治理前沿性的研究与创新型的研究不够，对村党组织引领乡村治理的研究相对较少。随着现代化城镇化的发展，当前乡村治理实践中，传统治理效率不断下降。面对治理困难的难题，领导核心如何解决乡村治理发展的困境，可成为重要研究要点。

（4）国内外关于对土地整治与乡村振兴的研究不断成熟，研究领域广泛、内容丰富，并广泛借鉴了国外先进的土地整治经验。随着社会的发展，土地整治与乡村发展的内涵与目标不断变化，其研究内容根据经济社会的发展不断更新。乡村建设未形成统一的模式遵循，但有着一致的目标。由于每个农村具有独自的区位优势、资源优势及产业优势，因此，应根据农村发展方向，科学规划，探寻适合的发展道路。

1.3　研究目标、研究内容和研究方法

1.3.1　研究目标

本文是以实际问题驱动应用研究的，主要是在新时代的背景下，基于国内外乡村振兴与新型城镇化的典型案例研究，通过耦合协同模型，对协同治理的演化机制和成因进行分析，以探索新时代乡村振兴与新型城镇化的区域差异性，为新时代湖南省乡村振兴与新型城镇化的耦合协同提供决策依据。具体研究目标如下：

（1）结合已有文献资料与实际情况，准确全面地刻画新时代湖南省乡村振兴与新型城镇化的发展特点及水平问题。从时间角度出发，对湖南省乡村振兴与新型城镇化的发展阶段进行分析，根据时代需求提出新的发展模式。

（2）分析长久以来城乡发展不协调、不均衡所制约我国社会现代化进程与乡村振兴、新型城镇化发展的因素。针对制约因素，构建城乡产业结构融合协同、城乡要素市场深化合作、城乡公共服务均等发展、城乡基础设施互联互通、城乡生态环境共建共治的五位一体耦合协同发展机制。

（3）分析新时代湖南省乡村振兴与新型城镇化的区域差异性，基于城乡协同治理角度，构建城乡多元主体协同耦合、城乡各级资源协同耦合、城乡综合利益协同耦合、城乡网络信息协同耦合的四位一体耦合协同治理模型。

（4）寻找新时代湖南省乡村振兴与新型城镇化耦合协同瓶颈的突破口，明确乡村振兴与新型城镇化的耦合协同的重要方略，探索新时代湖南省乡村振兴与新型城镇化耦合协同治理发展的传导路径。

1.3.2　研究内容

为研究湖南省乡村振兴与新型城镇化的耦合协同，主要应从理论机制与实证检验两个方面进行深入剖析，将耦合协同模型和乡村振兴与新型城镇化作为主要研究对象，采用调查方法与理论分析进行实证检验，提出相关政策建议，以达到促进湖南省乡村发展与新型城镇化的建设。主要是从以下8章作重点讨论：

第1章绪论。首先，简要说明选题背景和选题意义、主要研究内容和研究方法；其次，梳理了国内外关于乡村发展、新型城镇化研究、城乡耦合协同研究的文献；最后，点明了主要创新和不足之处。

第2章乡村振兴与新型城镇化耦合协同的理论基础。对乡村振兴、新型城镇化和耦合模型这三个方面进行分析发现，三者存在一定的区别和联系；在乡村振兴理论中通过对乡村振兴战略理论、城乡等值化理论、可持续发展理论、多功能

乡村理论和城乡融合理论这五个方面来形成五位一体的理论基础；新城镇化理论、城市化理论、城乡二元经济理论、非均衡增长理论和系统化理论这五个理论存在一定的联系，为新城镇化理论奠定了理论基础。

第3章乡村振兴与新型城镇化耦合协同的内涵研究。描述了乡村振兴与新型城镇化的演变历程，系统地描述了乡村振兴战略、城镇化、新型城镇化及耦合协同模式的内涵，提炼了乡村振兴与新型城镇化耦合协同的构成要素，为乡村振兴与新型城镇化耦合协同研究提供理论基础，有利于促进乡村振兴与新型城镇化一体化发展。

第4章新时代湖南省乡村振兴与新型城镇化发展现状研究。以实际问题驱动的应用研究，主要是在新时代的背景下，基于国内外乡村振兴与新型城镇化的典型案例研究，准确而全面地刻画新时代湖南省乡村振兴与新型城镇化的发展水平问题。

第5章新时代湖南省乡村振兴与新型城镇化耦合协同机制研究。首先，通过分析长久以来城乡发展不协调、不均衡所制约我国社会现代化进程与乡村振兴、新型城镇化发展的因素。其次，针对制约因素，基于产业振兴、人才振兴、文化振兴、生态振兴来构建五位一体耦合协同发展机制。一是城乡产业结构融合协同机制，二是城乡要素市场深化合作机制，三是城乡公共服务均等发展机制，四是城乡基础设施互联互通机制，五是城乡生态环境共建共治机制。最后，以耦合协同机制来缓解我国人民日益增长的美好生活需要和不平衡不充分的发展之间的矛盾，强化对新时代湖南省乡村振兴与新型城镇化的耦合协同研究，实现城乡发展一体化、互促共进、协调同步。

第6章新时代湖南省乡村振兴与新型城镇化耦合协同模式研究。首先，厘清城镇化与农业现代化衔接的基础在于同步，包括推动新型工业化、信息化、城镇化、农业现代化的同步发展。其次，明确在新时代背景下，乡村振兴与新型城镇化二者的同步衔接已成为推动经济社会发展的最佳合力与强大动力的重要源泉。再次，基于城乡同步衔接治理角度，构建城乡多元主体协同耦合、城乡各级资源协同耦合、城乡综合利益协同耦合、城乡网络信息协同耦合的四位一体耦合协同治理模型。最后，通过机制创新逐步缓解城乡一体发展脱节的现象，有效打破城乡经济发展失衡的现状，全面推进城乡产业协同衔接的发展，从而实现城镇发展带动农村发展，实现新型城镇化反哺乡村振兴的新格局。

第7章新时代湖南省乡村振兴与新型城镇化耦合协同对策研究。首先，切中当前乡村发展的要害，直面城乡发展关系问题，寻找新时代湖南省乡村振兴与新型城镇化耦合协同瓶颈的突破口。其次，明确乡村振兴与新型城镇化的耦合协同是深刻认识城乡关系、城乡发展规律及其变化趋势的重要方略，是互相促进和联系的命运共同体。最后，基于耦合协同发展契机，立足于综合完善顶层设计，科学制定政策规划的政府出发点；着眼于贯彻各方社会资本，良性互动结构市场的社会增长点；贯穿全面交流产业技术，合作推进创新创业的企业动力点，形成城乡互相协同、共同合作的耦合协同治理方针，以此来实现以工促农、以城带乡、城乡融合发展的新目标。

第 8 章结论与研究展望。本章主要是对全书的总结，以得出基本结论并提出进一步的研究展望。

1.3.3 研究方法

1.3.3.1 调查研究法

以实地考察的方式，对湖南省乡村发展与城镇化建设进行研究。在研究过程中收集湖南省 13 地级市和 1 自治州的乡村振兴与新型城镇化状况，重点调查长株潭城市群、郴州市、岳阳市、湘西自治州。其目标是去实际目的地进行直观、详细的调查，以清楚明白事物真相、势态发展和进程，了解当前湖南省乡村振兴与城镇化发展现状。

1.3.3.2 文献资料法

在图书馆、中国知网、Emerald 全文期刊库、Elsevier Science 等数据库中，广泛查阅相关文献资料，收集、整理现有关于国内外乡村发展、城镇化建设和城乡耦合模式的研究文献和数据资料，界定湖南省乡村发展与城镇化建设的现状，并分析出发展趋势，提出本文的主要内容和研究思路。通过阅读大量的相关文献，探索湖南省乡村振兴与城镇化协同治理的作用机理和影响机制。总结相关的文献，为湖南省乡村振兴与城市化研究奠定基础。

1.3.3.3 系统分析法

在相关文献及材料的基础上，对湖南省乡村振兴与新型城镇化的耦合协同进行深入的理论分析。结合人文社科学、管理学和社会经济学等学科，从人文、管理、社会等层面，系统地分析新时代湖南省乡村振兴与新型城镇化耦合协同开发中相关的有利因素与不利因素并提出解决策略，为湖南省乡村振兴与新型城镇化提供建议。

1.3.3.4 比较分析法

比较分析法是通过对同一时间的不同主体或者同一主体的不同时间的相关表征进行探讨，以揭示时间差异和个体差异的一种分析方法。通常，可以把比较分析法划分为两种重要的分类，即横向比较分析法和纵向比较分析法。横向比较法可以描述同一时间、不同主体之间的表征；而纵向分析法则可以描述不同时间、同一主体的表征。本文中横向比较结合国内外乡村发展与城镇化发展，对湖南省乡村振兴与新型城镇化进行有效分析，与国外其他城市的乡村振兴与新型城镇化进行比较研究，了解其异同，更好地把握湖南省乡村振兴与新型城镇化发展的特点。与此同时，比较湖南省地区区域差异，合理规划发展模式，为全国新型城镇化发展提供经验借鉴。本文纵向比较耦合协同机制对湖南省乡村振兴与新型城镇化的影响，揭示湖南省乡村振兴与城镇化建设发展现状，提出优化发展机制与模型，为乡村振兴与城镇化发展提供依据。

1.3.3.5 计量分析法

通过现状分析和数据情况，了解湖南省乡村发展与城镇化发展的实际情况，找出湖南省城乡发展制约因素；通过耦合协同模型分析长久以来城乡发展不协调、不均衡所制约我国社会现代化进程与乡村振兴、新型城镇化发展的因素；通过耦合协同模式，实证分析乡村振兴与新型城镇化发展的区域差异性。另外，还可以通过其制约因素，构建五位一体耦合协同发展机制与四位一体耦合协同治理模型。

1.4 研究思路与技术路线

1.4.1 研究思路

本文的核心目标是研究新时代湖南省乡村振兴与新型城镇化的耦合协同研究，遵循现状分析—理论机制—耦合模型—治理对策的基本逻辑结构来研究湖南省乡村振兴与新型城镇化的发展。为实现研究目标，从理论分析和实证检验两个角度进行分析。首先，通过对湖南省乡村振兴与新型城镇化的耦合协同治理现状进行实地调查，了解湖南省乡村振兴与新型城镇化发展的基本情况，提炼出目前湖南省乡村振兴与新型城镇化不协调的原因。其次，从产业、人才、文化、生态振兴角度，构建城乡产业结构融合协同、城乡要素市场深化合作、城乡公共服务均等发展、城乡基础设施互联互通、城乡生态环境共建共治的五位一体耦合协同发展机制。再次，系统性归纳乡村振兴与新型城镇化改造模型，立足城乡协同治理观念，形成城乡多元主体协同耦合、城乡各级资源协同耦合、城乡综合利益协同耦合、城乡网络信息协同耦合的四位一体耦合协同治理模型，多元化更新强调以城市发展带动农村发展，新型城镇化反哺乡村振兴的新格局。最后，以城乡命运共同体为城乡发展主导意识，立足于综合完善顶层设计，科学制定政策规划的政府出发点；着眼贯彻社会各方资本和良性互动结构市场的社会增长点；贯穿全面交流产业技术，合作推进创新创业的企业动力点，以形成互相协同、共同合作的耦合协同治理方针。

1.4.2 技术路线

技术路线图见图 1-1。

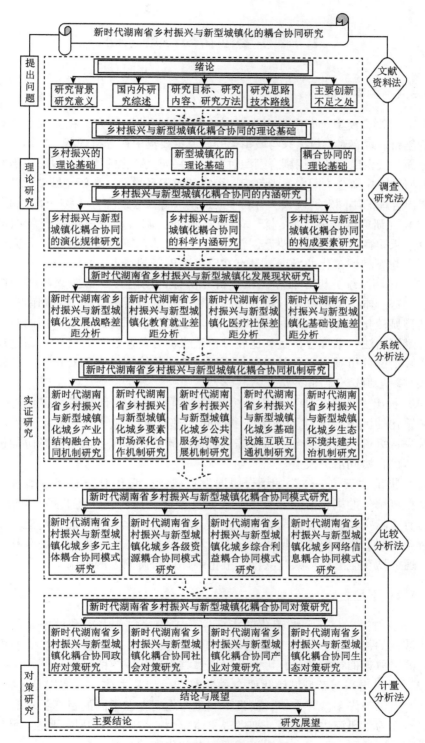

图1-1 技术路线图

1.5 主要创新与不足之处

1.5.1 主要创新

（1）以耦合模型对湖南省乡村振兴与新型城镇化的研究，在立意上具有一定程度的创新。现有对乡村振兴与城镇化的研究主要集中在分析现状、内涵、影响因素等方面，较少地涉及运用耦合模型对乡村振兴与城镇化的研究。以湖南省乡村振兴与新型城镇化耦合协同发展为目标，探究湖南省乡村振兴与新型城镇化的发展现状，提出合理的协同发展模式，有利于促进湖南省社会经济与城乡一体化的发展。

（2）在研究内容上具有创新。根据已有的文献看，乡村振兴与新型城镇化的研究成果丰硕，但内容上缺乏创新性。本文以耦合模型为切入点来研究湖南省乡村振兴与新型城镇化的发展，具有在路径上创新的特点。

（3）运用系统分析方法和比较分析方法分析湖南省乡村振兴与新型城镇化的发展趋势。本文运用系统分析方法和比较分析法分析耦合模型对湖南省乡村振兴与新型城镇化的作用，同时，对湖南省城乡耦合协同模式进行合理的分析。相对于文献资料法，系统分析法和比较分析法根据有创新性和时代性，通过理论研究和实际情况分析湖南省乡村振兴与新型城镇化的协同模式和对策，使长株潭乡村振兴与新型城镇化协同发展更具科学性。

（4）提出"四位一体"的耦合协同治理模型，探索影响湖南省乡村振兴与新型城镇化的区域差异性。基于城乡协同治理角度，构建城乡多元主体协同耦合、城乡各级资源协同耦合、城乡综合利益协同耦合、城乡网络信息协同耦合的四位一体耦合协同治理模型。

（5）提出"五位一体"的耦合协同发展机制，强化对新时代湖南省乡村振兴与新型城镇化的耦合协同研究，实现城乡发展一体化，互促共进、协调同步。根据已有文献资料，结合湖南省乡村振兴与新型城镇化发展情况，构建城乡产业结构融合协同、城乡要素市场深化合作、城乡公共服务均等发展、城乡基础设施互联互通、城乡生态环境共建共治的五位一体耦合协同发展机制。

1.5.2 不足之处

（1）乡村振兴与新型城镇化的指标体系未能建立。由于乡村振兴与新型城镇化所涉及的指标多，本文未能选取指标，因此，对于一些不易获得的指标数据，只能采取近似指标替代，可能会对模型结果造成一定的影响。

（2）乡村振兴与新型城镇化研究主题复杂，涉及主体多，特别是包括农民、农民工、市民等许多微观主体，而且不同主体之间存在不同的目标诉求和行为特征，但本文为了研究主题需要，把微观主体作为一个整体来开展研究，而并没有深入研究不同微观主体在乡村振兴与新型城镇化中的行为规律。

第 2 章
乡村振兴与新型城镇化耦合协同的理论基础

　　本章通过对乡村振兴、新型城镇化和耦合模型三个方面的分析得出，三者存在一定的联系和区别；在乡村振兴理论中通过对乡村振兴战略理论、城乡等值化理论、可持续发展理论、多功能乡村理论和城乡融合发展理论这五个方面来形成五位一体的理论基础；新型城镇化理论、城市化理论、城乡二元经济理论、非均衡增长理论和系统化理论这五个理论存在一定的联系，为新城镇化理论奠定了理论基础。耦合协同的理论是从耦合理论与协同理论方面进行分析的，再结合城乡统筹提出空间黏性理论，它表示的是物理学概念，是指一种相互影响的现象，耦合协同的理论为城乡统筹鉴定的一定的理论基础。对理论的分析，为研究新时代湖南省乡村振兴与新型城镇化的耦合协同研究打下坚实的理论基础。

2.1　乡村振兴的理论基础

2.1.1　乡村振兴战略理论

　　中共十八大以来，我国为发展农业农村提供优惠的政策，为农业农村发展打下坚实的基础。中共十九大报告提出乡村振兴战略，乡村振兴战略是符合当代农村发展的新战略，有利于健全现代社会治理格局，有利于健全现代经济体系，有利于实现全体人民共同富裕。实行乡村振兴战略要重点解决农业农村农民的发展问题，农业农村农民是关乎国计民生的根本性问题，乡村振兴战略为乡村未来发展道路指明了方向，为乡村建设中的矛盾提供了方案。农村振兴的核心指标是农村产业的繁荣，而农村产业繁荣的关键是农业的振兴，农业的振兴在于健全新型农业生产经营体系，新型农业生产经营主体指大力培育新型农业生产经营主体，以家庭承包为基础的体系。培育农业生产主体有利于农村产业实现质的转变，促进农村的绿色可持续发展，增强农村农业的国际竞争力，增加农村农民的收入。实现乡村发展战略必须坚持党的领导，明确指出了乡村振兴战略的目标任务：首先，到2020年，农村发展有所成效，基本建立制度框架和政策体系；其次，到2035年，农村振兴取得决定性进展，基本实现农业农村现代化；最后，到2050年，全面实现农村振兴，农业发展前途大、竞争力强，把农村建设成美丽乡村，使农民的经济收入稳定。

长久以来，党和国家特别关注农村的发展，党和国家的方针政策高度重视乡村振兴战略，中共十九大报告中习近平总书记明确提出了乡村振兴战略，即"产业兴旺、生态宜居、乡风文明、治理有效、生活富裕"的20字方针。乡村振兴战略内部不仅有着明显逻辑关系，而且反映了中国经济社会的发展情况。随着中国经济已由高速增长阶段转向高质量发展阶段，以前农村是经济发展的薄弱地区，只有实现乡村振兴战略推动农村经济发展，才能改变以往农村落后的局面。乡村振兴战略是解决我国现在社会主要矛盾的方式，所以我们要减少贫富差距，增强人民的幸福感，从而实现全面的小康社会。

解决"三农"问题有助于解决关乎国计民生的主要矛盾、主要方面的问题，农业农村的发展是实现国家现代化的前提。中国农村农业和农民的发展是否成功关乎第一个目标能否成功实现，小康社会能否全面建设，现代国家的第二个目标能否成功实现，具有艰巨的责任。中国农村美不美、农业强不强、农民富裕与否，关系到广大人民是否幸福、全面建设小康社会的水平高低和中国特色社会主义现代化的整体素质。

2.1.1.1 城乡关系理论

马克思主义城乡关系理论指出城乡关系是由统一到分离慢慢走向融合的趋势。其中，城乡统一阶段反映在原始社会，因为那时候生产水平的落后，人类依土地肥沃、丰草水美而居，城乡之间没有明确的界限。随着生产力的发展，生产方式的改变，原有的生产关系发生了变化，从而促进了城乡分离。马克思曾说过："一个民族的内部，首先由引起工商业劳动同农业劳动的分离，从而也引起城乡分离和城乡利益的分离。"马克思和恩格斯提出城乡融合的观点是解决城乡对立问题的途径。马克思和恩格斯指出：城乡融合的前提是消除资产阶级对无产阶级的剥削，无产阶级必须在政治上取得主导地位，实行社会主义公有制，发展农业产业化和现代化的产品，增强城乡人口的流动，以此来消除城乡之间的对立。在《共产主义原理》中指出："若废除私有财产，城乡对立也会消失。"

2.1.1.2 乡村建设理论

梁漱溟先生从历史学的角度出发，以文化社会学的分析方法对中国的社会结构及传统文化性质进行分析，从而形成乡村建设理论。他主张加强对乡村的教育、重建乡村社会的组织、利用现代科学使传统乡村转型成为现代乡村，特别强调传统文化与农村社会的关系。晏阳初的乡村建设理论主张平民教育与乡村建设相结合，针对中国农民问题的核心"愚贫弱私"，改变农村的农业生产与经营方式提高农村的收入；以自治的方式来推动县政府改革，这些都是对中华人民共和国成立后社会主义农村建设理论的启示。1949年中华人民共和国成立后，新农村建设一直是中国农村建设理论的重要组成部分，有着悠久的发展历史。首先，2005年，中共十六届五中全会《十一五规划纲要建议》中具体提出"新农村建设"，从经济、政治、文化、社会四个层面指出建设"新农村建设"的要求。在科学发展观的指导下新农村建设要按照"生产发展、生活富裕、乡风文明、村容整洁、管理民主"的标准,把乡村建设成美丽、环保、和谐、稳定、安逸的新农村。

2.1.1.3 新时代中国特色社会主义思想

中共十九大以来,我国城乡取得重要成效。例如,城乡差距缩小、居民贫富差距缩小、城乡融合发展、城乡产业交流增多、构建符合我国国情的新型城乡关系并取得一定成效等,但城乡区域发展还存在一些不足,包括城镇对乡村的辐射效应不明显,第二产业的发展对第一产业的拉动作用不足,城乡融合发展的制度还未健全等问题。针对城乡面临的问题,我国结合国外城乡发展的优秀经验和本国国情提出了乡村振兴战略。该战略的提出,为我国乡村发展指明了道路,有利于城乡一体化融合的发展。

在习近平新时代中国特色社会主义思想指导下实行乡村振兴发展战略,表明了党的思想在社会主义乡村建设,更是马克思主义中国化的最新理论成果。新时代中国特色社会主义思想的总任务是中国社会主义现代化和中华民族的伟大复兴,全面建成小康社会;在2020年全面建成小康社会的基础上,再奋斗15年,基本实现社会主义现代化;在基本实现社会主义现代化的基础上,再奋斗15年,把我国建设成富强民主文明和谐美丽的社会主义现代化强国。乡村振兴战略是战略布局的一部分,新时代中国特色社会主义思想为乡村振兴战略提供相关的理论依据。

2.1.2 城乡等值化理论

城乡等值化也叫城乡等值,指城乡居民收入等值、公共服务设施等值、社会保障体系等值和生活便利程度等值。其中,"等值"不是"相同",也不"等量",而是"等质"。城乡等值化理论是在德国的城乡等值实验中提出,城乡等值理念是解决城乡二元发展困境的新概念,减少城乡发展差距,使城乡经济均衡发展,减少农村人口大量流入城市,探索出一条属于农村经济发展的模式。不以发展城市的道路来发展农村经济,而是结合农村实际发展属于自己的模式,保留农村的特色;不是消除城乡差距,也不是由城乡之间在资源、机会、确立的不公平演变为绝对的公平,而是在保护农村用地不会建设成城市用地的基础上,引导更多的资源要素往乡村倾斜。实现城乡平衡发展需要切实了解农民的实际需求、社会发展水平和公共服务水平及农民的社会地位,城乡优势互补,基础设施建设实现等值。总之,在尊重城乡差异的前提下,通过系统规划,促进农村经济繁荣,实现城乡均衡发展。城乡等值化理论与乡村战略二者很相似,皆强调对乡村自身价值的实现。在城乡一体化进程中,乡村振兴的核心是需要提升自身竞争力,乡村振兴的目标在于城乡的等值发展与进步。

2.1.3 可持续发展理论

可持续发展是科学发展观的基本要求之一，可持续发展的概念最早在斯德哥尔摩举行的联合国人类环境研讨会上被正式提出。自那以后，关于可持续发展有许多的定义，其中涵盖国际、区域、地方和具体部门等层面。1987年，世界环境与发展委员会在《我们共同的未来》报告中提到了可持续发展，并确立了它的概念，被世人所接受并引用。报告将可持续发展定义为："既能满足当代人的需要，又不对后代人满足其需要的能力构成危害的发展"。可持续发展是一种关于经济发展与环境保护之间相互制约又相互促进的理论。着重关注社会、经济、文化与资源等多方面的协调发展。

可持续发展理论不仅关注"发展"，还强调发展的可持续性；即人与自然的和谐相处，人自身的可持续性发展。可持续发展在社区建设着重考虑建设主体与环境的关系，有利于社区建设的长远发展。实现真正的可持续发展则需要可持续发展的管理体系、法制体系、科技系统、教育系统公众积极参与。

乡村振兴是在之前的理论基础上进行吸收和总结发展而来的，在乡村振兴中，"生态宜居"与可持续发展对乡村环境的重视程度是一致的；依赖可持续发展，可实现农村地区的振兴，通过资源、人才和生态环境的可持续发展，农村社区可以获得自身繁荣和长期发展的保障。

2.1.4 多功能乡村理论

2.1.4.1 多功能乡旅产业发展

20世纪末期，随着西方国家工业化和现代化的快速推进，交通拥挤、环境污染、社会矛盾激化等城市病凸显，人们开始迁往乡村，寻求优质的生活环境。乡村发展也因此受到越来越多的关注，而关于乡村多功能性的研究也日益丰富。多功能乡村理论是建立在多功能农业基础上的。

多功能农业（MFA）由日本学者首次提出，主要用于贸易领域。在1988年欧盟革命性文件《乡村社会的未来》中被正式提出，随后，世界贸易组织（WTO）、联合国粮食及农业组织（FAO）、经济合作与发展组织（OECD）等机构都在不同场合使用了"多功能农业"概念，相关的主题会议和学术研究逐渐活跃，人们对MFA的理解也日益深入。虽然从不同的角度出发对多功能农业有多种定义方式，但是农业的多功能性主要指农业除了生产食物和纤维，还有可再生资源管理、提供生态服务和美丽宜人的环境、保护文化和生物多样性等多元功能。第二次世界大战后，单纯追求高产出和规模扩大导致的化肥、农药使用持续增长，对乡村的生态环境造成了严重破坏，"后生产主义"基于此强调了消费导向下的乡村农业发展和乡村提供产品的多元化，为世界各国农业和农村发展提供了新的思路。

我国政府对农业多功能性的重视始于 2007 年的中央一号文件："农业具有食物宝藏、原料供给、就业增收、生态保护、观光休闲、文化传承的功能。建设现代化农业，必须重视多种功能的开发，并进一步开发农业的广度和深度，有助于农业结构优化升级"。随后，我国学者对现代多功能农业的研究日益深入。乌东峰在《论现代多功能农业》中概括了多功能农业的经营体系，区分了有机农业、生态农业、能源农业、旅游农业、文化农业、都市农业六大类多功能农业和若干具体经营领域，还指出现代工业社会对农业有克服自身的负外部性、文化传承与弘扬、解决能源危机等社会期待。谷中原在《农村发展的农业多功能研究》中提出"多功能农业具有全面、可持续和内发性推动'三农发展'的效能"。多功能农业通过提高农产品的商品率、科学的农业经营方式、农业可持续发展道路等途径来提高农业经济效益；通过提升农民素质、开发农村自然人文资源等促进了农村人口和社会发展。杨阳的《内生增长框架下的多功能农业研究》分别从生产和社会发展领域对多功能农业进行了定义，认为多功能农业是生产主体利用农业生产的正外部性实现农业与经济、社会、生态、文化的协调发展方式。

20 世纪末期，国外对于发展乡村旅游来实现农业多功能性的研究较多。有大量研究探讨了乡村旅游在促进欧洲和大洋洲等地乡村复兴中的巨大作用，侧重于探讨乡村旅游发展经营中的问题并积极寻求解决方案，为乡村旅游更好地促进乡村地区发展提供了指导。国内也不乏乡村旅游促进乡村发展的理论研究。郑吉辽等通过构建以乡村生态体验旅游引导的多功能农业创新网络，提出了乡村旅游融合了生产与非生产要素，创造性地开发了农业的多种价值潜能，在优化了乡村产业结构的同时，也促进了新产业链条的形成，培育了以多功能农业为核心的三产融合体系，推动了农业现代化和城乡融合发展。其他以乡村旅游促进农业多功能性的研究表明，让农业、农产品加工业和乡村旅游融合发展，既能延伸农业产业链，也能拓展土地价值的多元开发。研究认为，乡村旅游促进了农村基础设施和公共服务的供给改善，提高了美丽乡村建设的品质，同时，也加快了城乡一体化发展的进程。

2.1.4.2 多功能农业发展建设

多功能乡村理论是建立在多功能农业理论的基础上发展的。多功能乡村理论认为乡村是一个由经济、社会、人际关系、环境组成的复杂空间，是人类重要的工作、生活场所，是环境的一种空间领域；人类对农村空间的占有和利用是不同于工业化城市的另一种形式，是二者的最佳结合。早期的理论认为，乡村地域主要三大功能：一是简单地利用农业生产资源为城镇提供服务；二是利用农村多余的生态空间来容纳消解城市污染物；三是利用乡村的优势，吸引城市人口，提供环境优美的栖居地。现代化的多功能乡村不再是落后的生产生活场所，而是产业优化升级、人居环境改善、田园风光旖旎、农民素质提高，与城市并行的发展空间，既能为城乡居民提供优质的农产品、良好的生态环境和乡村旅游资源，又能传承农耕文明、寄托乡愁、承载现代人桃源梦的新空间,既是农民安居乐业的美丽家园,也是城市居民休闲度假的美好田园。

多功能农业实践的发展和理论的丰富推动着乡村社会向多功能性转变。农业与旅游业、文化创意产业、科技教育、健康养老等有机结合,使原来仅提供农业生产、农民居住功能的落后乡村逐步向宜居、宜业、宜游等功能集成性空间转变。随着我国社会矛盾转化和消费结构升级,人们对美好田园生活和自然生态的向往日益强烈。这种升级的市场需求直接推动着乡村功能的多元化,新时期的乡村不仅要为城乡居民提供优质的农产品,还要以其特有的田园风光和人文资源为城市居民提供现代休闲和田园生活空间;既要成为农民安居乐业的美好家园,也要成为"望得见山,看得见水,记得住乡愁"的美丽乡村。

2.1.5 城乡融合发展理论

2.1.5.1 城乡融合发展的基本原则

在工业化进程中,城乡二元结构在世界多国普遍出现,但其在我国农业基础深厚、农业人口巨大的国情下格外突出。新时期城乡发展的不平衡性是构成我国主要矛盾的重要因素,为解决这一矛盾必须走城乡融合发展道路,推进城乡协调发展,实现乡村现代化与国家现代化的同步。城乡融合应该包括城乡产业、市场、规划建设、生态环境及体制政策的融合,从经济、社会、生态各方面推进城乡一体化。若要实现这一目标,则必须从城乡两端发力,把国家政策与社会资本、集体经济及个人投资结合起来,促进双方市场要素流动、资源共享、需求对接,进而实现发展互促。新时期,实施城乡融合的发展要意识到乡村发展已经落后于城市的现状,只有同步推进工业反哺农业、城市支援农村、政策支农惠农富农等工作,给予乡村适当的优先发展机会,才能建立城乡发展的平等对话机制,实现城乡融合发展,进而推动我国经济社会发展不平衡的矛盾有效解决。

2.1.5.2 城乡融合发展的根本途径

城乡融合发展理念是城乡统筹、城乡一体化发展的深化,更强调发展过程的城乡协调、城市化进程,更关注乡村地区及乡村主动对接城市发展,要求城乡规划、国土、发展、环保等相关部门联合规划与行动,而乡村振兴要在开放发展的大环境中实施,虽然其核心在于乡村发展,但实施路径要着眼于建立城乡、工农之间的融合发展和良性互动机制,不能"闭门造车"地谈乡村发展。

乡村振兴把建立健全城乡融合发展体制机制和政策体系确立为主要战略实施路径,这意味着乡村振兴要依靠城市的力量且二者要建立双向互动的发展机制。首先,要在发展观念上提升乡村的地位,让乡村在政治、经济、社会、文化生态上获得与城市渗透、融合的机会。这就要建立城乡统一的要素市场,促进要素自由流动在城乡协调发展中发挥作用。其次,要准确对接城乡需求与消费,密切城乡经济联系。城乡融合要在认清城市与乡村的特点的基础上建立起城乡居民、企业、政府之间的经济社会联系，进而实现城市文明与乡村特色的共生共荣。最后，要充分发挥政府自上而下的推动作用。政府在推进城乡规划建设、设施服务供给、社会治理等方面的体制机制融合中，能有效建立起城乡融合发展的基础条件，为乡村振兴奠定制度基础。

2.2 新型城镇化的理论基础

2.2.1 新型城镇化理论

新型城镇化的提出与使用丰富了城镇化的内涵，与城镇化的特征有很大的不同。新型城镇化的提出，学术界有着许多的看法。如王小刚和王建平认为，新型城镇化是在吸收和反思国外城镇的教训经验的基础上，结合我国国情和科学发展的道路。其特征如下：最重要的是要促进人的发展，城镇化与工业化协调发展、不损伤农村发展利益；以城市群来带动城镇的发展；城乡规模等级相差不大，走集约高效的可持续发展之路。曾志伟等认为，新型城镇化依托于新兴产业，以信息技术为驱动力，以城乡协调发展为保障，着重强调社会的转型，建设合理有序的城镇体系。仇保兴通过新型城镇与传统城镇的对比，了解到新型城镇有许多的优势。例如，新型城镇化下的城乡互补协调发展，低耗能产业，追求产品的质量，产品集约化发展。吴殿廷等指出，新型城镇化的性质是以科学发展观作为城乡发展的指导方针，以人的全面发展为根本目的；在新型城镇化下的城乡，人民生活安居乐业、社会保障制度健全；新型城镇化的建设要遵循客观规律、可持续发展的战略、协调城乡工业、信息和农业现代化的协调发展。魏后凯认为，新型城镇化是以文明、市场、绿色、城乡统筹、集群、智慧城镇化的统一。

中共十八大报告中，明确对新型城镇化理论进行阐述，提出新型城镇化具有城乡统筹、城乡一体化、生产与城市互动、经济与强度、生态宜居与和谐发展的特征，有利于大中小城市、小城镇、新型农村社区的协调发展、相互促进。新型城镇与传统城镇化的对比有以下特征：

（1）新型城镇化是一个坚持以人为核心的城镇化，保护农民工的利益。传统城镇化仅关注从农村进入城市的人口数量，而忽视了这批人给城市带来的问题（如农村人口成为城镇常住人口后），城市病由此产生。在传统城镇中没有制定完善的政策措施，导致这部分群体无法实现身份真正的转换，所以传统城镇化是不完整的，而新型城镇化则弥补了传统城镇化的缺点，坚持以人为本的准则，提高人的幸福感。在城镇化转型时，特别强调要考虑人的体验感，提高人口城市化质量，处理好民生问题，促进农民工身份的转换。可以通过三点来实现农民的转变，一是对身份的认同，二是转变长期以来的生活方式，三是破除思维定式，融入大城市生活。

（2）强调城乡融合发展、促进传统城镇化的转型、关注城市发展状况。传统城镇化强调城乡发展应该城乡分离，导致农村人口大量进入城市发展，刺激城市的经济发展，但农村人口进入城市仍然面临许多问题，例如户籍制度的不成熟，导致城市流动人口与城市人口存在不公平的现象，增加了城市不安全的隐患。由于农村人口大量流入城市，因此，农村地区劳动力严重缺失，经济发展水平低下，城乡差距扩大。而现在的新型城镇发展着重关注农村与城市的协调发展，发挥城市对农村的辐射作用，带动农村地区的发展，加强新农村改造，让农村居民和城市居民平等享受城市化发展带来的诸多红利，因此，新型城镇化的有效发展需要坚持城乡一体化。

（3）新型城镇化重视城市发展质量与创新。在传统城镇化中，以牺牲乡村土地资源为代价，无节制地扩展城镇面积，增加城镇数量，导致大量土地成为城市建设用地，加剧土地资源的紧缺。新型城镇化与传统城镇化的区别在于创新，重视城市发展质量，提高基础设施与服务水平，增强城市发展的内涵和城市承载力。

（4）新型城镇化强调大中小城市协调发展。在传统城镇化中只强调大中城市发展，不能适应新型城市的发展目标。新型城镇化着眼于大、中、小城市之间的协调发展，以城市群为主体，发挥其辐射作用和带动作用，带动大、中、小城市的协调发展，实现城乡资源的互补，促进城乡融合发展。

（5）新型城镇化应坚持以"集约高效、智能、绿色、低碳"为主导。坚持政府对新型城镇化的指导原则，在传统城镇化中，以"新区型"布局开始建设城镇（如"县级新区、产业聚集新区"等），从而完善新区的基础设施建设，改善居民居住环境，提高生活质量，但由于传统城镇化仍存在许多不足，因此，传统城镇化经常会忽略人口、土地、产业的协调发展。新型城镇化能够解决这一问题，新型城镇化能够科学地规划土地、人口、产业的协调发展，强调新型城镇化的生态环境、创新机制，在城市规划中要充分考虑环境、生态效益、资源的相关问题，促进环境与经济的友好结合。增强新型城镇化的可持续发展需要转变经济增长方式，推动城乡绿色发展，吸收"集约高效、绿色、低碳"的科学理论。

（6）新型城镇化中人口、土地与产业三者的关系理论。新型城镇化的构成要素是人口、土地、产业城镇化。当人口城镇化、土地城镇化、产业城镇化三者协调统一时，新型城镇化才能进一步发展。人口城镇化是将农村人口向城镇集中，导致城市人口数量不断增多。土地性质是将土地所有权归还给国家。产业城镇化是指将农村的生产要素转移到城市，增加非农业产品的比重，促进产业转型。

沈孝强（2014）等认为，影响产业、人口、土地之间的协调与城乡经济发展、居民的平均收入、公共设施的服务水平、土地资源有关。若想要实现产业、人口、土地的协调，则必须实现各要素的平衡发展。不同地区有着不同的特色，所以要对城镇建设进行针对性发展,例如,西北部地区要提高就业率,保证住房需求;中南部地区要推动第一、第二、第三产业协调发展,增加就业机会,提高公共服务质量。孙华民(2017)认为,加快发展第三产业有利于平衡土地与人口城镇化的协调性,同时,在实现新型城镇化的过程中,专业转型能够为中国寻求新的经济增长点。殷悦(2015)在对江苏省(1986—2011)的人口城镇化、土地城镇化及产业城镇化进行分析中提出:在短期内,人口城镇化与土地城镇化与产业结构具有相互作用,人口城镇化与土地城镇化能够促进产业结构的优化升级,同时产业结构的优化升级能促进人口城镇化发展。祝明明(2017)等通过分析湖北省的人口、经济、土地城镇化空间格局及其协调性,了解到湖北省城镇化超前发展,经济城镇化发展缺乏动力,城镇发展质量不高,土地城镇化起主导作用,呈现出经济城镇化落后于人口城镇化的趋势,与全国的形式大体一致。

2.2.2 城市化理论

2.2.2.1 城市化的动力机制理论

推动城市化发生和发展所需要的动力的产生机理称为城市化的动力机制,来维持和改善这种作用机理的各种经济关系、组织制度等所构成的综合系统的总和(王雅莉)。城市化的发展历经农业、工业和第三产业,三大力量共同推动和发展城市,城市化发展的核心动力是产业结构的调整和优化,同时,城市化的发展势必推进产业结构的转型升级、农业剩余劳动力向非农产业部门转移。

城市化的基础动力是农业生产效率的提高。农业生产效率的提高在于效率化地推进农业的制度安排,进而推进城市化。这既是城市化发展的前期基础,也是城市化发展的基础动力。农业发展对城市化具有重大贡献,不仅为农业发展为城市化提供食物商品贡献、原料贡献、市场贡献,也为农业发展为城市化提供人力资源贡献、资金贡献、土地贡献等。大量剩余的农业产品既能够满足大批量农村人口为城市迁移的需要,也能够满足工业化发展的需求,进而实现城市化的快速发展。

工业化是城市化发展的根本动力,二者之间有着紧密的联系,城市化是工业化的重要标志,也是必然结果;同时,工业化是城市化的发动机。工业化对城市化的推动作用主要表现为以下几方面:一是工业化为城市化提供了物质保障及技术支持,为城市规模的扩大和城市化进程的推进提供了动力,强化了城市的中心地位;二是工业化促使产业结构升级,并使得农村大量剩余劳动力向城市转移,以推动城市化水平的进程;三是工业化也为城市化的巩固和发展助力,城市化若无工业化的支撑也就无实际意义,不仅人口得不到保障,更有甚者将面临反城市化的挑战。

第三产业和新兴产业是城市化发展的后发动力。第三产业的发展对城市化的发展具有重大意义,带来集聚效应,增强城市吸引力,降低资源成本。与此同时，具有人口规模优势，能够提升生产配套性服务和生活配套性服务及增加就业水平，使得城市化进入更高的层次，城市经济快速发展。新兴产业的发展对城市化的发展也具有重大意义，提供发达的市场体系、完备齐全的公用事业服务系统等，以释放外部经济效应，为城市化发展带入新的元素，注入新的血液，使得城市化健康协调发展。

2.2.2.2 比较优势理论

比较优势理论最早由英国古典经济学家大为·李嘉图提出，它与绝对优势理论（亚当·斯密，1776）是一种对立的关系，可以来解释一个国家在任何商品生产上没有绝对优势时，仍然可以通过比较成本（相对优势）参与国际分工的原因。要素享赋理论（以下简称"H-O理论"）是建立在瑞典经济学家赫克歇尔和俄林的比较优势理论上，用于解释不同国家不同地域生产产品的主流理论，它将国际贸易理论推向了一个新的发展阶段。亚当·斯密和李嘉图的优势学说和H-O理论并称"传统比较优势理论"，二者有一个共同点，即均强调比较利益结构的基础是一个国家的产业比较优势。如发展中国家较发达国家而言，缺乏资本和技术优势，却拥有自然资源和劳动力丰富且低廉的优势，因此，进口资本和技术密集型产品，出口劳动力密集型和自然资源密集型产品；发达国家与之相反。

比较优势在城市化中，主要是农业与非农产业的比较，同时，其也是促使城市形成和城市化发展的主要原因。相对于农业而言，非农产业存在着自身的比较优势，在土地方面，能够节省大量的土地资源；在就业方面，能够吸纳更多的农业剩余劳动力在非农领域就业，拓宽农民的就业渠道，提升收入水平；在推动城市化的发展方面，非农产业的发展远高于农业的劳动生产效率，强化了资本的流动效率，对城市化的拉动效应明显增强，能够在规模经济效益、集聚经济效益和扩散效益等方面推动城市化的快速发展。与此同时，城市化的发展对非农产业具有带动作用，不论是在物资上还是在人员方面。在物资方面，城市化为非农产业发展提供了大量的公共设施和配套的公共服务；在人员方面，吸引各类技术人才和人力资本以满足非农产业发展的人才需求。

2.2.2.3 集聚经济和扩散效应理论

聚集经济是指企业向某一特定地区集中而产生的利益，亦称聚集经济效益，是城市存在和发展的重要原因和动力。在经济发展过程中，如果生产方式、技术水平及市场价格都不发生任何变化，那么当一个企业在人口大量汇聚的情况下，其生产成本随着人口的增加而减少时，企业利润便会增加，这时就产生了集聚经济。就其具体内容而言，集聚经济有两种表现，一是表现为城市的边际手艺大于零，二是表现为城市的规模收益增加。

集聚效应是指各种产业和经济活动在空间上集中产生的经济效果及吸引经济活动向一定地区靠近的向心力，是导致城市形成和不断扩大的基本因素。集聚效应是一种常见的经济现象，如产业的集聚效应。可以借助成本函数进行演示，设 C 是经济发展的成本，A 是城市化的集聚效应，利用经济发展的成本函数 $C=f(A)$，则会发生集聚效应，这意味着经济发展的成本随着城市化集聚效应的扩大而缩小，直到经济发展的成本最小化。并且，各种产业的经济活动会促使经济发展，产业规模收益增加，因此，城市化的集聚效应可以促进经济发展，促进总体规划扩大，最终导致收益最大化。城市具有明显的聚集经济效益，正是它促使企业向城市聚集，使城市规模日益扩大，最大化地发挥其优势，把成本降到最低，从而实现经济发展的收益最大化。这样便是实现了城市化的集聚效应。

城市化集聚效应在发展到一定阶段，便会产生城市化的扩散效应，扩散效应是指所有位于经济扩张中心的周围地区，都会随着与扩张中心地区的基础设施的改善等情况，从中心地区获得资本、人才等，并被刺激促进本地区的发展，逐步赶上中心地区。在城市化的进程中，当特定的区域经济发展状况超过附近区域，并有较强的优势和竞争力时，这种比较优势就越强，经济活动对外联系就越强，产业转移的速度就越快，就越有利于帮助周边地区的发展不足，从而带动新的经济增长点，即形成了扩散型城市。

无论是集聚经济还是扩散效应，都是城市化发展的重要表现形式，集聚经济可以提高经济发展效率，增加经济发展效益；扩散效应能够促进区域综合有效发展。这也表现出集聚经济及扩散效应是经济发展的两种重要方式，它们能够共同规划区域经济的发展规律，以集聚—扩散—再集聚—再扩散的方式运行，城市化的范围由城市范围发展到城市化地区。

2.2.2.4 城市化道路与发展模式

由于各国的历史发展轨迹不同，因此，各国的工业化发展程度也大不相同，人口流通方式、社会经济发展水平不尽相同，不同的发展道路会形成不同的城市化发展途径和水平，对其城市的经济发展影响也有差异。总而言之，各国城市化发展有其个性也有其共性，大致可以将城市化发展道路分为集中型城市化道路及分散型城市化道路。集中型城市化道路最为著名的便是美国、英国和日本，它们在城市化的发展中取得了良好的效果。以日本为例，在日本发展过程中，城市化和工业化共同发展，并发展成为城市化发展水平最高的国家之一，然而，如果只是直接发展一座或者几座城市，则会造成城市人口高度集中，人口分布不均，导致城市化畸形发展，那么这样的城市化发展道路是极其不可取的，这样容易引发各种城市病的产生。比如，墨西哥的首都墨西哥城，以及巴西的经济中心大圣保罗地区，便是城市发展不平衡的案例。以德国、法国为例，以中小城市为主的分散型城市化道路，不仅适合本国的经济发展条件，而且能够充分发挥中小城市的优势，在德国，人口规模在 2 万到 20 万左右的城市占德国城市总数的 76%；在法国，农村富足的劳动力主要往中小城市转移，这种分散型城市化道路可以让各个城市协调发展，有利于加强城市与各周边城市的联系，可以充分发挥中小城市在经济发展中的作用。

城镇化是现代化水平的重要标志，是随着工业化发展，非农产业不断向城镇集聚，从而农村人口不断向非农产业和城镇转移、农村地域向城镇地域转化、城镇数量增加和规模不断扩大、城镇生产生活方式和城镇文明不断向农村传播扩散的历史过程。城市化可分为市场主导型、政府主导型及混合型城市化模式。市场主导型城市化所展示的内生型城市化的发展过程，企业及城市居民是城市发展的核心，能够在城市化的过程中充分发挥社会主义市场机制在人口流通、生产要素集聚、产业结构调整及城乡统筹协调发展中的基础和主导作用。这是一种完全关注市场规律及市场选择来推进城市化的发展进程。与市场主导型城市化形成鲜明对比的是政府主导型城市化发展模式，其反映出的是一种外生型城市化发展过程。政府同时作为城市化发展的核心，在城市化发展过程中通常采用行政手段控制调节城市化发展进程，然后通过发布政令政策等制度性的文件来确定城市化的发展方向和道路，通过政府采取经济手段安排投资发展项目，从而对城市基础设施进行修建和完善。通常来说，这种城市化发展模式是在中央政府的领导规划下，由地方政府落实推进城市化发展进程。混合型城市化发展模式是市场发展因素和政府发展因素同时存在，同时，对城市化发展起推动作用，在一种因素起主导作用的同时，另一种因素也在同时发挥着各自的作用。这种模式在不同的区域和不同的经济体中灵活调整，从而发展出最适宜的城市化发展模式。

2.2.3 城乡二元经济理论

英国经济学家刘易斯用城乡二元经济理论对城镇化的进程进行了具体阐述。他认为，城市、农村人口的流动都是由经济因素及利益驱使所造成的。发展中国家的经济，从其历史发展进程来看，是在原有传统落后的经济基础上，随着技术的进步、社会分工的发展和机器大工业的产生，逐渐出现了城市的现代经济部门，从而形成了二元经济结构，然而，既然有了一定程度和规模的现代经济，那么它对整个国民经济的技术改造和现代化建设创造设备的支持，具有经济发展的导向和示范作用，吸引和推动传统部门的创新，引导传统部门走向现代化。刘易斯认为，我国目前即处于二元经济结构状态中，农村剩余劳动力长期得不到有效转移，二元经济特征非常明显，迟迟不能转化为一元规模的个体生产变为集中的、大规模的社会生产的过程。其主要表现在生产资料在使用上的社会化、生产过程的社会化及为满足社会的需要而生产。生产社会化是现代化大生产发展的必然趋势。随着生产力的发展，生产社会化的程度将越来越高。

1954年，英国经济学家威廉·阿瑟·刘易斯在《曼彻斯特学报》发表了《劳动无限供给条件下的经济发展》。在这个报告中，刘易斯对发展中国家的二元经济理论模式进行了分析，并于1955年出版了《经济增长理论》一书，其中进一步对二元经济展开了深入研究。刘易斯发现，发展中国家并存着农村中以传统生产方式为主的农业和城市中以制造业为主的现代化部门，由于发展中国家农业中存在着边际生产率为零的剩余劳动力，因此，农业剩余劳动力的非农化转移能够促使二元经济结构逐步消减。为了对工业和农业两个部门做出深入研究，刘易斯创建了一个经典的经济模型，并依据这个理论获得了诺贝尔经济学奖。这个模型就是两部门的经济结构发展模型。刘易斯认为，经济发展过程是现代工业部门相对传统农业部门的扩张过程，这一扩张过程将一直持续到把沉积在传统农业部门中的剩余劳动力全部转移干净，直至出现一个城乡一体化的劳动力市场时为止。此时，劳动力市场上的工资，便是按新古典学派的方法确定的均衡的实际工资。刘易斯的"二元经济"发展模式可以分为两个阶段：一是劳动力无限供给阶段，此时劳动力过剩，工资取决于维持生活所需的生活资料的价值；二是劳动力短缺阶段，此时传统农业部门中的剩余劳动力被现代工业部门吸收完毕，工资取决于劳动的边际生产力。从第一阶段转变到第二阶段时，劳动力由剩余变为短缺，相应的劳动力供给曲线开始向上倾斜，劳动力工资水平也开始不断增长。经济学上把连接第一阶段与第二阶段的交点称为"刘易斯转折点"。

1961年，美国著名经济学家费景汉和古斯塔夫·拉尼斯在《经济发展的一种理论》一书中指出，刘易斯二元经济理论存在漏洞，一是没有足够重视农业在促进工业增长中的作用，二是没有注意到农业由于生产率的提高而出现剩余产品应该是农业中的劳动力向工业流动的先决条件。两人对这两点进行了补充，从而发展了刘易斯模式。他们认为，因农业生产率提高而出现农业剩余是农业劳动力流入工业部门的先决条件。进而把劳动力流动划分为三个阶段，产生了二元经济理论的另一个经典模型，刘易斯—费景汉—拉尼斯模型。第一阶段是类似刘易斯模型。当时，农村城镇劳动力流动不会对农业生产造成影响，因为这时农村劳动力人口富足，这些流动劳动力并未影响农业生产，也不会影响农产品质量。只要城镇工业发展，为劳动力提供了大量的就业岗位，岗位不断增加，农村劳动力就会源源不断地涌入城镇工业部门，城镇工业规模的扩大也不会因为劳动力的大量涌入而产生变化，这便是刘易斯所说的劳动力无限供给时期。第二阶段是工业部门吸收那些边际劳动生产率低于农业部门平均产量的劳动力。此时，劳动力的边际产量为正值，他们向工业部门的转移导致农业部门的萎缩，从而农业向工业提供的剩余减少，农产品供给短缺，使工农业产品间的贸易条件转而有利于农业，工业部门工资开始上涨。第三阶段是经济完成了对二元经济的改造，农业完成了从传统农业向现代农业的转变。农业和工业工资都由其边际生产力决定，农业与工业间的劳动力流动完全取决于边际生产力的变动。经过改进后的模型更准确地反映了二元经济发展中工农业平衡增长的重要性及劳动力转移取决于农业的劳动生产率提高等观点，但是，费拉模型仍停留在一个简单的结论：经济发展仅仅归结为农业剩余劳动力向工业部门的转移。这样，刘—费—拉模型就成为在古典主义框架下分析劳动剩余问题的经典模型。

2.2.4 非均衡增长理论

"区域的发展应如何在集聚中走向平衡?"这个问题一直是国内外区域经济学家在不懈努力研究的问题。在国外,佩鲁、弗里德曼、缪尔达尔及赫希曼等专家先后对这一问题展开了钻研,并在研究过程中产生了"非均衡增长理论"。非均衡增长理论也被称为城市发展理论,由此可见,非均衡增长理论阐述的是在一个连续的空间内,由一个或多个区域及城市交通干线共同构成的"中心—外围"的空间网络结构。在这个空间网络结构中,中心区位通过其自身良好的区位条件,集聚了各种优势产业,从而带动了中心区位快速发展,同时,通过产业结构链带动周边地区相关产业的发展。这一理论多是反应区域之间经济发展的差异,体现了城市与城市之间、区域与区域之间经济发展的不平衡,具体包括增长极理论、核心—边缘理论、循环累积理论及赫希曼非均衡理论。这为本文阐述地区差距和为城市经济效率提升及就业增长的研究提供了理论基础。

2.2.4.1 增长极理论

增长极理论是1950年由法国经济学家佩鲁首次提出的。该理论被认为是西方区域经济学中经济区域观念的基石,是不平衡发展论的依据之一。增长极理论认为一个国家要实现平衡发展只是一种理想,在现实中是不可能的,经济增长通常是从一个或数个"增长中心"逐渐向其他部门或地区传导,因此,应选择特定的地理空间作为增长极,以带动经济发展。佩鲁也对增长极在区域经济发展中的作用进行了阐述,增长极可以推动科学技术的创新及创新之后的推广扩展,从而促进资本的集聚和流通,提高资本的活跃度,实现产业集聚,扩大产业规模,推动区域经济产业化发展。在经济发展的同时,外界的硬性条件需要跟上经济发展的步伐:一是加强创新,创新是经济增长和经济发展的原动力,创新能够带动经济可持续化发展;二是良好的外部环境,发展区域经济需要国家的大力支持,需要良好的政治环境及政策支持,加之活跃的投资环境会促进资金流通,带动经济增长;三是要有充分的规模状态,以能够在经济发展途中充分发挥规模效应,带动产业链增长。

增长极理论有三个作用阶段,第一阶段为各行业中的领导企业。这些企业作为行业龙头,相比其他企业具有不可比拟的优势,因为其比其他企业具备更多优势,其具有充足的资金及发达的科技水平,可以凭借其优异的资源条件成为该行业的领导企业,从而促进该行业标准化、持续化发展。第二阶段是处于领导地位的领导企业对行业中的中小企业产生了领导和带动作用,其推动中小企业的发展,帮助中小企业降低生产成本,提高劳动生产率,从而创造更多的利润,促进行业发展。第三阶段是该行业各企业已经成熟,开始与外行业合作发展相关产业。这其实是一种中心扩散反映,通过产业核心的发展带动相关产业链的发展,形成一条完整的产业结构链,但是这种由中心向外散发、由先富带动后富的理论让众多学者对其产生了质疑，认为这种理论效果是对发展中国家的一种剥削，会拉大贫富差距，使世界经济两极分化现象更加严重。这种观点是"依附论"。依附论将国家依据工业发展水平分为发达的工业化国家及工业落后的发展中国家。若国家采用增长极理论，则会导致发达工业国家不断地利用发展中国家的廉价的劳动力及丰富的生产原料，加之其发达的科学技术水平，从而生产出低成本、附加值高的商品，最后发达国家再将所生产的产品高价卖给发展中国家，从中获取高利润，从而极大地促进发达国家经济发展，导致世界两极分化严重，冲突增加。虽然从表面上看，发达国家与发展中国家之间是一种平等的资源互换的关系，但其实这是一种极其不平等的贸易往来，发达国家对发展中国家的剥削会引起众多的矛盾冲突。如今，各国学者专家仍旧将增长极理论视为造成贫富差距的一种方式。其实增长极理论的意义是一个国家要实现平衡发展只是一种理想，在现实中是不可能的。经济增长通常是从一个或数个"增长中心"逐渐向其他部门或地区传导，因此，应选择特定的地理空间作为增长极，以带动经济发展。然而，增长极理论却忽略了经济发展中各产业的内部关系，仅发现了产业之间的外部联系，即为政府对产业进行领导和投资，从而使产业链产生连锁反应，带动相关产业的发展，促进经济增长。

增长极是围绕推进性的主导工业部门而组织的有活力的高度联合的一组产业。它不仅能迅速增长，而且能通过乘数效应推动其他部门的增长。增长极对一定区域经济发展有极化和扩散两种作用方式，通常在不同的区域、不同的时间、不同的主题对象有不同的反应强度。增长极的极化作用实质上是以牺牲区域内其他地区经济增长为代价，在区位条件相对有优势的地方，实现经济的快速增长。一般来说，在增长极发展的初级阶段，极化作用是主要的；而当增长极发展到一定规模后极化作用削弱，扩散作用则相应加强；随着进一步的发展，扩散作用逐渐占主导地位，扩散的表现形式分为邻近扩散、等级扩散、跳跃式扩散等方式。极化和扩散机制相互作用，推动整个区域的经济发展，从而逐步渗透到周围地区，带动周围地区的共同发展，推动城镇化的发展，促进城市和乡镇的协调发展。

2.2.4.2 点轴开发理论

波兰经济学家萨伦巴和玛利士是最早提出点轴开发理论的经济学家。他们认为，点轴开发理论是经济增长极理论的新增研究点。该理论将国民经济视为点轴结合的空间组织结构，并且对其进行了细致的分析。"点"作为经济增长极，是具有推动性的经济单位；"轴"作为交通干线、动力供应线、水源供应线等，为经济增长极提供有效的服务。点轴融会贯通，产生了新的经济增长点，构成了点轴系统，因此，点轴开发理论可以视为由发达经济地区各类层次的经济中心点沿着交通干线向欠发达地区纵向延伸推动。这个新增理论中的发展轴包含了经济增长极中所有特征，涉及范围也远远大于增长极所包含的范围。点轴开发理论强调将线性空间推动方式运用到经济发展进程中,以这种方式进行突破创新,极大地推动了增长极理论的可实践性。

松巴特指出:"空间极化覆盖多个层面,不仅会体现在某个关键点上,而且也体现在使各个区域相结合的主要交通干线、沿线呈线状行分布的地带上。随着它的出现和发展,对各种产业和人口产生了极大的影响力,带动沿线地区产业和人口的聚集,从而形成一个新的经济增长极点,最终以点线一体的极化带推动地区经济增长。"从宏观角度分析,空间极化带不仅是以轴线作为纽带的产业集中带,同时,也是经济能力空间发展的导向,其发展思路可以分为三个步骤。第一,是在指定的区域空间内,挑选资源等方面良好,且表现出极大开发潜力的交通干线沿线地区,将其作为发展轴的首要开发对象;第二,是在发展轴上选取经济发展水平较高的城市作为新的增长极,明确未来发展方向和目标,确定其发展功能;第三,是规划城市发展的级别方案,有区别地给予不同级别的发展轴与增长极以不同的发展目标。

点轴开发理论可与生产力空间运动的基本规律相适应,在理论层面具有明显区别于其他理论的优势性,因此,其被运用、实践过。首先,由于梯度推移的平面板块模式和推进方法带来了大量的缺陷和不足,因此,人们通过点轴开发理论,利用关键轴线的开发与应用进行纵向研究,然后进行发散式扩张,能较好地化解其产生的不良影响,以便于更好地推动周边地区的发展与进步,解决二元化结构机制带来的难题,推动各区域协调发展、共同进步。其次,人们通过运用点轴开发理论将点轴结合的方式推广开来,从空间结构角度分析,呈现出"从点到轴,从轴到面"的推广局势,是一种带有立体格局与网状形态的空间结构,能够有效地推动信息与经济的横向交流与沟通。另外,此理论在有关资源优化配置方面发挥了极大的作用,能够较好地规避各种要素资源流通所带来的各种不良影响,在一定程度上还能够打破不同区域间的贸易壁垒,以便于建立统一的社会市场体系。与此同时,点轴开发理论能有效地促进社会实践的发展,并揭露了地区经济发展的不平衡性等现实问题。理论指出在区域未来发展进程中运用各点之间的飞跃模式,以此来更好地促进资源要素的配置,并通过发展轴的带动,实现整个区域经济的协调发展。

点轴开发理论随着时代的发展与进步,其实践性正在不断增强,并被积极投入使用。国家政府明确指出:"将沿海、沿江、沿河三大主轴线作为重点开发对象,使之进一步成为经济发展轴,带动周边地区的经济发展;其次是选取中西部地区中具有较大发展潜力的增长极、增长带及发展轴,以此来辐射整个中西部地区,推动其经济增长;到发展后期是全方位开放边疆地区,不仅能营造和谐稳定的政局,而且能极大地带动边疆地区各城市的经济发展"。需要特别强调的是,在实践中运用点轴开发理论的同时,应注意以下几点。第一,是区域经济发展水平的高低,第二,是各增长极之间的经济联系的力度,第三,是发展轴之间适应经济合理性的空间间隔。只有真正将这些理论投入实践中去，其意义才会被真正突显出来，人们才能更好地将点轴开发理论作为实践的指导思想，推动区域经济更快更好地发展。

2.2.4.3 循环累积因果论

1957 年，著名经济学家缪尔达尔（Karl Gunnar Myrdal）最早提出了循环积累因果论这一观点。随着时代的推移，更多学者加入了这个话题的研究。例如，卡尔多、迪克逊和瑟尔沃尔等人推动了循环累积因果论的具体化进程，并逐步转化为模型。此理论的中心思想为：在动态变化的社会经济体系中，各要素之间存在着众多循环积累的因果联系，比如某一经济要素的改变会对另一相关的经济要素造成一定的影响。与此同时，后者的改变对前者也具有极大的反作用，这样一来，在两种要素相互磨合的影响下，社会经济的发展轨迹会跟随最原始的经济要素发生变化，最终构建一种叠加性的循环发展模式。循环累积因果论指出，在社会经济循环的发展进程中，回波效应和扩散效应作为两种相反的效应体制而存在，给社会带来了一定的影响。回波效应是指经济活动正在扩张的地点和地区将从落后地区吸引各种资源（劳动力、资金）等，从而加快自身的经济发展，但会导致经济发展缓慢地区发展速度降低；与增长极理论相对应的，扩散效应是指各种经济要素由经济发展水平高的地区流向经济发展水平低的地区，其效果恰好与回波效应相反，能极大地推动落后地区的经济发展。回波效应与扩散效应这两种效应的相互作用程度是决定一个国家区域经济发展的关键因素，对于经济落后的地区而言，回波效应大于扩散效应是制约其经济发展、导致区域发展失衡的重要影响因素之一。

循环累积因果论与增长极理论的不同点在于，增长极理论偏向于侧重增长极对周边各区域的积极效果，从而忽略了其对周边地区的消极意义。与此相反的是循环累积因果论旨在研究回波效应与扩散效应，并运用其论述经济发达地区与欠发达地区的积极效果与消极意义，能够有效规避增长极理论所具有的不足，它的运用在区域经济增长理论的研究层面属于跨阶梯式的发展，并且与新古典主义经济发展理论所表达的观念也存在较大区别。此理论注重使用静态发展模式去分析市场经济，它强调市场是资源配置的重要手段之一，市场的体制机制能够在区域经济发展过程中进行有效的自我调节，推动区域经济协调发展。在众多发达国家中，不可否认此理论的正确性，但在许多欠发达地区，新古典主义经济发展理论是难以生存的。著名经济学家缪尔达尔向人们介绍了一种动态不平衡，且具有结构主义的研究方法。他运用这种方法研究发展中国家区域经济发展情况，在缪尔达尔的认知中，市场体制机制并非如新古典主义经济发展理论所阐述的那样，由于它缺乏一定的自我调节能力，因此，反而加深了区域经济发展的不均衡化程度，某些经济发展较快的地区却因此受到了牵连。缪尔达尔的循环累积因果论作为新古典主义经济发展理论的补充与发展，推翻了单一的市场经济能够推动区域经济发展均衡化这一理论。与此同时，他还提出了实现区域经济均衡发展的重要方法，即政府干预手段。这一理论成为发展中国家解决区域经济发展不均衡这一难题的指导思想。

循环累积因果论针对区域经济发展状况制定了相对应的政策，并根据不同时间阶段的差异性提出了不同的发展方针，为区域经济发展提供正确的指引。在经济发展的试点时期，政府应先注重经济发展条件优越地区的发展，以此作为一个新的试点进行实践，为周边落后地区提供经济发展的方针政策与策略。与此同时，还能通过扩散效应，不断带动与提高落后地区经济发展的速度和水平。在经济发展水平达到一定的程度之后，政府应考虑到循环累积因果效应所产生的消极影响，严格控制不同发展区域的贫富差距，并制定优惠政策不断激励落后地区的经济发展。1958年，经济学家赫希曼提出了极化与涓滴效应，与缪尔达尔提出的回波效应与扩散效应具有类似的思想。在经济发展的实践与适应阶段，在极化效应的影响下，各种经济要素资源都集中流入经济发达地区，极大地推动了发达地区经济的高速发展，但极化效应带来的消极影响是不能被人们所忽视的，如环境破坏、住房拥挤、交通不便、地价上涨、生活成本不断上升等，针对这些问题，政府需要极力主张实施扩散效应，充分发挥发达地区的辐射带动作用，以此带动落后地区的经济发展，缩小区域、城乡之间的发展差距，增强各地区发展的均衡性。

2.2.4.4 中心外围理论

以弗里德曼为首的中心外围理论提出，区域间的经济发展之路处于非均衡且发展时期较长的状态中，它将区域的经济系统空间结构区分为中心和周边两大类，二者相结合构成的二元空间结构在区域经济发展进程中发挥了重要的作用。由于区域中不同地带所拥有的经济条件具有一定的差异性，因此，核心地带在经济发展过程中一直处于主导地位，但随着经济的发展与进步，周边区域的高质量资源不断向中心地区涌入，这就是中心外围理论的核心思想。此理论的基本特征主要体现在整体性、不均衡性、差异性三大方面。中心和外围的整体性和差异性向人们展示了不同地带在经济发展结构与水平层面存在的不同因素；不均衡性突出了中心地区和外围地区在区域地位中的等级性与差别。政府在区域经济发展过程中应积极加深对这三大特征的理解与分析，以便于更好地将中心外围理论运用到经济发展的实践中去。

在经济发展的不同时期，中心外围理论所处的社会位置具有差异性。一般而言，在经济发展的初级阶段，外围地区的优势资源由于经济发展水平的影响集中涌入中心地带，这也是二元结构体制机制不断增强的原因所在，因此，在经济发展初期中心地带是一种单核心发展模式，其辐射带动能力具有极大的局限性。随着时代的进步与经济的发展，多核心结构出现逐步取代了单核心结构，为周边落后地区提供了有利的发展机会。对经济的后期发展，在政府的经济干预下，中心地带与外围地带的发展差距逐渐缩小，区域经济一体化格局不断完善，有利于发挥不同地区的优势条件、各种优劣要素的取长补短，最终将促进区域经济的整体发展与繁荣。

2.2.5 系统化理论

1932 年，美籍奥地利理论生物学家贝塔朗菲（L. Von. Bertalanffy）在其发表的《抗体系统论》一文中提出了系统论这一思想；1937 年，他又提出了一般系统理论的思想，这两种思想共同为系统论这门学科奠定了科学的理论基础。1948年，贝塔朗（L. Von. Bertalanffy）在美国讲学时正式提出了一般系统论，系统论才逐渐被社会所重视。1968 年，贝塔朗菲出版了专著《一般系统理论基础、发展和应用（General System Theory, Foundations, Applications）》。这一专著的出版，在学术界中引起了极大反响，被学术界公认为是系统论的优秀代表作。

2.2.5.1 系统论的基本思想

古希腊最早提出了系统一词的英文拼写"System"，此时，人们对于系统的理解还处于模糊阶段。延伸到近代，系统论的思想在古代整体观念的积极作用下，辩证唯物主义论成为世界普遍联系的纽带。20 世纪 40 年代，在学术界出现了信息论、控制论、结构论等专业理论，被人们称为学术界的"老三论"。20 世纪 70 年代，在原有理论的基础上继续补充了耗散结构论、协同论、突变论，这三门理论被人们称为"新三论"，并且得到了学术界广泛的认可，发展极其迅速。即使这三门基础理论建立的时间很短暂，但依靠其专业程度，依然在系统论中发挥着重要的作用。

系统分支的整体概念是系统论的核心思想。每个系统都是一个有机整体，它的每一部分并不是单纯地相加或随意组合，独立的要素及个体产生不了较大的影响力。亚里士多德曾经谈到："整体大于部分之和。"这表明，系统要依靠整体作为依托才能真正发挥其作用，并且强调系统中的每个要素都或多或少地与其他要素之间存在一定的联系，孤立的要素是不存在的，每个系统都在整体中具有一定的地位，并且每个要素都发挥着应有的作用。总而言之，系统中的各个要素都是相互联系的整体，若有独立的要素脱离了这个整体，则发挥不了其存在的真正意义与价值。

2.2.5.2 系统论的基本特征

系统论概论有五方面特征。其一，整体性。系统是一个整体，各个要素简单地相加并不能组成系统，其整体功能大于部分总和。其二，相关性。组成系统的各个要素是相互关联的。其三，层次性。一个大系统可以分为无数个子系统，系统间存在层次性，系统的层次性对系统功能的实现大有裨益。系统的层次性是按照由大到小的层次逐渐扩散，它反映系统从简单到复杂，从低级到高级的发展过程，而且每个层级都是系统的分支系统。其四，环境适应性。系统有适应外部环境变化的能力。环境是一个外部条件，它对系统内部有着重要的作用和反作用等诸要素的集合。其五，动态性。系统的动态性是指在时间与所处环境变化的同时，系统存在物资与能量转换。

2.2.5.3 系统论的重要意义

地理学具有明显的整体性、地域性和综合性。城镇化,在地理学视角下涉及复杂的社会、经济、人居环境等多方面的内容,是一个咬合的系统工程。系统全面地认识城镇化对于研究城镇化发展过程、格局和机理具有重要的指导意义。系统来讲,城镇化进程涉及多个领域,每个领域都形成一个子系统,系统之间相互影响。如农村人口转化为城市人口,将引发一系列的变化,不论是职业、社会关系,还是生态系统和土地使用性质。一个子系统的变化,将会影响城市的整体运行。在城镇化建设中,人们关注的主要是城市建设,而把基础设施建设置于脑后,使居民生活质量得不到明显的改善,因此,城镇化是一个复杂的系统工程,人作为城镇化的主体,通过空间这一载体,并借助经济,使各子系统之间进行全面协调,共同发展。

2.3 耦合协同的理论基础

2.3.1 耦合理论

耦合度是指两个或两个以上的系统相互作用的程度,耦合是指两个或两个以上的系统或运动形式之间在一定的作用下,相互影响的现象,这是一个物理学的概念。耦合度在国内外的学者眼中有着深入的研究价值,它被逐步应用于土地学、地理学、经济学等各个领域的应用。耦合度的主要作用还是通过程度高低来分析临界状态系统的变化,从时间上分析处于同等时间上的不同变化,从空间上分析各区域的不同变化。根据耦合度之间的不同点,得出相关的数据,从而找出问题、解决问题,但是在建立耦合度的系统时,其还有存在不足的地方,无法反映系统的协同发展的效果。面对此类情况,人们应该建立耦合协调度的衡量指标体系。

在同一个系统,不同的状态会反映出不同的耦合性。例如,团队。优质的耦合性,团队成员必定是互相帮助配合默契的团体。相反,队员之间互相排斥、心存不满,耦合度较低,被称为恶性耦合。耦合度的判断主要是系统或者要素之间相互影响互相作用的程度。耦合在系统中一般具有三个特点:自组织性、协同性、可度量性。自组织性主要是指在外部环境发生变化时应对突发情况,根据协同效应和自身涨落力量的影响,内部系统中会自动形成新的结构或者功能来应对环境的变化。协同性是指将系统之间的内部各个要素之间,产生有关联的互相作用,这种作用可以将系统进行科学的调整化,将无序状态调整为有序状态。可度量性是指在耦合的系统中有两个变向点分别是慢驰域变量和快驰域变量,二者之间的区别是通过系统之间的耦合程度的耦合度区别。慢驰域变量是决定系统的根本程序参量。

2.3.2 协同理论

20世纪70年代，最早由联邦德国理论物理学家Haken创立的协同理论源于希腊语"Sysnergetic"，被他解释为"Science of Cooperation"，意指关于"合作的科学"。Haken强调协同学是在各个学科领域研究中，关于合作、协作和协同的一门科学，1976年发表的《协同学导论》和《高等协同学》，系统地提出了协同理论，"协同"一词由国外学者Ansoff在1965年提出，是指两个企业共享资源、共生互长的关系。协同论是研究系统在一定的外部条件约束下，其内部相互作用产生协同效应，使系统从无序到有序，从有序的低级到高级的转变的联系机理和共同规律的理论。

安索夫（Ansoff）是从经济管理的角度来说明了协同的内涵：群体协作能比个人工作之和得到更大的效应。单莹洁和苏传华从系统协同论的角度来看，系统的自组织性是系统内部在发展变化中的耦合协调过程，决定了系统是具有向有序还是无序的发展趋势。吴跃明等认为，协调度可以度量不同系统之间在发展过程中协调一致的程度，从而表现出组织从无序到有序的走势。若系统表现出由无序走向有序的趋势，则系统具有繁盛生命力，附属组织之内耦合协调度较高，运行效率较高；若系统表现出从有序走向无序的趋势，则系统会出现停滞不前、衰退的现象，子系统间不能配合默契，彼此之间产生互斥制约作用，导致运行效率低。

协同理论由协同效应、伺服原理和自组织原理组成。

（1）协同效应。协同效应既存在于自然系统中，也存在于社会系统中。它指在复杂的系统中，多个子系统相互作用与影响产生的整体效应，是协同作用产生的结果。对于任何复杂巨系统，它的各个子系统之间达到某一临界值时就会产生相互协同作用。它能促使系统在临界点产生协同效应，处于某种稳定结构，使系统从无序向有序转化。协同效应解释了系统自组织现象的观点。

（2）伺服原理。伺服原理解释了系统本身的自组织过程，以及过程中系统内部的各个要素相互影响和作用的关系。简单来说，伺服原理就是快变量服从慢变量，依据简化原则——"快速衰减的组态被动跟随于缓慢增长的组态"。它描述了当系统处于临界点时呈现出来的状态特征。Haken强调，事物演化的最终结构及其有序程度由序参量决定。

（3）自组织原理。"自组织"概念由康德最早在哲学研究领域提出。他认为，非线性的复杂巨系统构成了自组织理论的研究对象。Haken将其定义为"系统基于开放条件，获得稳定有序的结构，不需要外在的干预，能够自行自主地从无序走向有序的过程"。自组织的提出实际上是相对于他组织而言的，是系统没有外部指令条件，各子系统之间能够按照一种规则自动形成稳定的结构或功能。自组织理论强调事物的自发性和自主性。

2.3.3 空间黏性理论

"空间黏性"一词源于经济地理学家 Markusen。在国内,空间黏性是从经济地理学中"区位优势"概念分离出来的,是战略耦合的理论基础。它能计算生产活动空间位移时所产生的成本。一般而言,空间黏性的高低由生产活动主体(要素)对距离的敏感程度所决定,对距离越敏感的空间黏性越大,反之,则黏性越小。空间黏性的高低还与生产要素的复杂程度有关,要素越复杂的黏性越高,要素越简单的黏性越低。空间黏性有尺度之分。首先,在本地尺度上,通常会形成产业集群,源于占地面积对地域资源的影响,占地面积越大则对资源需求越高,将导致大量生产活动主体不愿迁移;其次,在区域尺度上,空间黏性主要表现在生产活动对人才、制度、环境政策的依赖中;最后,在国家乃至更大尺度上,空间黏性还体现为生产活动对市场、宏观政治环境、贸易壁垒的依赖。在一定意义上,乡村振兴和新型城镇化战略耦合属于前两种尺度。对前人的研究进行总结,可以将战略耦合分为四种(表2-1):依附式耦合、吸收式耦合、反哺式耦合与交换式耦合。

表2-1 战略耦合模式分类

模式分类	前提条件	特点
依附式耦合	耦合双方的优势有强弱之分,拟发生的生产活动黏性也很小时,区域议价能力低,而生产要素的流动性很大时,依附式耦合会发生	区域内的一方在战略耦合中处于被动地位,需要依托另一方,并且满足对方的需求,依附另一方的资源优势、平台等发展,通常政府作引导者在中间起着很大作用
吸收式耦合	重点开发农业多种功能,发掘农业文化、旅游、教育价值,将农业与休闲娱乐、教育融合起来,当前主要体现为生态旅游、农业等建设	对于弱势一方而言,这种耦合状态有利于自身发展。弱势的一方可以快速学习、吸收对方的技术和能力,迅速成长并且实现产业升级
反哺式耦合	先是农业哺育出非农产业尤其是工业后,工业才反哺农业,发展工业所需要的资本、土地和劳动力都来自农业	城市反哺农村不仅要提供生产要素,关键是要改善农村环境,完善基础设施建设,增加农村公共产品的供给。让农村村民和城市居民公平享用公共产品和公共服务
交换式耦合	双方区域优势明显,有着各自的优势。例如,区位优势、资源优势、人才优势、市场优势、环境优势等,而拟发生的生产活动空间黏性不大时,可能出现互惠式耦合	耦合双方基于双向合作的原则资源互换,满足各自的需求进行互促共进,总体格局相对而言较为均衡

乡村振兴和新型城镇化虽然在时间、发展主体和侧重区域上都有所不同，但战略目标是一致的，都是为了缩小城乡差距，实现城乡融合发展。简单而言，新型城镇化侧重于发展城市，而乡村振兴侧重于发展农村，但二者之间的关系都不是单一地服务于一方，都强调农村和城市兼顾。空间黏性对乡村振兴和新型城镇化的战略耦合程度有很大关系。当城镇或者乡村其中一方在区域上并不占优势时，拟引进的生产活动的空间黏性很大，战略耦合很难发生。只有当生产活动主体通过一系列办法来降低空间黏性时，才能使生产要素自由流动。

2.4　本章小结

对新时代湖南省乡村振兴与新型城镇化的耦合协同相关研究进行梳理与评价，了解当前研究的最新动态，从理论与实践两个角度架构研究基础是本书研究的重要手段。

本章的核心理论如下：

（1）乡村振兴理论：梳理与评价乡村振兴战略理论、城乡等值化理论、可持续发展理论、多功能乡村理论和城乡融合发展理论等基础理论，建立了新时代湖南省乡村振兴研究的理论基础。

（2）新型城镇化理论：探索性地提出新型城镇化理论，并对新型城镇化理论原理进行科学阐释，系统地架构了以新型城镇化理论为核心，城市化、城乡二元经济理论、非均衡增长理论和系统化理论为基础的新时代湖南省新型城镇化研究的理论基础体系。

（3）耦合协同理论：结合性地提出耦合协同理论，分别对耦合理论和协同理论及空间黏性理论进行了阐释，为统筹城乡关系奠定了坚实的理论基础。

第 3 章
乡村振兴与新型城镇化耦合协同的内涵研究

城镇化是经济增长的强大引擎,在带来发展红利的同时亦存在深层的结构性问题,因此,应从中国国情出发,走新型城镇化的转型升级之路。乡村振兴与新型城镇化是休戚相关的共同体,基于供给侧结构性改革理论,应着力破除阻碍供给要素在城乡之间、产业之间流动的壁垒,提升农业现代化水平,实现产业融合与互动,推动乡村振兴与新型城镇化的协同发展。本章描述了乡村振兴与新型城镇化的演变历程,系统地描述了乡村振兴战略、城镇化、新型城镇化及耦合协同模式的内涵,提炼了乡村振兴与新型城镇化耦合协同的构成要素,为乡村振兴与新型城镇化耦合协同研究提供了理论基础,有利于促进乡村振兴与新型城镇化一体化发展。

3.1 乡村振兴与新型城镇化耦合协同的演化规律研究

3.1.1 第一阶段:1949—1978 年

自中华人民共和国成立以来,我国国民经济发展得到了全面的发展与提升,综合国力逐渐增强。这一阶段,我国开始意识到,单凭农业的发展难以实现中华民族的伟大复兴,因此,国家的首要发展任务是从落后的农业国变为强大的工业国。与此同时,党和国家出台了大量关于如何实现这一工业化目标的计划与方针政策。此外,我国城乡关系也随着出台的方针政策发生着较大的变化。总而言之,这一阶段的城乡关系呈现出明显的二元结构特征并逐渐稳定下来,主要体现在以下三方面:

(1) 农村集体经济体制问题。国家工业化需要先进的农业基础作为发展的基本保障,但同一时期落后的农业基础无法支撑国家工业化发展,尤其是"一五计划"以后,农产品严重匮乏,人民生活水平日趋下降。针对这一情况,政府自 1953 年以来陆续出台了一系列计划与政策,其目的是改善工业化发展落后这一严重的社会问题。政府主张企业加强协调合作,并设立农业生产合作社进行社会主义改革,首次确立了中华人民共和国成立以来农村在计划经济体制下的发展道路,实施农村集体化方针。1956 年,我国农村集体化方针已基本贯彻到了农业发展中,并产生了广泛的社会效应。在此经济体制的影响下,农民无法拥有土地所有权和自主经营权,在政府统购统销政策市场环境下,农民的生产积极性受到了严重的挫伤。根据表 3-1 可知,1958—1978 年的 20 年间,我国农村粮食产量增长率急剧下滑,最低仅有2.8%;与1952年相比,农业生产指数也仅扩大了两倍,但人口年均增长率自1952年以来最高可达2.8%,农业发展速度远远低于人口增长速度。据此可以得知,中华人民共和国成立至改革开放以来,农村经济发展速度仍处于低水平状态,农民温饱问题始终无法得到解决。

表 3-1 1949—1978 年农业生产总值增长指数与粮食产量

指标	1949	1952	1957	1962	1965	1970	1975	1978
粮食产量(万吨)	11 318	16 391.5	19 504.5	15 441	19 452.5	23 995.5	28 415.5	30 476.5
增长指数	62.5	100	128.7	103.2	141.4	171.8	192.4	206.2
农村人口(万人)	48 402	50 319	54 704	55 636	59 493	68 568	76 390	79 014

数据来源:历年《国家统计年鉴》

(2)城乡劳动力的流动问题。由于户籍制度的影响,城乡劳动力流动一直受着极大的制约。1952年7月,政务院出台了《关于解决农村剩余劳动力问题的方针和办法》草案,其中明确指出"为缓解城市就业困难,岗位供不应求等社会问题长期存在,限制农村劳动力流向城市",1958年,《户口登记条例》明确指出了"城镇户口"和"农村户口"的区别,城乡户籍壁垒逐渐固定在人们的思想观念中。与此同时,统购统销、粮票供应等政策的颁布,加大了农村人口向城市流动的困难性。政府针对城市就业难、粮食供给不足等问题,积极开展知识分子"上山下乡"运动,督促城市青年积极参与农村的建设与发展。

根据表 3-2 可知,中华人民共和国成立以后很长一段时期内,我国城市人口基数少,增长速度缓慢,且占全国总人口比例较低。1949—1978年的30年间,城市人口占总人口的比例仅增长7.3%左右,人口年均增长率仍处于低水平状态,仅为0.24%。由此可知,城市户籍壁垒的存在、农村劳动力难以向城市流动等社会问题严重阻碍了城乡关系的协调发展,不仅不利于我国农村的发展,还严重阻碍了我国城市的发展。

表 3-2 1949—1978 年我国城乡人口增长情况

年份	人口总数(万)	城镇人口数(万)	城镇人口比重(百分比/%)	乡村人口数(万)	乡村人口比重(百分比/%)
1949	54 167	5 765	10.64	48 402	89.36
1955	61 469	8 285	13.48	53 184	86.52
1960	66 207	13 073	19.75	53 134	80.25
1965	72 538	13 045	17.98	59 493	82.02
1970	82 992	14 424	17.38	68 568	82.62
1973	89 211	15 345	17.20	73 866	82.80
1975	92 420	16 030	17.34	76 390	82.66
1978	96 259	17 245	17.92	79 014	82.08

数据来源:历年《国家统计年鉴》

(3) 农村资源向城市聚集。随着我国工业化发展进程的加快，来源于农村的资金、原材料等需求不断扩大，由于统购统销政策的实施及农工业发展差距的拉大，不断吸引农村资源流向城市，为城市的发展"添砖加瓦"。1952 年，我国以农业产品为主要生产原材料的工业产品生产总额已经达到 193.5 亿元，在全国轻工业生产总额中所占的比例达到 87.5%。在我国出口份额中，农副产品及加工品所占比例也达到 82.1%。此后 30 年间，我国农村低价销售 36 208 亿斤①粮食和农产品，将其作为工业发展的原材料，为人民生活提供基本的物质保障，并出资 965.6 亿元进行工业投资，这一系列举措为我国的工业发展提供了充足资源。1978 年，农村人口占全国总人口比例的 82.08%，但农业生产总值终处于低水平发展状态，仅占工农业生产总值的 27.8%，其中以农产品作为原料的工业产品在轻工业生产总值中占 68.4%，农副产品及其附加产品最终达到出口总值的 62.6%。城市发展吸引了大量农村生产资源，最终导致我国工农业生产结构发展呈现出畸形状态。

3.1.2 第二阶段：1978—2003 年

1978 年年底召开的中共十一届三中全会提出了"改革开放"这一伟大战略，拉开了我国农村大变革的序幕。自中华人民共和国成立以来我国工农业结构发展不平衡，严重影响了我国社会的发展与进步，因此，党和政府针对此现状，不断加强对农业生产的重视程度，提出了大量关于加快解决农村生产落后问题的方案。随着社会的发展，市场经济体制逐渐取代计划经济体制，推动了我国农村经济体制改革进一步发展，因此，城乡关系也随之呈现出协调发展的态势（表 3-3）。

表 3-3 1978—1998 年我国农村经济发展情况

年份	农业产值(亿元)	占国民经济比重(百分比/%)	粮食产量(万吨)	农村人均纯收入(元)
1978	1 018.4	28.10	30 477	133.6
1983	1 960.8	33.04	38 728	310
1988	3 831.0	25.66	39 404	545
1993	6 882.1	19.87	45 649	921.6
1998	14 599.6	18.39	51 230	2 162

数据来源：历年《国家统计年鉴》

自改革开放以来，我国农村经济体制改革极大地带动了我国农村经济的发展。根据农民的实践生产经验，以家庭为生产单位的"家庭联产承包责任制"得到了普遍推广，逐步取代人民公社制度推动农村经济向前发展。分田到户、自

---

① 1 斤 = 500 克。

主经营的农业生产经营模式极大提高了农民的生产积极性，不断推动我国农业生产发展。1985年，政府宣布撤销了农产品的统购统销政策，扩大农民生产经营及分配的自主权，使农民成为农村市场的真正主体。随着这些政策的实施与推广，我国农村农业最终实现了长足的发展。全国粮食总产量实现了巨大的飞跃，从1978年的30 477万吨迅速增长到了1998年的51 230万吨，增长幅度达到68.09%；农业生产总值在这一时期增长了13.3倍，从1978年的1 018.4亿元增长到1998年的14 599.6亿元。不仅农业生产总值在增长，农民人均收入水平也不断提高，1978—1998年增加了15.2倍，涨到了2 161元。除此之外，由于市场经济的逐渐发展与扩大，我国大量农村剩余劳动力不断转向城市，为城市发展提供了充足的劳动力，极大限度地推动了城乡协调发展。

随着我国城市化发展进程的加快、城乡联系日益密切，市场经济逐步取代计划经济，在城市经济发展过程中发挥了主导作用，推动我国城市经济不断向前发展。由于城市化进程的加快，城市人口所占比例也随之由1978年的17.9%增长到1984年的31.9%，城市发展规模也逐渐扩大。由于政府不断宣传下放知青返回城市政策，市场经济逐步取代计划经济发展，因此，剩余农产品的数量增多。这些因素加强了城乡经贸联系与人员交流的力度。随着我国乡镇企业的不断发展及农村城镇的增多，广大农村居民逐渐向中小城镇移动。由于我国城乡二元化经济结构的存在，城市化发展进程出现兼并发展的局面，大、中、小城市和农村城镇都实现了较快的发展。20世纪80年代以来，"民工潮"逐渐形成，离开农村外出务工的农民工数量急剧增加，城镇化进程不断加快，截至2003年，我国城镇化率已经达到40.5%；城市经济发展所需的大量劳动力得到了充足的供给，不断降低了城市工业发展的成本，城市工业化逐渐摆脱了最初只有农村农业剩余价值支持的局面，实现了拥有大量廉价劳动力与生产资本作为发展基础的新型发展模式。从农村城镇化发展角度分析，我国中小城镇和乡镇企业不断发展，截至1997年，农村城镇已经达到5万个，乡镇企业将近百万，在不断吸引大量农村人口进入城镇的同时，也加快了我国城市化进程的步伐。

城乡二元结构问题依然较为严重。改革开放以来，虽然我国城乡经贸发展逐渐增强，人口往来日益密切，但始终没有触动其发展的根基，城乡二元结构仍然阻碍着社会经济的发展。第一，市场经济在一定程度上能推动城乡经济的发展，但仍存在一定的缺陷。例如：在市场经济的影响下，我国大量农村土地、劳动力、生产资本集中向城市转移，而农村发展资源却极度匮乏，严重阻碍了农村经济的发展与进步，最终导致城乡二元化结构日益明显。根据表3-3可知，虽然我国农业生产总值不断增加，但从1988年以来，我国农业生产总值在全国生产总值中所占比例不断减少，这表明城乡居民收入差距不断扩大，农村经济发展越来越落后城市发展。与此同时，政府对城市发展的投资也不断增多，对城市教育、医疗卫生条件、居民养老设施等加大了投资力度，但对农村基础设施建设的投资逐渐减少。第二，虽然城乡居民交往日益密切，但城乡户籍壁垒仍然存在，在城市务工的农民只能得到暂住证，始终不得获得真正的城市居民户口，农村人口进入城市发展依然受到了极大的限制，由于城市户口的缺乏，也导致农村人口始终无法受到公平的对待。此外，农村税费政策也存在一定的弊端，其收费种类较多，收费标准各有千秋，地方财政部门乱作为、乱收费现象严重，不但加重了农民的生活负担，也严重阻碍了我国农村经济的长足发展与进步。

总而言之，随着改革开放政策的实施，截至 2003 年，我国城乡关系发展逐渐趋向缓和，城市化进程不断加快，城乡二元结构局面开始逐渐弱化。与此同时，我国城乡经济发展差距也日益扩大。这就要求城乡关系仍需不断改善。

3.1.3 第三阶段：2004—2016 年

改革开放后，城市经济水平迅速提高，然而城乡差距不断拉大，乡村逐渐成为社会经济发展的"短板"，这不仅不利于社会经济整体协调发展，而且也不利于广大农民群众生活质量的提高。这一时期，农村主要存在以下问题：工业发展和城市扩张挤占了大量农村农业用地和农村劳动力等资源要素；乡村生态环境被工业废弃物排放所污染；农民税收负担过重；农产品价格过低，利润过少；城乡利益分配不协调等。政府逐渐意识到城乡差距逐渐拉大，则不利于城乡统筹发展，要想实现城乡协调发展，其关键就在于解决农村发展问题，因此，从 2004 年开始，国家重新开始看待城乡关系问题，将城乡关系问题的重点放在解决农村难题上，并出台了农业补贴、农村合作医疗、新农村建设等一系列财政政策，这标志着我国开始迈上城乡一体化发展的新台阶。

如今，党和政府的发展重心落在新农村建设上，"三农"问题成为当务之急。2004 年，国务院颁布了土地流转相关规定，并在局部展开试点，为农业的规模化经营夯实基础；2005 年我国彻底废除农业税，进入"工业反哺农业、城市支持农村"的统筹城乡一体化发展的新阶段；中共十六大提出了城乡协调发展的总体思路，因此，统筹城乡经济社会发展的新战略逐步形成。

2013 年 3 月，李克强总理在十二届全国人大一次会上强调"新型城镇化"是以人为核心的城镇化，应有序推进农业转移和人口市民化。2014 年 3 月发布的《国家新型城镇化（2014—2020 年）》中明确指出，新型城市化的基本内涵为"以人为本、四化同步、优化布局、生态文明、文化传承"，即为以人的城镇化为核心，缓解人地关系矛盾，实现土地资源的供需在总量上和结构上达到平衡、实现人地关系和谐。与传统城镇化不同的是，新型城镇化将不再盲目追求高速度经济发展的城镇化，而是达到了一种人地关系、区域关系协调发展的状态及生产要素高效利用的高质量、高水平的城镇化。

近几年，国家大力推进城乡户籍制度改革，截至 2016 年 9 月，我国 31 个省份全部出台了相关户籍制度改革意见，其中，普遍相同的是各地都取消了农业和非农业户口性质的区别。我国广大农民实现了由"农民"到"居民"的转变，使城乡公共服务均等、城乡社会保障并轨开始迈出第一步；不仅如此，部分地区还逐步放宽了落户条件，让进入城市务工的农村剩余劳动力能够顺利在城市落户，享受与城市居民同等的权利和公共服务。至此，从1958年开始实施的城乡二元户籍制度逐步衰落。

3.1.4 第四阶段：2017年至今

2017年10月，习近平总书记在中共十九大报告中第一次明确提出了乡村振兴战略。如今，乡村振兴战略已经上升到国家战略高度，并写入党章中。这是以习近平同志为核心的党中央领导集体从国家事业的全局考虑，着眼我国当前国家奋斗目标、在认识和把握我国目前发展状况和发展阶段性特征的基础上，为了实现我国农民对美好生活的向往所作出的重大决策，并且已经成为全国各族各地区人民群众的美好愿望和行动指南。

乡村振兴战略是在历届领导人的带领下逐渐丰富起来的，是基于乡村建设的理论和实践基础所提出的，是习近平总书记经过长期思索、分析和实践所得到的。习近平总书记在基层工作时便十分注重乡村的发展，他认为"三农"问题是党和国家工作和发展的重点。总书记在河北、福建、浙江等地工作期间，就"三农"问题作出重要指示，针对各地的不同情况和实际农村农民的需要，带领当地村民积极探索新农村的发展方法，提出了一系列新思想和新措施。习近平总书记的"三农"思想就是在实践中总结经验，不断发展所形成的。习近平指出，首先，农业发展要正确定位"三农"问题，农民群众在国家革命和建设发展中发挥着不可磨灭的作用，应始终牢记农民群众的发展利益。"农业强则中国强，农村美则中国美，农民富则中国富。""三农"工作不仅影响农村发展，还关系到社会的稳定和国家目标的实现。其次，党中央要引导农村发展和建设，不断深化改革，为"三农"问题提供政策保障。加强农村基层党组织的人才培训，提高工作水平，注重农业生产发展，积极推动政策改革，严格注重粮食安全，加快农业供给侧结构性改革，推动农业现代化更好更快地发展。

习近平总书记根据城乡经济发展水平及城乡居民收入水平发展不平衡的现状，明确指出了城乡发展关系的重要性，并提出了关于如何促进城乡协调发展、平衡发展、统筹发展等大量城乡发展新思想。另外，习近平总书记还强调了扶贫攻坚的重要性，扶贫攻坚不仅是给予贫困地区人们经济上的援助，更要给予其思想上的帮助，政府要针对具体情况制定相应的扶贫攻坚措施，实施经济、思想二者相结合的扶贫计划。与此同时，习近平总书记还指出生态文明建设的重要性，针对目前我国生态环境中存在的问题，提出了"两山理论"。习主席针对生态环境问题也发表了自己的见解，积极强调"我们在注重发展经济的同时，更要保护好生态环境，金山银山固然重要，但绿水青山也不能丢失"。这些思想为我国乡村振兴战略的实施打下了坚实的思想基础。

中共十九大报告中指出："现代化发展不能以城乡分割为基础，要通过城市及新型城镇化的发展来积极带动农村的发展与进步。"例如，城市化发展需要大量农产品，扩大了我国农产品的市场需求，因此，新型城镇化的发展，不仅能够拉动农民就业，还能够吸引更多农村人口进入城镇，扩大城镇化规模。

综上所述，我们认识到国家对农村发展问题的重视程度逐步加强，我们要明白解决目前农村农业问题的艰巨，我国的农业发展依旧缓慢、农村农民生活水平较低。因此，真正实现城乡统筹协调发展仍然是一项长期而又艰巨的任务。

3.2 乡村振兴与新型城镇化耦合协同的科学内涵研究

3.2.1 乡村振兴战略

中共十九大提出的我国乡村振兴战略发展的总要求主要表现在"产业融合、生态宜居、乡风文明、治理有效、生活富裕"等方面。党和政府正在致力于完善城乡融合发展制度体系，统筹兼顾农村经济发展、政治发展、文化发展、社会发展、生态文明发展及党政发展等，不断加强乡村治理体系、治理能力现代化发展，有效推进农业、农村的现代化建设。

我国政府在社会主义新农村建设的基础上，又进一步提出了乡村振兴战略。这些发展战略都是党和政府针对当前国家社会经济发展形势而制定的。社会的发展与时代的进步是提出乡村振兴战略的前提和基础，这是我国乡村发展的里程碑，具有划时代意义，同时，也意味着我国乡村即将进入以乡村振兴战略为发展指引的新时代。中共十九大召开后，习近平总书记针对目前我国乡村存在的问题，提出了一系列关于为何要重视乡村发展、如何加快乡村发展的意见和观点，为乡村振兴战略的有效实施做出了明确的指引，提供了先进的思想指导。发展经济的同时，要积极学习习近平总书记提出的关于乡村振兴战略的发展意见，把握核心精神，领悟发展实质，只有不断加深人民对于乡村振兴发展的使命感的理解，农业丰收，才会巩固农业发展基础；只有农民富裕，国家才能兴旺发达；只有农村稳定，社会才能和谐。

乡村振兴不仅是某些方面的发展，还是全方位整体安全性战略，其中包含了经济、文化、生态、社会等多方面的发展与进步。乡村振兴战略是对农村以往发展战略的改革与提升，是一项整体又全面的发展性工程，所以，我们要从多角度、多方位去剖析乡村振兴发展战略：

3.2.1.1 产业融合是乡村振兴的基础要求

农村想要实现"农业发达、农民富裕、农村美丽"，必须依靠乡村产业的发展与进步作为其强有力的经济支柱。否则，实现"农业发达、农民富裕、农村美丽"的乡村发展目标终将只是纸上谈兵，2020 年全面建成小康社会的发展目标也难以实现。

现阶段，我国产业振兴需全方位的发展，不仅需要农业、畜牧业的兴旺发达，更需要产业的兴旺发展。但是目前根据我国乡村振兴战略实施地区的状况分析，农业是我国产业发展的主力军，第二、第三产业的发展需要强有力的农业基础作为依托，并需要不同产业的积极融合发展。由于乡村多元化经济的融合发展，我国乡村产业积聚繁荣。农业生产的发展是"产业兴旺"态势继续存在与发展的基础，农村其他各部门也或多或少受到了农业发展的影响。除此之外，由于我国人多地少，因此，粮食问题一直是困扰我国社会经济发展的主要问题之一，明确规定了我国农业在社会发展中的重要影响。现阶段，我国农业经济发展速度仍处于较低水平状态，若农村经济发展受限，则最终会造成其他经济部门也受到严重影响。

改革开放以来的 40 年间，我国社会各领域都实现了全面发展。但根据实际状况分析，我国大部分农村地区仍然保持以家庭为基本生产单位的农业生产模式，这种模式严重影响着我国农业的现代化发展进程。与此同时，我国农村发展还存在大量的弊端，例如，产业结构发展失衡，第一、第二、第三产业发展不合理。农业仍然是我国乡村发展的主导产业，根据 2019 年《中国统计年鉴》显示，2018 年，我国第一产业的生产总额仅占国民生产总值的 7.08%，其总额仅占 GDP 增长额的 0.3%。首先，尽管我国农业对社会经济的贡献比不上工业和服务业，但其重要程度是不能被忽视的。其次，由于我国粮食的供需结构严重失衡，政府应积极调整农业生产发展结构，不断增强农产品供给侧结构性改革力度，完善粮食生产种植结构。

农村实现产业兴旺发达不仅是目前乡村振兴的基本要求，而且也是我国经济发展的核心目标。现阶段，我国农村经济发展速度较慢，资源配置问题仍然较为严峻，农民仍处于低水平的收入状态，生活条件较为艰苦，大量农民背井离乡，外出甚至出国寻找务工机会，而农村仅留下大量老、弱、病、残等失去劳动能力的农民，使农业发展缺乏充足劳动力，最终导致农业落后发展的局面。事实证明，只有乡村产业的迅速发展，才是解决农村劳动力外流的根本方法，从而才能使农村经济走上健康发展的道路。

我国自古以来就是一个以农历本的国家，目前农民人口数达到 8 亿，因此，"三农"问题始终是困扰我国国民经济发展的重要瓶颈之一。目前，我国农村产业积极倡导以质量、效益、绿色为发展方向，认为产业的兴旺发达不仅要依靠产量的增加，更要在质量上取胜。各生产部门要加强农业产业化发展，注重生产高质量产品，积极创办优质企业。现阶段，我国产业的发展应以农业发展为主导，其他产业的发展都需要以农业发展作为基础，从而进一步加强各产业间的整体发展。

3.2.1.2 生态宜居是乡村振兴的重要保证

在乡村振兴发展战略的实施过程中，生态宜居是发展关键。乡村振兴在本质上是指：通过改变农村以往单纯凭借农业生产资源的使用来发展经济的模式。生态宜居概念中所表述的生态观念，主要是指对自然生态环境的保护，坚持绿色生态发展模式。2013 年，习近平总书记在海南省考察实践过程中指出："良好的生态环境是最公平的公共产品，是最普惠的民生福祉。"这段话主要体现出民生与生态环境之间的紧密联系，强调了民生的关键内涵就是生态环境的持续发展。人们生活水平的提高不仅需要良好经济条件的支撑，还需要以良好的社会生态环境作为保障，这有利于增加人们生活的幸福感和归属感。生态宜居，不但需要舒适的住房，还需要和谐的生态居住条件，不管是发达地区还是贫困农村地区，良好的生态环境都是人民最大的福祉。

生态宜居的可持续发展需要乡村面貌的干净整洁、村内基础设施建设不断完善，在当今社会发展过程中，我们要积极秉持保护自然、顺应自然、尊重自然的生态文明观，摒弃以往人们将人为生态取代自然生态的错误生态观。政府要倡导人们保护乡村特色传统文化，积极维护生态平衡，加强乡村环境污染问题的治理，最终营造一个人与自然和谐相处、互利共赢的生态宜居环境。

"生态宜居"是我国生态发展的首要问题，是全国人民共同追求的目标。人们要想获得宜居及高品质的生活条件，良好的生态环境是其存在的基本保障。目前，我国存在的疾病与困扰社会发展的问题往往都是由恶劣的生态环境造成的，因此，党和政府应针对当前存在的环境问题制定相关的制度与措施，人民也应当加强对环境治理的重视程度，加强危机感。我国农村拥有良好的地形地势等自然条件，可以构建出不同于城市的自然宜居生活环境，为人们实现安居乐业的生活目标奠定坚实的基础。

3.2.1.3 乡风文明是乡村振兴的精神支撑

乡风文明的主要内涵是指农村地区的社会风尚风俗，是人们长期以来形成并广泛流传下来的生活习惯和方式，其本质特征是一种特有的地域文化。中国上下五千年的优秀传统文化确定了如今乡风文明的核心。与此同时，由于受到我国目前所持有的意识形态、社会整体风貌、不同文化的熏陶及人们在社会发展过程中形成的价值观等现代观念的影响，乡风文明呈现出"百花齐放，百家争鸣"的局面。

目前，衡量乡村振兴发展优劣的标准具有多样性。其中，乡风文明建设是其主要衡量标准之一，它积极推动了我国农村文化的发展与进步。习近平总书记认为："文化是一个国家、一个民族的灵魂。"在文化建设过程中，我国具有高度的文化自觉和文化自信。这种坚硬的底气是我国实现中华民族伟大复兴中国梦的精神支柱。文化的内涵复杂多样，其本身具有一定的时代性、地域性、传承性，随着社会经济的发展与进步，一些优秀时代文化会自觉或不自觉地融入传统文化中去，不断积淀，最终被传承下来。习近平总书记强调："乡村想要振兴，就要形成文明、良好、淳朴的民土风情，焕发乡村新景象。"现阶段，若我国想更好地实施乡村振兴战略，则必须进一步促进乡村文化的繁荣发展，加强乡风文明建设。

乡风文明的发展与繁荣是乡村文明振兴的关键。先进的乡风文明能提高人们的精气神，改变人们以往的社会旧风貌，有利于我国建设"美丽、和谐、文明、繁荣、民主"的现代化新农村，所以，政府要积极倡导乡风文明建设，为提高乡村魅力、加强乡村力量、丰富乡村文化奠定坚实基础，因此，为了有效促进乡村振兴战略的实施，政府应积极倡导经济、文化、生态发展并举，农民群众积极配合政府工作，改变以往只重视经济发展的旧思想，树立"既要护口袋，也要护脑袋"的思想观念。在农村文化建设与发展过程中，我们应努力避免错误的发展计划，这样做的目的有2个：第一，是为农村发展融入过量现代化要素；第二，是融入过量城市要素。与此同时，乡村文明的振兴还应继承与发展农村生态文明及民土风情。

针对农村乡风文明的发展，政府要积极引导农民学习先进的思想道德、加强农民素质涵养、改变以往思想观念，不断继承和弘扬人与人、人与社会、人与自然之间和谐发展的优秀传统文化，摒弃消极的传统文化，使农村发展跟上社会发展的步伐，为农村发展构建一种和谐的社会环境。目前，乡村振兴战略发展的首要问题是解决农民的思想问题，因此，乡风文明建设是乡村振兴的核心问题，只有切实解决这一根本问题，才能真正确保乡村的振兴发展。

3.2.1.4 治理有效是乡村振兴的重要保障

现阶段，政府要为农民群众提供一个安居乐业的和谐居住环境，必须依靠科学有效的治理措施作为实现保障。针对农村的有效治理，有关政府部门积极加强对农村的社会治理力度，进一步完善基层民主和法治建设，狠抓违法犯罪分子，为农村发展和农民生活提供一个和谐舒适的社会环境，最终形成"自治、法治、德治"三治相结合的创新型治理措施，进一步加强对乡村的有效治理。

乡村治理作为国家治理的基础环节，对整个社会的发展与进步都具有重要意义。其中，村民自治是乡村治理的基础，可以通过民主选举、民主决策、民主管理、民主监督等农村自治办法表现出来，为乡村治理提供多样化的治理措施，同时，明确规定了乡村治理的主体和方法。另外，法治也是乡村治理的一项重要举措，有效的法治措施为解决社会利益关系作了强有力的保障。此外，德治既是乡村治理的重要方面，也是乡村治理的关键核心部分。"三治"措施的有效实施不仅可以满足国家政策的需要，而且适合我国发展的基本国情，同时，也是我国乡村传统文化继承与发展的载体，对社会发展具有重要的推动作用。

我国乡村治理要紧密结合自治、法治、德治的实施，因此，只有确切落实这些治理方法，才能实现乡村的有效治理。首先，必须坚持中国共产党的领导，积极拥护党和政府的宗旨与政策，全面利用社会组织及国家的优势资源来规范社会发展，不断整合社会自治的不完整性与分散性；其次，要完善村民自治制度，不仅村民要自觉提高政治参与度，而且党员干部也应积极采纳村民的意见，做到全民参与，共同致力于发展富裕乡村、幸福乡村、美丽乡村。

3.2.1.5 生活富裕是乡村振兴的价值追求

人民生活富裕是农村振兴的首要任务，也是党和政府如此重视乡村振兴战略实施的主要原因。我国自古以来就是以农立本的国家，农业是我国发展各项事业的基础，若要实现乡村农民生活富裕，则必须努力将农村人民作为一切乡村工作的重心，满足人民需求，建设和谐、美丽、幸福的现代化乡村，提高人民生活质量，增强乡村发展活力，让农村人民切实体会到幸福感、满足感、归属感，真正让人民过上安居乐业的幸福生活。乡村振兴战略的有效实施，必须使广大农民感受到其发展成果所带来的改变，让发展成果真正成为人民的福祉。总而言之，乡村振兴战略的实施必须有效推进乡村经济的发展，让人民真正过上幸福、富裕的生活。

只有当物质与精神层面的需求得到一定的满足时，人民的"民生三感"（幸福感、归属感、获得感）才会真正溢于言表。"民生三感"是对当今主要社会矛盾发生转变的积极响应。目前，我国人民群众不再仅满足于对物质生活的追求，而且对美好生活的向往值也日益提升，人民对于精神生活的追求也逐渐得到满足，丰富了新时代的民生内涵。人民群众的"民生三感"的获得，不仅来源于个人需要得到满足，还来源于政府和社会的政策制度，也来源于人民参与社会建设所获得的成就感和使命感。现阶段，人民群众的社会建设参与积极性不断提高，主观能动性不断增强，有利于培养人民群众阳光健康的心态，从而加强社会融合与团结发展，加强社会治理的整体性，推动社会不断向前发展，使人民的"获得感、幸福感、安全感"得到进一步提升。

目前，全世界经济发展速度放缓，我国经济增长态势不断严峻，因此，农村经济发展也受到了一定的阻碍。政府针对如何解决农村的发展问题、如何使农民生活富裕等出台了相关的政策制度。有关部门要积极注重"抓重点、补短板、提弱项"等问题，以"坚守底线、加强重点、规范制度、积极引导"为指导思想，将"农民最关心的社会利益问题"作为实现基础，不断提高人们的生活水平，努力为农民生活与发展提供一个良好的社会环境。习近平总书记强调："要将人民生活富裕作为全社会共同的奋斗目标，重点关注社会发展中的短板问题，以便推动社会进一步发展，最终实现共同富裕的目标。"

3.2.2 城镇化

现阶段，不同学科对于城镇化的定义仍未形成一致的见解，主要根据城镇化的特征、发展动力、发展结果各方面进行研究。从经济学层面分析，城镇化内容主要包括经济飞速发展进步，第二、第三产业生产值比重上升，自然经济的社会化发展等，主要以第二、第三产业发展为主并积极推行创新，引导生产要素汇集于城镇发展；从社会发展的层面分析，城镇化是指由农村生活方式向城市生活方式发展，利用社会结构发展变化为核心推动力，最后引导整个社会朝着市民社会发展；从人口学发展层面分析，城镇化是指农村人口向城市集中流动，依靠人口流动为核心推动力，扩大城镇化发展规模，增加城镇人口比重。根据地理学层面分析，城镇化是指农村向城镇发展，依托生产力流动方向变化为核心推动力，最终改变城乡二元体制结构。

国外学者在城镇化的研究过程中注重多方面的理解，首先，是农村人口向城镇的迁移；其次，是城镇人口所占比例不断上升。在他们看来，影响城镇化的因素具有多样性，其中包含经济、文化、社会等多方面因素（孔凡文和许世卫），美国学者沃纳·赫希在《城市经济学》中对城镇化作出了全面的解释；日本学者田浩之对城镇化进行了实例分析，通过这些学者的表述都能体现出影响城镇化的具体因素。针对城镇化的定义，部分国内学者也提出了自己的见解，包括蔡孝、饶会林、李树琼、成德宁等。这些学者都着重研究人口的城镇化集中、农村人口的城镇化转移、城镇规模的夸大及发生此变化对周边地区产生的影响。简而言之，城镇化的核心内容是指乡村的城镇化转变，其发展过程具有多样性。总体而言，由于农村人口及生产要素向城镇转移，因此，产业结构不断优化、发展模式不断创新、生活观念不断改善，城市发展观念逐渐深入人心。各学科对城镇化内涵的理解见表3－4。

表3－4 各学科对城镇化内涵的理解

学科	特征	动力	后果
经济学	城镇经济快速发展，非农产值比重增加，自然经济变社会化大生产	第二、第三产业向城镇集中并升级	要素集聚
社会学	农式生活方式变城式生活方式	社会结构变化	形成市民社会
人口学	农村人口向城镇的空间转移	人口大规模的迁移	城市规模扩大人口数量递增
地理学	农村变城镇	生产力空间布局转换	消除城乡二元结构

3.2.3 新型城镇化

我国新型城镇化的发展正在日趋成为社会经济发展的核心方向，传统城镇化模式已经不适于现代社会的发展。传统城镇化的特征主要表现在：农村人口向城镇转移，城镇人口比重不断增加，城镇化发展规模逐渐扩大，政府过于注重房地产问题及形象工程，始终以物质发展为核心却忽略了精神文化等其他层面。目前，新型城镇化发展模式能较好地解决这些问题，政府及各企业坚持以人为本的发展战略，始终将人民利益放在首位，将新型工业化、社会信息化、农业现代化结合起来，构建一个全面的社会发展体系。事实证明，城镇化的发展不能仅仅注重人口数目的上升，生产、生活方式的转变才是真正解决问题的关键。此外，政府及各企业还应注重社会的公平公正发展，提高发展效率；积极加强生态文明建设，构建两型社会。仇保兴指出，新型城镇化模式弥补了传统城镇化单一发展的弊端，努力促进城乡优势互补、协调发展；胡必亮指出，六位一体是新型城镇化发展的主要特征；陶友之认为，新型城镇化不应搞单一的土地化建设和扩大城镇规模，也不能认为只需扩大投资力度、完善城镇基础设施建设就能促进城镇化发展。根据专家学者调查及政府出台的各项政策说明，新型城镇化的主要特征表现在以下几个方面：坚持以人为本的基本原则；将发展民生与改善经济发展结构作为其主要目标；奉行绿色、低碳、节能、集约的发展理念；注重改善城乡内部二元化结构问题；解决社会公共服务不平衡及生态环境发展受阻等问题。只有当这些政策落到实处，才能实现人口、经济、社会、生态四位一体的新型城镇化发展目标。

3.2.4　耦合协同模式

乡村振兴与新型城镇化的耦合协同主要是指构建城乡产业结构融合协同、城乡要素市场深化合作、城乡公共服务均等发展、城乡基础设施互联互通、城乡生态环境共建共治的五位一体耦合协同发展机制。

物理学中最早提出耦合的观念，本意是指电网络及电原件在输入或者输出状态下相互协调并传送能量。目前，这一概念得以充分拓展，用来表示多个系统或部分之间利用一定关系进行相互协调、相互作用的过程，系统或部分在基本协调合作的过程中，内部阶层更进一步保持密切联系。随着社会的发展进步，耦合理念逐渐被用于地理、经济、旅游等层面，能直观反映出系统及各部分之间相互协调作用的效果。若耦合概念由自然向社会发展，则耦合理念可用于社会发展中多个系统之间彼此协调作用的过程。此外，耦合理念还被用于乡村振兴战略与新型城镇化彼此间协调影响的状态，由此可进一步深知，乡村振兴战略与新型城镇化发展之间彼此影响的方式及根本原理。研究表明，耦合作用的产生具有多元化特征，不需要两个相互作用的系统之间的发展毫无差别，在产业投入和产出方面也不需要直接的联系，只需通过良好的资源配置方式进行相互作用与合作。乡村振兴发展与新型城镇化发展之间存在的耦合关系主要表现在三个方面：一是指乡村振兴系统各子系统和要素间的耦合关系；二是指新型城镇化发展空间内部不同发展层面之间的耦合联系；三是指城镇化发展体系与社会经济发展体系之间交叉作用与影响。

乡村振兴战略的实施为乡村基础设施建设及相关部门发展提供了基本保障，不仅能提高乡村的社会职能，还能推动乡村的全面发展，增强乡村对人口和资源的吸收与消化能力，为城镇化发展注入新活力。乡村振兴的发展推动城镇化水平提高，一方面，为社会生产、生活发展提供更高水平的保障；另一方面，能促进科技的发展与进步,最终带动社会经济的总体发展。此外,城镇化的发展也能促进乡村振兴战略的精准实施,乡村振兴战略的实施也为城镇化发展续航,二者之间存在密切的耦合联系,利用各种相关资源整合协调,实现资源的优化配置,让彼此联系的两个系统进行更深层次的磨合,最终融合成一个层次分明的结构功能体。

3.3 乡村振兴与新型城镇化耦合协同的构成要素研究

协同发展路径的主线是城乡生态空间协同发展、城乡产业空间协同发展、城乡交通系统协同发展、城乡空间结构协同发展四个方面进行论证的基础,所以需要充分地理清协同发展路线的主线。在协同发展论的作用机制中,当假设目标状态与施控对象在确定的条件下,施控对象的组织规则与相应的施控机制不处于主导地位,特别是施控对象的组织规则对协同发展的基本路径起着决定性作用。通过分析城乡空间协同发展四大目标中的空间层次(受控对象)与核心问题(基础参量),可以明确城乡空间协同发展研究的基本路径,因此,城乡空间协同发展的关键内容为:城乡生态空间的发展与协调、城乡产业空间的聚拢与高效、城乡交通空间的连接与契合、城乡空间结构的衔接与整合。

基本协同发展论的城乡空间协同发展的路径与核心议题如图 3-1 所示。

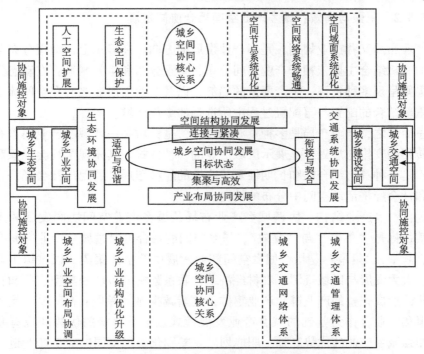

图 3-1 基本协同发展论的城乡空间协同发展的路径与核心议题

3.3.1 适应与和谐：城乡生态空间耦合协同发展

生态空间是指具有自然属性，主体功能是提高生态服务和生态产品的空间领域。从城乡生态空间的广义来看，城乡生态空间主要包括生态空间、乡村空间和城市空间，其中，生态空间与城乡建设相互联系；生态承载力的大小会影响城乡人口聚集的规模，人口活动与人口聚集会影响区域的生态空间，增强其生态空间压力。

城市空间的扩宽会丢失一部分的生态环境空间，所以需要尽最大可能去保护被损坏的生态空间。从协同发展的路径来看，协同发展的对象是城乡生态空间和城乡建设空间；协调城市建设的"人地关系"是协同发展的目标导向；城乡建设空间的扩宽与以自然生态环境为载体的建设用地之间的矛盾是衡量城乡生态空间协同发展的基本参量。

协同城乡发展与保护的重要手段是生态功能区的合理布局及空间管制规划。本文所指的城乡生态空间的"适应"与"和谐"就是在城乡发展与生态保护的重要手段下，以及在土地适宜性评价与土地资源的本底特征的基础上，对各地区城乡建设空间布局进行简单的调整，使宏观层面的数量结构更加合理、有序，有利于提高建设用地的经济、生态和社会效益。实现城乡建设用地的可持续发展，建立起不损坏生态环境的城乡建设，从而实现城乡生态空间与城乡建设发展"人地关系"的和谐。

3.3.2 集聚与高效：城乡产业空间耦合协同发展

产业布局又称产业规划，是指产业发展的方向。在静态上，地理分布与区域分布的有机结合主要依赖于产业空间分布、要素分布和空间联系；在动态上，产业布局则呈现多种资源、生产要素的趋势，以及企业与产业之间在空间流动、转移或重新结合的配置与再配置过程中所选择的最佳区域。

总而言之，产业布局是多种资源的整合，是针对某一区域的产业集群和产业空间转移的安排与规划，是展示区域产业的一种方式。其体现了社会现象和经济现象，是一种具有综合性和长期性及战略性的经济布局，展现出社会经济在工业生产和社会经济活动空间中分布的情况。

优化城乡产业结构、协调城乡产业布局是城乡产业空间协同发展的主要对象，其目标是"集聚"与"高效"，城乡空间的融合可通过城乡产业空间布局来实现。其中，"集聚"是指在城乡空间产业发展中的空间聚集，以城镇工业园为基础，大力发展与区域资源、农村经济结构联系紧密的劳动密集型产业和特色主导产业，形成完整的产业链、产业集群，逐渐减少城乡差距；"高效"是指以产业集聚和产业合作为基础的城乡产业发展模式。根据自身的优势和现有基础设施，加强城乡产业的优势互补，职能划区，差别化发展不同的经济产业链，形成城乡产业集群式的高效发展模式。

3.3.3　衔接与契合：城乡交通空间耦合协同发展

城乡支持网络是指交通、社会、文化、通信等组成关系的网络。网络联系体现为区域城乡要素的整合，其中包括可量化要素和不可量化要素。在支持网络中，城乡的基础设施影响城乡的空间分布情况，它也是促进城乡空间进一步综合发展的基础。首先，城乡区域的基础设施网络是支撑社会发展的重要保证，是每个城镇之间发展交通、生态资源的基础保障；其次，完善城乡的基础设施能够加强各地的联系，有利于实现城乡空间一体化，推动城乡空间的协同发展。而在支持网络中，城乡交通对城乡发展的作用重大。学术界的刘生龙、胡鞍的研究证明了这一点。

因此，城乡交通空间协同发展是城乡空间协同发展的基础。其对象是城乡交通网络体系和城乡交通管理体系，其目标导向是如何将城乡交通与城乡节点和城乡产业空间布局相连接，满足城乡的发展需要，破除城乡交通相分离的情况，实现城乡协调发展。

以城乡交通网络引领城乡的发展，需要了解城乡交通差距，实施不同的交通管理政策，合理恰当地利用交通资源，尽量做到实现城乡交通设施的平衡，提高公共交通服务水平，建立多方式、综合式、一体化的城乡交通系统，城乡交通系统主要可分为城乡交通网络和城乡交通管理体系。城乡交通网络体系可分为干线交通网络和农村交通网络。干线交通网络主要是联系一些区域外的节点；农村交通网络则是连接城镇，推动城乡的要素流动，促进农村的发展。发挥交通网络的作用需要干线交通网络和支线交通网络的有机结合。城乡交通管理体系是指为实现城乡交通的协同发展，提高整体效率，需要满足两个条件，一是解除多种部门管理的局面，多种部门协同发展城乡交通管理体制；二是从城镇到农村实行交通管理职能，从而形成城乡系统化的交通管理体系。

3.3.4　连接与紧凑：城乡空间结构耦合协同发展

城乡空间是人类居住的外在环境，以及能够反映城乡之间的各种关系。这种关系包括经济、社会、政治、生态等方面，主要由物质、空间等要素组成。

对空间结构的认知学术看法具有多样性。在地理学上，空间结构由点、线、网络和域面四部分组成。主要指社会与经济的相互作用及由其所形成的积累程度和积聚形态的空间分布关系。在景观生态学上，生态空间结构被称作为基质、斑块、廊道，并投入区域经济空间结构研究。在城乡规划学中，城乡空间结构是指经济活动以空间的形式展现空间的位置、大小及他们之间的关系，其表现形式为各级城镇、乡村和各个不同功能区等分布，可分布为城镇体系、生态网络、交通网络、文化网络、资源配置。

城乡空间结构是指城乡的基础设施、城乡产业在空间的分布状态及反映空间的集聚程度、形态、规模。其表现为基础设施、城市居民点及生态产业等区域空间布局。城市空间结构主要由节点、网络、域面三部分组成。

在新型城镇化和新常态背景下协同发展城乡空间结构。根据城乡区域发展的自身需求和优势的同时，运用协同的理论知识，重新整合空间规划的资源，从而提高城乡发展的空间品质、充实空间内涵、优化城乡空间结构的布局，构建城乡空间重构的机制模式，最终目标是实现城乡一体化发展。其中，城乡空间结构协同发展的对象是节点、网络、域面基本结构要素，其目标是加快城市与乡村的联系，实现空间结构的紧凑性布局，从而达到城乡空间结构的最终目标。本文中的"连接"与"紧凑"具有深层含义，其中，"连接"是指强化城市与乡村的交通，使城镇节点之间及城乡产业空间布局的联系更加密切；"紧凑"是指利用城乡道路、生态节点和生态走廊等组织，使城乡之间空间更加通畅，缩小城乡的差距，加大城镇对乡村的辐射作用。

在以上条件下，组成城乡空间结构的三个子系（节点系统、网络系统、域面系统）又可形成多个次级子系统，形成节点系统、网络系统和域面系统则需要依赖次级子系统内部的自组织作用。其中，利用节点系统、网络系统和域面系统的自组织作用，优化城乡空间结构，协同城乡发展体系，营造一种空间分布有序、生态环境和谐、资源要素节约、经济效益发达的新型城乡关系。

3.4 本章小结

首先，本章对乡村振兴与新型城镇化的演变及其内涵作出详细解释；其次，介绍了城乡生态空间、产业空间、交通空间及空间结构协调发展策略的组成要素。

（1）演化研究。从1949—1978年、1978—2003年、2004—2016年及2017年至今四个阶段对乡村振兴与新型城镇化的发展历程进行详细具体的阐述。

（2）内涵研究。从乡村振兴战略、城镇化、新型城镇化、耦合协同模式四个关键词对研究内容进行详细、具体的阐述。

（3）要素分析。乡村振兴与新型城镇化的耦合协同，既包括城乡生态空间、产业空间、交通空间的协调发展合作；也包括空间结构的协调发展。这四位一体的发展要素能极大地推动乡村振兴与新型城镇化的耦合发展。

第 4 章
新时代湖南省乡村振兴与新型城镇化发展现状研究

当前,城镇化与乡村发展在一定程度上被割裂开来,农村发展与现代化滞后于城镇,呈现严重脱节现象,突出主要表现在乡村居民收入低与拖欠工资等利益侵犯行为;农村教育程度与质量落后;脏、乱、差、散的乡村基础设施与城镇形成强烈对比的现象。造成了乡村发展严重脱节于城镇,加深了城乡发展战略差距、教育就业差距、医疗社保差距、基础设施差距,导致了城乡发展不均衡、农村发展不充分、农村现代化与新型城镇化整体发展的不协调、不衔接;致使农村经济疲软,城乡发展脱节严重,对新时代乡村振兴与新型城镇化的发展造成巨大阻碍。本章通过对湖南省乡村振兴与新型城镇化的耦合协同治理现状进行实地调查,了解湖南省乡村振兴与新型城镇化发展的基本情况,提炼出了目前湖南省乡村振兴与新型城镇化不协调的原因。

4.1 新时代湖南省乡村振兴与新型城镇化发展战略差距分析

4.1.1 湖南省乡村振兴与新型城镇化发展战略现状分析

4.1.1.1 湖南省经济总体发展水平

湖南省地区生产总值如图 4-1 所示。

2003—2018 年,在我国经济高速发展的背景下,湖南省地区的生产总值不断上升,发展趋势稳中求进。2018 年的地区生产总值高达 36 425.78 亿元,接近 2003 年地区生产总值 4 659.99 亿元的 8 倍。

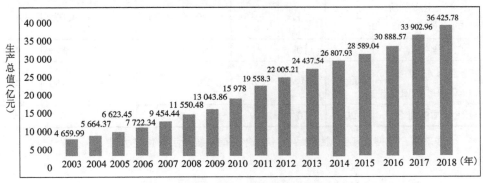

图 4-1 湖南省地区生产总值(单位:亿元)

湖南省人均生产总值如图4-2所示。由图4-2可知，2018年，湖南省的人均生产总值达到了52 949元，比2003年的7 589元增加了近7倍。

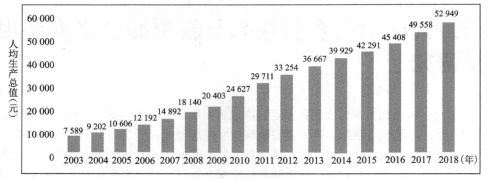

图4-2　湖南省人均生产总值（单位：元）

近十年来，湖南省的GDP和人均GDP不断提高，但与全国平均水平和其他省市相比，湖南省在近七年的全国平均水平中仅高出一位，2003—2016年从3.39%提高到4.23%，2017年开始下降，到2018年降低到3.95%；仅从全国31个省市的第22位上升到第15位。人均GDP与全国平均水平的差距从3 077元增加至13 197元（表4-1）。

表4-1　湖南省生产总值情况与全国的比较

	2003	2004	2005	2006	2007	2008	2009	2010
占全国生产总值的比重（%）	3.39	3.49	3.52	3.50	3.49	3.62	3.75	3.89
在全国的排名	13	12	11	11	11	10	10	10
与全国人均生产总值的差值	3 077	3 322	3 942	4 908	5 625	5 953	5 752	6 089
在全国的排名	20	21	20	20	22	22	20	20
	2011	2012	2013	2014	2015	2016	2017	2018
占全国生产总值的比重（%）	4.03	4.11	4.15	4.20	4.20	4.23	4.07	3.95
在全国的排名	9	10	10	10	9	9	9	9
与全国人均生产总值的差值	6 422	6 394	6 741	6 902	7 483	7 757	10 456	13 197
在全国的排名	20	20	19	17	16	16	16	15

数据来源：根据历年全国统计年鉴和历年湖南省统计年鉴整理所得

由此可见，处于全国中等水平的湖南省经济发展总体水平和人均生产总值仍有较大的发展空间和巨大的潜力。

图4-3所示为湖南省2003—2018年三次产业增加值。图4-4所示为湖南省2003—2018年三次产业增加值的比重。从图4-3和图4-4可以很明显地看出，湖南省第三产业增加值的变化趋势。从图4-3中可以看出，湖南省的三次产业增加值都实现了绝对的增长，增长值逐年上升。其中，第一产业所占的比重最小。2006年，第二产业的比重超过了第三产业。服务业是随着商品生产和交换发展之后产生的一个行业。服务产业的变革对湖南省建设新型城镇化和产业集群的发展发挥着重要的积极作用。服务业经济活动最基本的特点是服务产品的生产、交换和消费，直接关系到人民生活水平的提高和宜居城镇的建设。

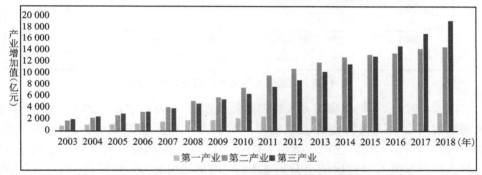

图4-3　湖南省2003—2018年三种产业增加值（单位：亿元）

从图4-4可以看出，2008年美国次贷危机的爆发对世界各国的社会经济发展产生了重大影响，成为全球性的金融危机，湖南省主动采取相关发展措施应对金融危机，使第三产业增加值比重在2011年以后开始上升，而第二产业的增值到2011年开始下降。

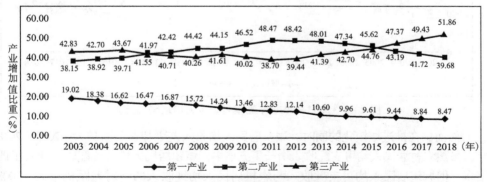

图4-4　湖南省2003—2018年三种产业增加值比重变化趋势

4.1.1.2　湖南省新型城镇化总体发展水平

在我国，城市人口的比重是衡量城市化水平的主要指标之一。图4-5所示为湖南省城市化水平与全国的比较。由图4-5可以看出，2018年，全国城镇化水平提高到了59.58%，呈缓慢上升趋势；2014年湖南省城镇化水平提高到了49.28%，比2003年增长了十几个百分点。2014—2015年降低到28.13%，2016—2018年缓慢上升，2018年上升至34.39%。虽然湖南省城镇化水平的年均增长速度与全国水平基本持平，但由于湖南省的城镇化水平一直低于全国的平均水平，因此，湖南省必须加快新型城镇化建设。

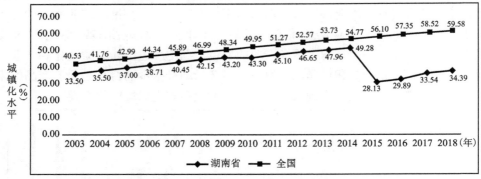

图4-5　湖南省城镇化水平与全国的比较

图4-6所示为湖南省城乡人口趋势。从图4-6可以看出，2003—2013年年末湖南省大力推进城镇化的成效显著，城乡人口差距越来越小，2013年年末，农村人口与城镇人口的比例下降到1.03。2014年年末出现反转，差距达到最大，农村人口与城镇人口的比例上升到2.55。2015—2018年开始回转，2018年农村人口与城镇人口的比例下降到1.91。

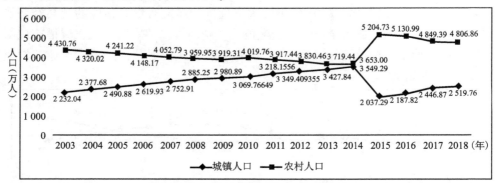

图4-6　2003—2018年湖南省城乡人口趋势（万人）

然而，在推进城镇化的同时，城乡居民人均收入差距却在不断扩大。2003—2018年，虽然农村居民人均可支配收入增长了五倍多，城镇居民人均可支配收入增长了四倍多，但城镇居民人均可支配收入与农村居民人均纯收入的绝对差距仍很大，2003年，城乡人均可支配收入差距为5 141元，2018年为22 606元（图4-7），这也说明城镇居民比农村居民享受更多的经济和社会发展，改革和改革的红利并没有在农村广泛分配。由此可见，城镇居民人均可支配收入不仅与农村居民人均纯收入的绝对差距不断扩大，而且也是湖南省必须加快新型城镇化建设的主要原因之一。

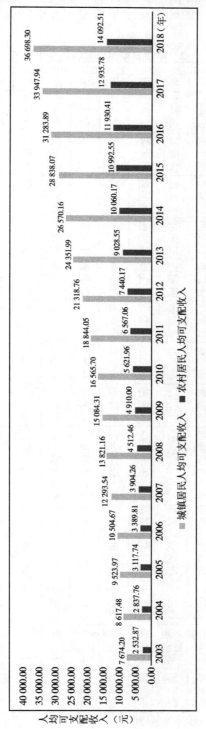

图4-7 城乡居民人均可支配收入（元）

4.1.1.3 各州市新型城镇化发展水平

从湖南省14个地州市的城镇化水平来看，各地区的城市化水平差距较大（表4-2）。

表4-2 湖南省地州市城镇化水平排名

	2003年	2004年	2005年	2006年	2007年	2008年	2009年	2010年	2011年	2012年	2013年	2014年	2015年	2016年	2017年	2018年
1	长沙市	长沙市	长沙市	长沙市	长沙市	长沙市	长沙市	长沙市	长沙市	长沙市	长沙市	长沙市	长沙市	长沙市	长沙市	长沙市
2	株洲市	株洲市	湘潭市	株洲市	株洲市	湘潭市	株洲市	株洲市	株洲市	株洲市	株洲市	株洲市	株洲市	株洲市	株洲市	株洲市
3	湘潭市	湘潭市	株洲市	湘潭市	湘潭市	株洲市	湘潭市	湘潭市	湘潭市	湘潭市	湘潭市	湘潭市	湘潭市	湘潭市	湘潭市	湘潭市
4	岳阳市	岳阳市	岳阳市	岳阳市	岳阳市	岳阳市	岳阳市	岳阳市	岳阳市	岳阳市	岳阳市	岳阳市	岳阳市	岳阳市	岳阳市	岳阳市
5	郴州市	郴州市	郴州市	郴州市	衡阳市	郴州市	衡阳市	衡阳市	衡阳市	衡阳市	衡阳市	郴州市	郴州市	郴州市	郴州市	郴州市
6	常德市	常德市	衡阳市	衡阳市	郴州市	郴州市	郴州市	郴州市	郴州市	郴州市	郴州市	衡阳市	衡阳市	衡阳市	衡阳市	衡阳市
7	益阳市	衡阳市	常德市	常德市	益阳市	益阳市	常德市	常德市	常德市	常德市	常德市	常德市	常德市	常德市	常德市	常德市
8	衡阳市	张家界市	益阳市	益阳市	常德市	张家界市	衡阳市	常德市	常德市	益阳市	益阳市	益阳市	益阳市	益阳市	益阳市	益阳市
9	张家界市	益阳市	张家界市	张家界市	张家界市	常德市	张家界市	张家界市	张家界市	张家界市	张家界市	张家界市	张家界市	永州市	永州市	永州市
10	娄底市	娄底市	娄底市	娄底市	娄底市	永州市	娄底市	怀化市	永州市	永州市	永州市	永州市	永州市	张家界市	张家界市	张家界市
11	湘西自治州	湘西自治州	湘西自治州	怀化市	永州市	娄底市	湘西自治州	永州市	怀化市	娄底市	娄底市	娄底市	娄底市	娄底市	娄底市	娄底市
12	永州市	怀化市	怀化市	湘西自治州	怀化市	怀化市	永州市	娄底市	娄底市	怀化市	怀化市	怀化市	怀化市	怀化市	怀化市	怀化市
13	怀化市	永州市	永州市	永州市	湘西自治州	湘西自治州	怀化市	湘西自治州	湘西自治州	湘西自治州	湘西自治州	邵阳市	邵阳市	邵阳市	邵阳市	邵阳市
14	邵阳市	邵阳市	邵阳市	邵阳市	邵阳市	邵阳市	邵阳市	邵阳市	邵阳市	邵阳市	邵阳市	湘西自治州	湘西自治州	湘西自治州	湘西自治州	湘西自治州

数据来源：历年湖南省统计年鉴整理所得

从表4-2可以看出，在湖南省14个地级市近12年的城市化水平排名中，长沙、株洲、湘潭三市处于第一梯队。长沙市是湖南省省会城市和政治、经济、文化中心。其辖区面积达到1.1819万平方公里，其中城区面积为2 185平方公里，新型城镇化建设的速度位列全省前列。株洲市和湘潭市毗邻长沙市，三个城市呈品字状相邻分布于湘江下游，在"长株潭"两型社会建设的背景下，新型城镇建设得到快速发展，分别位居全省第二和第三。2015年4月8日，国务院正式批复同意设立湖南湘江新区。湘江新区位于湖南省长沙市湘江西岸，包括岳麓区全境、高新区全境、望城区8个街镇、宁乡市5个街镇，面积为1 200平方公里，成为中国第12个、中部地区首个国家级新区。在2018年湘江新区建成的背景下，岳阳市、衡阳市、郴州市、益阳市、张家界市在二线城市中位列第4～第9。排名靠前的4个城市主要分布在长株潭城市群周围，为新型城镇化建设注入了巨大活力。张家界拥有丰富的旅游资源，现代旅游业的快速发展促进了张家界的城市化建设的进程，跻身全省九大城市之列。永州、娄底、怀化、湘西自治州和邵阳是排名第10～第14的城市，位于第三梯队。这些城市的城镇化进程发展相对缓慢，经济发展水平低，远离经济发达的开发区。但随着国家和湖南省对落后地区经济发展的重视，"中部崛起战略"的有效实施，这些地区得到了相对有利的发展扶持政策和后期发展优势，新型城镇化建设的速度加快。

总的来说，湖南省的城市化水平是一个三级阶梯模型，以长株潭城市群为中心，呈辐射状向外分布，带动周围城市的发展。其中，长株潭城市群以长沙为主核心，株洲、湘潭为两个次核心，但是"长株潭"城市群的区域间城市化水平存在巨大差异，各市区的经济发展方式、工业结构等也各具特色，城市群的发展差异导致城市群的辐射范围大大缩减。长沙市城市化率达72.34%，位居全省第一；湘西自治州的城市化率达39.88%，位居全省最后。城市发展两极化、区域发展不平衡、差距进一步扩大是湖南省新型城镇化建设的重要影响因素，也是激励湖南省新型城镇化建设的重要动力。

4.1.2 湖南省乡村振兴与新型城镇化发展存在的问题

4.1.2.1 湖南省同全国城镇化发展水平之间存在差距

据湖南省统计局测算，2018年，全国城镇化率为59.58%，而湖南省城镇化率为56.02%，比全国城镇化率低3.56%。城镇化率最高的是东部发达地区，如上海高达88.12%、广东为70.70%、江苏为69.61%。城镇化率较高的是中部地区的省份，如湖北、山西、江西、河南、安徽等。

图4-8所示为2018年全国及各省城镇化率的比较。

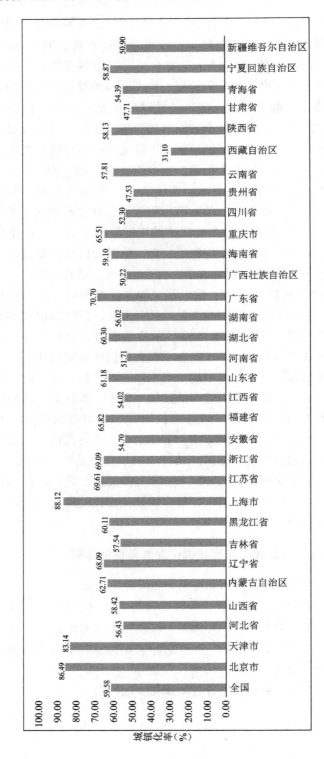

图4-8 2018年全国及各省城镇化率的比较

4.1.2.2 湖南省城镇化发展水平失衡

由于地理位置、功能区划和经济发展历史等相关因素的影响,湖南省新型城镇化水平的区域分布存在较大差异。据统计,在全省 14 个地市中,长沙市城镇化率最高,为 79.12%,株洲市城镇化率为 67.15%,二者相差 11.97%;最后一名湘西自治州的城市化率最低,仅为 46.54%,比长沙市低 32.58%(图 4-9)。这显示出城镇化率由于地区和发展能力不同而存在差距,同时,区域差距也有进一步扩大的趋势。从人民生活能力和生活水平的区域分布差异分析,湘南、长株潭等地区的城镇居民人均可支配收入和农村居民人均纯收入均明显高于湘西地区(图 4-10)。区域间发展的差距导致长株潭城市群的辐射范围逐渐缩小,辐射能力下降,阻碍了实现湖南省新型城镇化健康、和谐的发展目标。

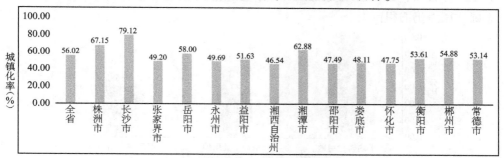

图 4-9 2018 年湖南省各市、州城镇化率(%)

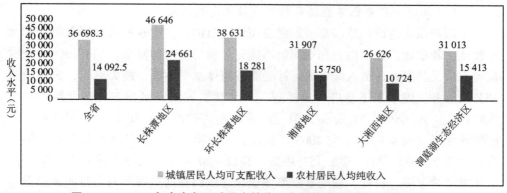

图 4-10 2018 年全省各区域民众的收入水平的地区差异(单位:元)

4.1.2.3 资源消耗和环境保护压力愈发明显

资源的存储量是新型城镇化发展过程中的重要影响因素。目前,湖南省在资源消耗和环境保护方面面临着巨大的压力,主要表现在以下几个方面:第一,随着经济的发展和城市化建设进程的加快,土地、水、电等资源的供应已经远远满足不了不断增加的需求。相对于资源消费水平而言,湖南省的资源消费指数远远高于国际平均。1.1 倍是关于土地城镇化与人口城镇化比例公认的安全线,而 2000—2010 年,该比例超过了 1.1 倍的公认安全线,土地城镇化是人口城镇化的

1.85倍。并且全市工业用地比例普遍在25%以上，甚至超过35%，远远高于1.5%的平均水平（图4-11）。第二，随着经济的快速发展，城市环境保护的压力也越来越大。工业生产废水和城镇居民生活污水的污染是重叠的。水资源与空气保护的生态环境问题日益突出。环境保护与城市化率、城市发展之间的矛盾日益突出。从湖南省年度统计的数据来看，2018年，湖南全省废水排放总量高达324 662.03万吨，其中城镇生活污水排放量高达291 625.83万吨，工业废水排放量有32 704.58万吨，城市公共用地污水年处理量200 159万立方米，污水处理率达96%。第三，是随着城市化进程的加快和城市规模的扩大，城市绿地的增长速度远低于城市，生态绿化压力巨大。2018年，全省城市绿化覆盖面积达到84 158万公顷，比2005年增加39 515万公顷。尽管有时会有所增加，但城市生态绿化压力仍旧很巨大。

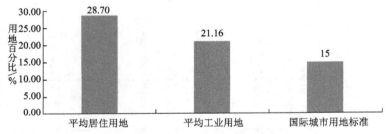

图4-11　湖南省14个市州用地与国际用地比较

4.1.2.4　社会服务已不能满足新型城镇化发展的要求

中国城镇化建设仍然需要增加建设用地。目前，湖南省的社会服务能力和水平较低，新型城镇化的能力和规模仍不能完全满足公众的需求，仍有很大的农村流动人口及其家庭成员入城定居，社会服务整体水平不高，能力薄弱，公用设施和公共服务设施水平还会进一步提高。2018年，湖南省城镇三种产业结构占比为8.47%：39.68%：51.86%，第三产业的经济效益占GDP的比重明显低于全国平均水平（图4-12）。与2003年相比，全省第三产业的比重明显提高，第二产业比重在2003—2011年呈上升趋势，2012—2018年占比呈下降趋势，第一产业比重持续下降。目前，湖南省新型城镇化建设面临的重要问题一是城镇建设用地紧张。紧张的资源供应严重阻碍了新型城镇化的发展，满足城镇居民服务需求的能力下降。二是城乡公共服务供给不平衡，基础设施建设并不完善，尤其在教育、卫生等领域十分突出。造成这种情况的原因主要是建设基金来源少，大量的城市有一半到三分之二的城市建设资金都是来自土地出让收入，财政投入在教育供给水平中的比重较高。由于经济发展水平的高低和区位因素的不同，因此，城市的教育资源比农村明显占优势。相对而言，财政对农村的投入比重较低，特别是湘西等贫困地区，教学设施和师资供给明显不足，学生辍学率较高。城乡医疗卫生支出的不平衡也非常明显。农村地区出现"看病难、看病贵"的现象。

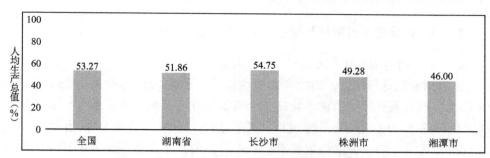

图4-12 2018年第三产业占人均生产总值的比重

4.1.2.5 社会贫富差距有进一步扩大的趋势

"实现社会公平,缩小贫富差距"关系到社会的稳定、和谐与发展,是城市化进程中不可回避的问题,然而,贫富差距问题在湖南省的新型城镇化进程中进一步扩大。一是城乡收入不平衡,贫富差距拉大。高收入者的收入越来越多,低收入者的收入只有小幅度的提升。2018年,湖南省城镇居民平均收入为36 698.30元,农村居民人均纯收入仅为14 092.51元。二者的绝对差额较大,差距非常明显,农村居民人均收入仅为城镇居民收入的38%。二是各市州的社会发展水平存在的差距较大。长沙市的人均生产总值为136 920元,而湘西自治州仅为22 885元。三是不同地市农民工与城镇居民收入差距较大。由于技能、机会等多种因素的影响,因此,农民工各方面的福利待遇都与城镇居民存在很大差距,农村居民难以真正地融入城市。

图4-13为2018年湖南省各市州人均生产总值。

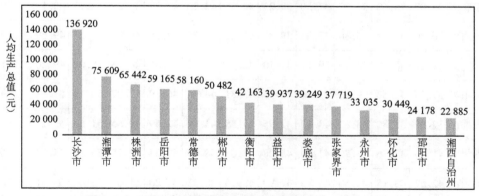

图4-13 2018年湖南省各市州人均生产总值(单位:元)

2012年2月,湖南省下发了《关于加快推进新型城镇化和推进城乡一体化的意见》后,解决了许多城镇化建设存在的问题,使新型城镇化的实践和探索取得了巨大成效,城市化水平也进一步得到提高。

4.1.3 湖南省乡村振兴与新型城镇化发展进程分析

4.1.3.1 湖南省城镇化发展水平增速较快

据湖南省统计局统计，2012 年全省城镇化水平比 2010 年提高 3.35%，达到 46.65%。而且长株潭城镇化率均高于全省城镇化率平均水平。其中，长沙的城市化率高达 69.38%、株洲的城市化率高达 59.10%、湘潭的城市化率高达 54.02%（表 4-3）。根据年增长率指数来看，全省年均增长率为 3.05%。除邵阳市外，其他市州年均增长率均在 2% 以上，湘潭市、永州市、衡阳市三市的年均增长率均在 3% 以上。其中，邵阳市和株洲市的年均增长速度最快，分别为 4.44% 和 4.51%。城市用地规模面积显著扩大。2012 年年初，全省各市州市区面积达到 1 175 平方公里，自 2008 年以来年均增长 7.1%。

表 4-3 湖南省及各市州城镇化率 (%)

区域	2008年	2009年	2010年	2011年	2012年	2013年	2014年	2015年	2016年	2017年	2018年	年均增长率
湖南省	42.15	43.20	43.30	45.10	46.65	47.96	49.28	50.89	52.75	54.62	56.02	1.39
邵阳市	29.85	30.43	32.84	34.13	36.06	38.04	39.92	41.95	43.99	45.89	47.49	1.76
湘西自治州	34.30	35.59	34.72	36.07	37.06	38.75	39.88	41.13	43.06	44.97	46.54	1.22
怀化市	34.46	36.20	36.09	37.69	39.01	40.44	41.30	42.75	44.28	46.15	47.75	1.33
娄底市	35.09	35.60	34.97	37.50	39.23	40.96	42.26	43.77	45.29	47.31	48.11	1.30
永州市	36.46	37.98	35.38	37.94	39.87	41.26	42.55	44.25	46.30	48.25	49.69	1.32
张家界市	37.10	38.60	36.19	39.15	41.10	42.23	43.32	44.61	46.06	48.02	49.20	1.21
益阳市	39.75	41.50	39.86	41.10	42.15	43.31	44.76	46.39	47.87	50.12	51.63	1.19
常德市	37.02	38.30	38.87	40.10	42.95	44.38	45.89	47.59	49.55	51.63	53.14	1.61
郴州市	41.30	42.36	41.70	43.30	45.28	47.03	48.50	50.34	52.25	53.80	54.88	1.36
衡阳市	42.57	43.15	44.50	46.99	47.90	48.10	48.52	49.29	51.07	52.46	53.61	1.10
岳阳市	45.50	46.70	46.01	47.81	49.30	50.82	52.29	54.01	55.62	57.21	58.00	1.25
湘潭市	49.44	49.94	50.11	52.08	54.02	55.10	56.55	58.28	60.25	62.00	62.88	1.34
株洲市	48.83	50.30	55.48	57.48	59.10	60.12	61.00	62.10	64.09	65.67	67.15	1.83
长沙市	61.25	62.63	67.69	68.49	69.38	70.60	72.34	674.38	75.99	77.59	79.12	1.79

数据来源：《湖南统计年鉴（2009—2019）》

4.1.3.2 龙头城市地位显现，城镇体系逐渐形成

长株潭城市群坚持以加强"资源节约型和环境友好型社会"的综合配套改革试验区建设为纽带，积极稳妥地推进城镇化改革，合理调节各类城市人口规模，优化城市空间布局，提高中小城市对人口的吸引能力。随着农业现代化和新农村建设的发展，长株潭城市群的核心辐射和中心位置逐渐显现。长沙市在规划"一主两次四组团"发展布局的同时，积极地推进长株潭高速公路沿线城市建设发展布局和城乡一体化发展。其中"一主"指长沙市的中心城区，"两次"是指河西和星马新城，"四组团"是指暮云集团、捞霞集团、高星集团、含浦集团的分布和发展。从区域经济发展和城市布局特点出发，并科学合理地计划功能分工和空间布局。例如，2012 年，长沙大河西部试验区与湘潭九华经济技术开发区战略框架合作协议的签署，推动了城市面积的进一步扩大。湖南省建设的大中型城镇体系已形成以"大带小"的方式积极实施"3+5"城市群战略，现湖南省有特大城市 1 个，大城市 9 个，中等城市 7 个。中心区域和中小城市协调同步发展，城市功能不断增强，辐射影响能力进一步扩大。

4.1.3.3 城镇发展的综合承载水平显著提升

湖南省在"资源节约型和环境友好型社会"建设背景下的新型城镇化进程中，始终把城市的综合承载水平发展放在首位。2018 年，全年固定资产投资（不含农户）比上年增长 10.1%。其中，民间投资增长 18.3%。分经济类型看，国有投资下降 4.4%，非国有投资增长 16.8%。分投资方向看，民生工程投资增长 17.4%，生态环境投资增长 20.2%，基础设施投资下降 0.1%，高新技术产业投资增长 37.8%，工业技改投资增长 35.7%。分区域看，长株潭地区投资增长 10.7%，湘南地区投资增长 11.2%，大湘西地区投资增长 8.5%，洞庭湖地区投资增长 9.5%。在城市规模扩大和城市功能增强的背景下，湖南省不断提高城市发展的综合承载水平，加强立体化、系统化的城市网络设施建设。2018 年，全省建筑安装工程增加值比上年增长 7.9%，高达 25 958.42 亿元；房屋建筑面积施工面积增长 17.6%，高达 44 022.02 万平方米。

4.1.3.4 城镇化经济发展水平明显提高

在社会经济发展过程中，充分发挥"四个现代化"建设的合力，对提高城镇经济发展水平、增强城镇的竞争力和区域经济发挥着积极的拉动作用，有效地实现城镇化和经济发展的可持续化发展。统筹"新四化"发展，需要平衡多方面关系。推进城镇化，核心是人的城镇化，关键是提高城镇化质量，目的是造福百姓和富裕农民。例如，2018 年，以工业为主营业务的企业收入为 35 420.85 亿元。新型城镇化是城乡统筹、城乡一体、产业互动、生态宜居、和谐发展的城镇化。为推进农业现代化和信息化，实现农业现代化目标，推动新型工业化和新型城镇化建设发展，湖南省从全局和战略的高度，协调发展大中小城市、小城镇、新型农村社区，完善新型城镇化和工业化的内在联系。

4.2　新时代湖南省乡村振兴与新型城镇化教育就业差距分析

4.2.1　城镇教育就业现状分析

4.2.1.1 非正规就业教育现状

从某个角度来看，教育活动是一种提高人们文化知识的活动。知识是教育的重要组成部分，对现代社会的发展至关重要。在当今经济中，最重要的是建立在人类脑力劳动基础上的新的财富创造体系，然而，受教育程度低的劳动者往往依靠体力创造财富，因此，他们更容易陷入贫困。所获得的知识储备量通常由受教育程度来显示，即工人受教育的年限。一般来说，劳务者的教育状况对其福利水平和收入水平有着直接影响，因此，有必要对非正规就业劳动力的教育状况进行统计分析。

首先，笔者对非正规就业人员的整体教育状况进行了调查。《中国劳动力动态调查：2017年报告》发布的调查显示，我国劳动力的平均年龄为37.62岁，且男性和女性的平均年龄相差无几，城乡劳动参与率为64.27%，城市家庭收入是农村家庭收入的2.1倍。具体来说，15～29岁的低龄劳动力占33.08%，30～44岁的中龄劳动力占34.25%，45～64岁的高龄劳动力占32.67%。与此同时，不同年龄组劳动力的性别比相差不大，基本在101～109之间波动。可见，我省劳动力的年龄、性别结构比较均衡，劳动力的年龄结构已不再年轻。劳动力的平均年龄为37.62岁；劳动力受教育程度以中等教育为主，平均受教育年限为9.02年；劳动力获得专业技术资格证书的比例为13.24%，高于2014年的11.75%；已经结束正规教育的劳动年龄人口中，86.89%的劳动年龄人口有过工作经历；在现在有工作的劳动力中，雇员的比例接近一半，务农的比例为34.64%。

调查显示，有工资收入的劳动者平均工资收入为35 416元，从三轮调查来看，劳动者实际总收入呈现上升趋势；全国劳动者家庭平均总收入57 236.7元，较之2014年的调查，增长了10.7%。根据我国劳动力动态调查数据，非正规就业劳动力受教育程度如下：19.70%为小学/私立学校，40.02%为初中，14.74%为高中和职业高中，另外，技校占0.93%，专科占13.44%，本科及以上学历占7.54%，4.26%未上学（图4-14）。这意味着，大约60%的人只接受过义务教育。

其次，非正规就业者的教育状况也呈现出不同的群体。自雇的非正规就业人员中，初中及以下学历的占77.11%，非正规就业雇主中初中及以下学历的占50%，非正规就业人员中初中及以下学历的占56.72%，学历差异较大直接导致群体之间的收入差距。王青芳和郭金星基于CHNS的数据发现，收入从高到低依次为：城市职工的收入处于正式雇员、非正式雇员、非正式员工和非正规雇员的顺序。正式职工与非正式职工之间的收入差距是造成城镇职工收入分配差距的主要原因。表4-4显示了自营职业者的教育、非正规就业雇员的教育和非正规部门雇主的教育。

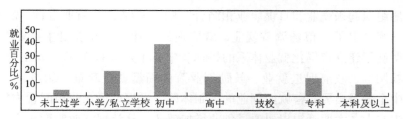

图 4-14 非正规就业整体受教育状况

数据来源：中山大学2014年中国劳动力动态调查

表 4-4 不同非正规就业群体受教育状况

受教育程度	自营职业者		非正规部门的雇主		非正规就业的雇员	
	人数	比例/%	人数	比例/%	人数	比例/%
未上过学	116	5.38	6	3	152	3.73
小学/私塾	541	25.07	17	8.5	669	16.41
初中	1 007	46.66	77	38.5	1 491	36.58
高中	290	13.44	45	22.5	613	15.04
技校	14	0.65	2	1	44	1.08
专科	150	6.95	40	20	675	16.56
本科及以上	40	1.85	13	6.5	432	10.6
合计	2 158		200		4 076	
平均受教育年限	8.71		10.76		10.36	

数据来源：中山大学2014年中国劳动力动态调查

4.2.1.2 湖南省城镇就业现状

由于经济体制改革和发展战略的转变，因此，我国的就业目标已从计划经济时期的全面就业逐渐转变为比较充分就业、更加充分就业和更充分就业。在计划经济时期，为了体现我国制度的优越性，国家确立了全面就业的目标。改革开放之初，中国只认识到"待业"现象。随着计划经济向市场经济的逐步转变，劳动力商品属性得到认定，失业已逐渐成为常态；中共第十六次全国代表大会提出了充分就业的目标，正式承认了失业的存在；中共第十七次全国代表大会提出了实现更充分的社会就业的目标；中共第十八次全国代表大会提出了实现更高质量就业的目标；中共十九大提出的是，我们现在有了更高质量、更充分就业的新时代就业目标。改革开放以来，一方面，我国的就业矛盾由总量矛盾向结构性矛盾转变；另一方面，解决就业问题的重点已经从解决数量问题转向解决质量问题、提高就业质量。在新常态背景下，我国劳动力供求关系和就业形势必然呈现出新的特点。就业总量与结构性、摩擦性矛盾日益突出。

随着市场化改革的推进，我国的就业制度也发生了变化。20世纪80年代初，国家实行三结合的就业政策，"在国家统筹规划和指导下，实行劳动部门介绍就业、自愿组织起来就业和自谋职业相结合"的"三结合"就业方针。20 世纪 90 年代，国家提出了"市场调节就业、政府促进就业、劳动者自主择业"的就业政策，明确了建立市场化就业体系的目标。中共十八大提出了"职工自主就业、就业市场调节、政府促进就业、鼓励创业"的新型就业政策。2013 年，中共十八届三中全会提出要完善就业创业的体制体系，发挥市场在资源配置中的决定性作用。中共十九大明确提出要通过创业增加就业。从计划就业制度到市场化就业制度，最明显的标志是市场机制在劳动力资源配置中的作用日益明显。自中共十八大以来，落实发挥市场在劳动力资源配置中的决定性作用，形成供需双向选择、劳动者自己选择就业和创业的方向，不断完善市场化就业体系的趋势逐渐形成。

图 4-15 所示为 2003—2018 年湖南省城镇就业人数。图 4-16 所示为 2003—2018 年全国城镇就业人数。

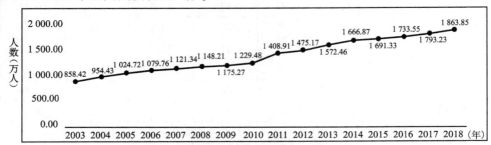

图 4-15　2003—2018 年湖南省城镇就业人数（单位：万人）
数据来源：人力资源和社会保障部

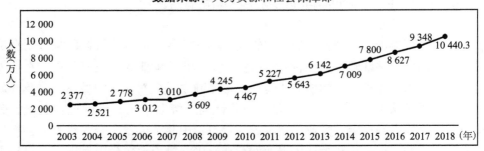

图 4-16　2003—2018 年全国城镇就业人数（单位：万人）
数据来源：人力资源和社会保障部

根据图 4-15 和图 4-16 分析湖南省与全国城镇就业人数，可以得出，湖南省在 2003—2010 年就业人口处于缓慢上升阶段，2010—2011 年有轻微的快增长，从 1 229.48 万到 1 408.91 万，2011—2018 年湖南省城镇就业人口缓慢上升，对比湖南省城镇就业人口，全国城镇就业人口从 2003—2006 年处于缓慢上升阶段。2007—2008 年，全国城镇就业人口有轻微下降趋势，经历过城镇就业人口减少后，2008—2018 年全国城镇就业人数一直处于快速上升阶段。

图 4-17 所示为 2003—2018 年湖南省就业人数。图 4-18 所示为 2003—2018 年全国就业人数。

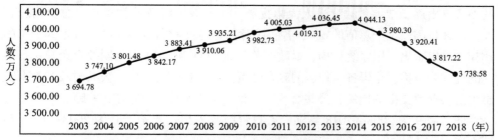

图 4-17 2003—2018 年湖南省就业人数（单位：万人）

数据来源：2019 湖南统计年鉴

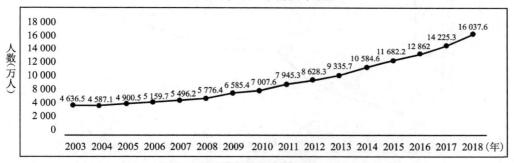

图 4-18 2003—2018 年全国就业人数（单位：万人）

数据来源：国家统计局

根据图 4-17 与图 4-18 分析湖南省与全国就业人数，湖南省就业人口 2003—2010 年增长幅度较大，增长速度较快，从 3 694.78 万人增加到 3 982.73 万人；2011 年到 2013 年年末人口缓慢增加，从 4 005.03 万人增加到 4 044.13 万人。2014—2018 年就业人口减少，呈下降趋势，从 4 044.13 万人降低到 3 738.58 万人。对比湖南省就业人口，全国就业人口从 2003—2018 年一直处于快速上升阶段。

4.2.1.3 湖南省教育支出现状

教育资源配置是否均衡一直是学界关心的热点问题之一。从支出的角度看，教育资源均衡分配的根本在于中央和地方财政的教育支出。如果教育投资规模远低于基本配置分配，那么在教育投资实现公平的前提下，只会形成更大的教育资源浪费。如果地方政府财政教育支出有限，即使有更好的制度保障教育资源配置，那么在保障均衡配置的基础上，也只能牺牲配置效率。教育投资具有一定的门槛和规模效应。世界上普遍要求一个国家或地区的教育投资总额达到该国家或地区国民生产总值的 4%，这也是基于教育资源均衡配置的现实。

我国一直非常重视教育发展。随着经济的快速增长，我国中央和地方政府对教育的投资也在以较快的速度增长。到 2012 年，我国财政教育支出首次实现了占国民生产总值比重达到 4% 的目标，达到了国际标准。2017 年，我国公共财政教育支出（含教育费、基础设施费、教育附加费）42 562.01 亿元，比 2012 年增长 48.53%，占国内生产总值的 3.12%，是 2008 年的 2.94 倍，显示出近年来，我国的教育支出逐步增加，教育投入大幅提高。虽然我国财政的教育支出总量增长较大，已超过国民生产总值的 4%，各省区对教育的投资也增加，但从教育部十年的比较中可以看出，国家统计局、财政部关于 2004 年和 2014 年全国教育经费执行情况的统计公报称，全国各个地区的教育经费支出存在较大差异，公共财政和教育支出占公共财政支出的比例、公共财政对教育支出的增长速率等存在差距。

图 4-19 为 2008—2018 年湖南省教育财政支出。图 4-20 为 2008—2018 年湖南省财政支出。

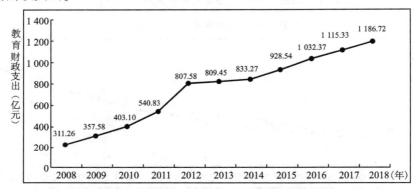

图 4-19 2008-2018 年湖南省教育财政支出（亿元）

数据来源：中国经济数据库的财政 - Table CN. FB

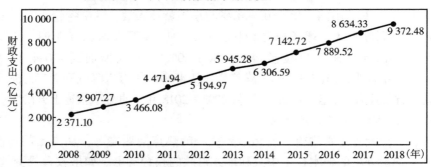

图 4-20 2008-2018 年湖南省财政支出（单位：亿元）

数据来源：中国经济数据库的财政 - Table CN. FB

从图 4-19 和图 4-20 可以看出，2008—2011 年，湖南省教育财政支出处于缓慢增长状态，从 311.26 亿元增长到 540.83 亿元。2011—2012 年，湖南省增大对教育的投资，从 540.83 亿元增长到 807.58 亿元，增幅较大。2012—2014 年，湖南省教育财政支出持平稳定。2014—2018 年，湖南省财政教育支出呈上升趋势。2008—2018 年，湖南省财政支出呈大幅增长态势。

4.2.2 农村教育就业现状分析

4.2.2.1 正规教育现状

正规教育是指小学、初中、高中、大学及以上各级学校实行固定学制的教育。在我国,教育事业的发展主要依靠国家教育财政专项资金、社会捐赠和募捐经费、企业收入、社会团体和公民个人办学经费等教育经费的支撑。其中,最重要的财政支持来自国家财政教育专项资金。农村教育尤其如此,主要由政府教育专项资金资助。

图4-21所示为湖南省教育经费年度数据统计。

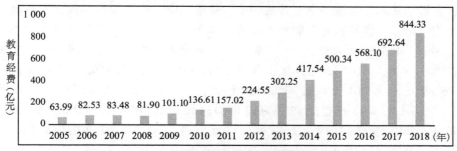

图4-21 湖南省教育经费年度数据统计(亿元)

总体来看,湖南省教育经费投入增长明显,教育质量得到提升,教育体系也得到完善。结合2018年与2017年的数据可知,2018年,全省教育经费比上年增长19.9%,学龄儿童入学率能达到90%,小学升学率已达到100%;初中在校学生人数为240.5万人,比2017年提高4.7%;高中阶段在校学生人数为117.5万人,比2017年提高2.5%。

2018年年末,全省有普通高校109所。普通高等教育研究生毕业生2.0万人,本专科毕业生34.8万人,中等职业教育毕业生20.5万人,普通高中毕业生36.5万人,初中毕业生72.5万人,普通小学毕业生83.2万人,幼儿园225.2万人,比上年下降1.7%。小学适龄儿童入学率99.98%,高中阶段教育毛入学率92.5%。各类民办学校共13 306所,在校学生296.1万人。发放高校国家奖学金、助学金(本专科生)9.7亿元,资助高校学生(本专科生)55.6万人次。发放中等职业教育国家助学金3.7亿元,资助中职学生37.8万人次;落实中等职业教育免学费资金13.1亿元,资助中职学生108万人次。落实义务教育保障资金89.7亿元,发放普通高中国家助学金4.6亿元。

随着政府财政教育投入的增加,农村居民受教育时间不断增加。到2018年,我省平均受教育年限增长幅度为1.64~1.93/年。在城乡二元结构的政策影响下,城乡发展之间的差距越来越大,我省农村教育财政投入明显低于城市,城乡教育资源存在较大差距,而且,农村教育发展极不平衡,以中小学教育的资金投入较多,职业高中在内的高中教育资金投入偏低。2018年,湖南省普通学校共11 292所。其中,小学学校7 335所,占64.96%;初中学校3 331所,占29.5%;普通高中学校 626 所，占 5.54%。

4.2.2.2 就业培训现状

虽然全国各地都组织了大量的农村居民的培训活动，但由于缺少宏观数据，很难做出合理科学的分析，因此，这里用职业教育数据进行分析，2018 年，全省教育经费总投入为 1 630.06 亿元，比 2017 年的 1 516.57 亿元增长 7.48%。其中，国家财政性教育经费（主要包括一般公共预算安排的教育经费，政府性基金预算安排的教育经费，企业办学中的企业拨款，校办产业和社会服务收入用于教育的经费等）为 1 251.89 亿元，比 2017 年的 1 185.40 亿元增长 5.61%。2018 年，全省幼儿园、普通小学、普通初中、普通高中、中等职业学校、普通高等学校生均一般公共预算教育事业费支出情况如下：一是全省幼儿园为 4 028.14 元，比上年的 3 443.60 元增长了 16.97%。增长最快的是长沙市（47.30%）。二是全省普通小学为 8 616.82 元，比上年的 8 378.07 元增长 2.85%，其中，农村为 8 176.89 元，比 2017 年的 7 872.05 元增长 3.87%。增长最快的是永州市（10.35%）。三是全省普通初中为 12 803.34 元，比 2017 年的 12 574.64 元增长 1.82%，其中，农村为 12 401.18 元，比 2017 年的 11 842.67 元增长 4.72%。增长最快的是张家界市（10.63%）。四是全省普通高中为 12 369.41 元，比 2017 年的 11 494.65 元增长 7.61%。增长最快的是长沙市（17.94%）。五是全省中等职业学校为 10 846.82 元，比 2017 年的 9 931.20 元增长 9.22%。增长最快的是衡阳市（19.62%）。六是全省普通高等学校为 14 860.36 元，比 2017 年的 13 945.66 元增长 6.56%。增长最快的是湘潭市（60.96%）。

目前，湖南省已经建立了较为完善的就业培训体系。培训机构大多服务于城镇职工，对农村劳动力特别是农村留守劳动力的培训教育较少。近年来，湖南省政府高度重视进城务工人员问题，以"进城务工人员，帮你解决问题"为主题；以农村劳动力为主体，开展了"温暖行动"，取得了良好的成果。

4.2.2.3 人口流动现状

湖南省是劳动输出大省。政府一直高度重视发展劳动经济。通过有步骤、有计划、多方面、多层次的培训，政府先后实施了"阳光工程""技能培训扶贫工程""农村劳动力技能就业计划"等项目，提高了农村劳动力的技能水平，使农村劳动力逐步由"体力型"向"技能型"转变。2018 年，全年新增城镇就业人员 79.45 万人。农民工总量 1 758.1 万人，比上年下降 1.0%。新生代农民工 958.9 万人，比 2017 年增长 4.6%。湖南省农村劳动力转移就业总规模达 1 592.3 万人，与去年同期相比增长 41.4 万人。2018 年，湖南省建成就业扶贫基地 537 家，其中省级基地 205 家、市县级基地 332 家，已稳定吸纳 2.2 万名贫困劳动力就业。此外，湖南省还出台《关于加快就业扶贫车间建设促进农村贫困劳动力就业的意见》，推动各地加强扶贫车间建设，促进贫困劳动力在"家门口就业"。目前，湖南省有各类就业扶贫车间 1 692 个，吸纳建档立卡贫困劳动力就业 2.78 万余人。截至 2018 年 12 月底，湖南全省各类家庭服务业态企业 6 048 余家，从业人员达 60 万人，全行业的年营业额超过200亿。据统计，2018年1～10月，湖南省累计发放支持农业、支持小企业再贷款150.1亿元，办理再贴现104亿元，发放创业担保贷款21.3亿元，共支持9 020人创业，带动34 172人就业。积极落实促进就业税收优惠政策，2018年1～10月湖南省减免税收1 612万元，落实小微企业税收优惠政策减免税收45.357 7亿元，支持三农建设减免79.31亿元，减免企业所得税238.79亿元。

就多年数据来看，湖南省农村劳动力转移就业呈现新趋势。一是省外就业比重逐渐下降。二是高学历人员迅速增加，农民工文化素质不断提高。随着湖南省加大基础设施建设项目和新型工业化的稳步推进，全省内就业岗位增多，工资水平相较于沿海发达城市的工资水平逐步缩小。越来越多的农民工选择在本地就业或创业。三是第二产业就业人数逐渐下降，而第三产业的就业人数逐渐上升。近年来，湖南省农村劳动力从事第二产业的人员持续下降，而从事第三产业的人员数量逐渐增加。四是改变了"外出务工"的模式。由于国家支持农业的新政策不断发布，因此，种粮补贴、粮食补贴、农业机械购置补贴等一系列政策的实施带动了土地收入的增长。农民看到了农业发展的前景，采取"远离土地，不离开农村"的工作方式。在返乡农民中，有的利用外出务工期间积累的存款、方法和管理模式，在本地创业，领导乡镇企业，发展民营经济和个体经济。由于上述农村劳动力转移和就业的变化，导致我国一线城市出现了"用工荒"情况的发生。

在农村劳动力转移就业过程中，农民工的合法权益得不到应有的保障，导致人力资本发展出现滞后。由于农民工权益保护的完善机制尚未建立，用人单位出现了很多问题，包括减薪拖欠、劳动卫生条件差、强制加班加点、未按规定与农民工签订劳动合同等。虽然一些用人单位与农民工签订劳动合同，但其中也存在极大的缺陷，如规定了农民工义务多、权利少、协议不平等，而且一些用人单位在农民工的安全防护和工作中可能导致的职业病防护方面采取了不适当的措施。我国应尽快完善农民工权益保护体系。

4.3　新时代湖南省乡村振兴与新型城镇化医疗社保差距分析

4.3.1　医疗卫生城乡差距分析

"十一五"以来，湖南省政府根据会议精神加快城乡医疗卫生体系建设，特别是在完善突发公共卫生事件应急机制、使农村医疗合作得到覆盖、加强传染病防治等方面。但是，在医疗公共卫生服务的可实用性、数量和质量上，城乡之间仍有很大差距。

4.3.1.1　医疗卫生经费投入的差距

2006—2018年，随着经济的提高，湖南省人均医疗卫生支出大幅增长，但城乡人均医疗卫生支出差距逐渐增加。2006年，湖南省农村人均医疗卫生支出156.9

元,城镇人均医疗卫生支出450.4元。二者之间相差293.5元。2018年,湖南省农村人均医疗卫生支出1 240元,城镇人均医疗卫生支出2 046元,医疗差距扩大到806元。例如,2011年,农村居民人均纯收入14 093元,城镇居民人均可支配收入36 698元,城镇人均收入是农村人均收入的2.6倍,且农村居民医疗支出占全年消费支出的比重(5.8%)低于城镇居民(10.65%)。相关研究表明,我省医疗卫生服务需求的收入弹性很高,但近年来,我省农村医疗卫生服务需求增长迅速,为缩小城乡医疗卫生服务差距,政府应增加对农村医疗卫生服务的资金投入。

4.3.1.2 医疗卫生资源分布的差距

湖南省城乡医疗卫生资源分布存在较大的城乡差距,与沿海发达省份相比差距明显,但总体高于中部六省份平均水平。调查结果显示,截至2018年年底,全省共有卫生机构57 234个。其中,医院1 616个,妇幼保健院(所、站)136个,专科疾病防治院(所、站)84个,乡镇卫生院2 169个,社区卫生服务中心(站)806个,诊所、卫生所、医务室11 782个,村卫生室39 504个。卫生技术人员50.3万人,比上年增长15.1%。其中,执业医师和执业助理医师19万人,增长4.9%;注册护士24.2万人,增长31.5%。医院拥有床位36.5万张,增长4.8%;乡镇卫生院拥有床位10.5万张,增长3.7%。

城乡每千人中,医疗卫生人员分别为12.3人和4.4人,相差2.80倍;每千人执业(助理)医师数量分别为4.5人和2.0人,相差2.25倍;城乡每千人注册护士数量分别为6.1人和1.6人,相差3.8倍;城乡每千人所占床位数分别为12.1张和5.24张,相差2.31倍。由此可以看出,城乡差距较大。与城市相比,农村医疗卫生资源明显分配不足。农村居民在医疗卫生方面不能享受与城镇居民同等的医疗待遇,而大多数医疗卫生人员、医疗卫生机构和医疗设备集中在城市。乡镇卫生院、村卫生室等医疗卫生机构的医疗设施建设单薄,从业人员专业知识和素质较低,从而导致农村居民享受的医疗卫生服务远低于城镇居民,而因病致贫、因病返贫的现象更加导致农村部分人员生活水平降低。

2018年湖南省市人均医疗卫生机构情况如图4-22、表4-5所示。

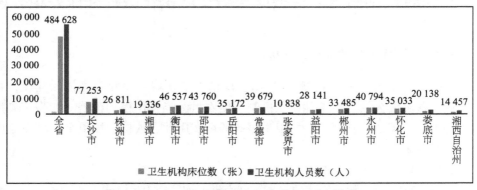

图4-22 2018年湖南省市人均医疗卫生机构情况

表4-5　2018年湖南省市人均医疗卫生机构情况

地区	卫生机构数（个）	卫生机构床位数（张）	卫生机构人员数（人）
全　省	16 262	484 628	558 522
长沙市	2 759	77 253	98 486
株洲市	1 149	26 811	32 995
湘潭市	941	19 336	23 867
衡阳市	1 058	46 537	55 193
邵阳市	1 211	43 760	49 494
岳阳市	1 248	35 172	39 781
常德市	1 609	39 679	44 758
张家界市	375	10 838	11 482
益阳市	1 034	28 141	31 878
郴州市	1 237	33 485	36 936
永州市	1 150	40 794	42 018
怀化市	1 161	35 033	40 263
娄底市	487	20 138	28 911
湘西自治州	843	14 457	22 460

2018年长沙市人均医疗卫生机构情况如图4-23所示。

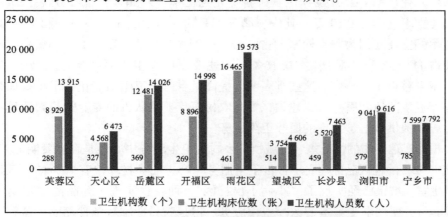

图4-23　2018年长沙市人均医疗卫生机构情况

数据来源： 2018年湖南统计年鉴

2013年、2018年湖南省城乡基本医疗卫生资源对比情况见表4-6。

表4-6 2013年、2018年湖南省城乡基本医疗卫生资源对比情况

城乡 主要指标	城市		农村		城乡比	
	2013年	2018年	2013年	2018年	2013年	2018年
每千人卫生技术人员数（人）	9.4	12.3	3.4	4.4	2.76	2.80
每千人执业（助理）医师数（人）	3.3	4.5	1.4	2.0	2.36	2.25
每千人注册护士数（人）	4.5	6.1	1.1	1.6	4.09	3.81
每千人医疗卫生机构床位数（张）	8.69	12.1	3.39	5.24	2.56	2.31

数据来源：2013年、2018年中国统计年鉴

4.3.1.3 医疗卫生服务水平的差距

近年来，城乡居民健康状况明显改善，城乡医疗卫生服务水平大幅提高，但城乡差距仍然较大。2018年年末全省共有卫生机构57 234个。其中，医院1 616个，妇幼保健院（所、站）136个，专科疾病防治院（所、站）84个，乡镇卫生院2 169个，社区卫生服务中心（站）806个，诊所、卫生所、医务室11 782个，村卫生室39 504个，其他1 121个。卫生技术人员50.3万人，比2017年增长15.1%。其中，执业医师和执业助理医师19万人，比2017年增长4.9%；注册护士24.2万人，比2017年增长31.5%。医院拥有床位36.5万张，比2017年增长4.8%；乡镇卫生院拥有床位10.5万张，比2017年增长3.7%。根据妇幼保健监测，2013年，城乡5岁以下儿童死亡率分别为7.88‰和6.97‰，差异为0.91‰；城乡婴儿死亡率分别为4.76‰和5.12‰，差异为0.36‰；2013年，城镇新生儿死亡率（2.97‰）比农村新生儿死亡率（2.96‰）低0.01‰；城镇孕产妇死亡率（14.32/10万）比农村孕产妇死亡率（16.76/10万）低2.44/10万，农村孕妇主要死因为羊水栓塞的占8.59%，产科出血占36.72%，妊娠高血压综合征占11.72%，心脏病占10.16%。上述四项医疗卫生服务指标与2010年相比，城乡差距正在拉大。这些都表明，提高城乡医疗卫生均衡化水平，要加强农村医疗卫生队伍和医疗机构建设，提高农村医疗卫生队伍的专业知识素质等，为农村居民提供放心、便捷的医疗卫生服务。

根据实地走访的情况来看，城镇与乡村的卫生服务中心还是存在着明显差异。城镇中92%的社区已经建立了社区卫生服务中心，而乡村却仅有70%的社区建立了卫生室。城镇已经实现了"小病不出社区"，而且也实现了药品的"零销售"，可以非常方便地享受基本的医疗卫生服务。但是农村面临着条件简陋、监管不科学、设施设备药品缺乏、不能很好地满足村民看病的需求等一些情况。例如，常德市谢家铺镇官桥坪村相关负责人表示，在乡村卫生室的监管过程中存在着严重的缺失，违规使用药物、抗生素使用过量的情况，出现天价药物，仅有感冒症状便花费将近1 000元；乡村中有些地方由于地理位置的原因并不设立村卫生室，例如，郴州市苏仙区许家洞镇许家洞村的村委表示村子由于接近镇中心，并未像其他七个村

一样建设村卫生室，除地理位置外，乡村卫生室的设备条件和人员水平等也是影响村卫生室建立的重要因素。大多数村民对乡卫生所还抱着顾虑，认为基层的医疗卫生人员专业基础水平不高、药物昂贵，对疾病不能很好地及时救治。面对城镇与乡村之间卫生医疗的差距，政府应该加大对乡村医疗的支持，改善乡村医疗的设施设备、推进医疗卫生改革、引导优质医疗卫生资源、加大对乡村医疗卫生的资金支持，从物质与政策上缩小城镇与乡村之间卫生医疗服务中心的差距。

4.3.2 社会保险城乡差距分析

湖南省2003年、2009年先后启动新型农村合作医疗、新型农村社会养老保险试点工作，到2018年养老保险参保人数达到4 807.36万人，医疗保险参保人数达到6 838.03万人，失业保险参保人数达到584万人，工伤保险参保人数达到793万人，生育保险参保人数达到571.81万人。年末参加城镇职工基本养老保险人数1 402.4万人，比上年末增加123万人。其中，参保职工947.9万人，参保离退休人员454.5万人。参加基本医疗保险人数6 833.3万人。其中，参加城镇职工基本医疗保险人数898.5万人，参加城乡居民基本医疗保险人数5 934.9万人。参加失业保险职工人数582万人，增加18.2万人。参加工伤保险职工人数793.4万人。参加生育保险职工人数571.8万人。年末领取失业保险金职工人数13.0万人。虽然城镇与乡村之间对于养老保险、医疗保险已经进行了全覆盖，但是在保障水平与制度体系建设上面，二者之间还要进行磨合与提升。

4.3.2.1 社会保险保障水平的差距

在社会保险保障水平之间的差距主要是就两方面来看。一是就医疗保险来看，城镇与乡村之间的医疗保险保障水平，首先在补偿范围和报销上面就存在着较大的比例差距。城镇主要是采用基本医疗保障模式和运行机制。由城镇职工自主参加医疗保险，通过用人单位和个人共同缴费实现对社会统筹和个人账户相结合的管理模式。这样的管理模式主要特点表现在保障水平较高。乡村主要是采用个人交费政府分担的模式。乡村的发展模式，虽然个人缴费较低，农民可以积极参与，但是对于医疗服务的保障范围（特别是对于住院、门诊、大小病报销有了限制，因为新型的农村合作上的医疗主要是以大病统筹为主），对于普通的门诊制度还未完善。城乡之间对于住院的费用报销比例还存在着明显的差距，例如，郴州市北湖区五岭阁社区和郴州市苏仙区许家洞村，城镇职工对于各类医疗卫生机构的报销比例大多为80%～90%，但是郴州市的新型农村合作医疗各类医疗卫生机构的报销比例则仅为60%～70%，二者之间存在着明显差异。新型农村合作医疗制度已实现了十年之久，但是在发展的过程中，药品的价格和医疗的费用也在不断地增高，而且报销比例还较低，所以贫困家庭遇到疾病只能拖。"小病磨，大病拖"，直至送进医院面对高昂的医疗费用，搭起欠债高楼，全家还债。

另外，就养老保险来看，我省有多种养老保险，主要包括城镇职工基本养老保险、新型农村社会养老保险、城镇居民社会养老保险。我国目前已有多省进行了统一的城乡居民养老保险制度，如福建省、江苏省、广东省等。目前，我省也在城镇职工基本养老保险与新农保险之间的问题，向城镇居民养老保险和新型农村社会养老保险之间整合。面对城镇居民养老保险和新型农村社会养老保险之间的差距，即使城镇的生活水平比农村高，也明显存在着较大差距。许家洞村社保站的站长表示，农村老人对于新农保制度发展仍然缺乏认识，这些老人的生活仍然存在较大的困难，个人无法支付保险费用，而物价又在不断地上涨，养老金不能满足基本生活需求，通过调查发现，87.5%的农民希望养老保险金额能够提高。

4.3.2.2 社会保险体系建设的差距

现今，湖南省正在完善城乡社会保险覆盖面、提高社会保险水平，而社会保险制度的实施重点仍在城镇，农村社会保险制度享受不到应有的社会福利。一方面，是农村生育保险、工伤保险和失业保险存在制度缺陷；另一方面，是城镇医疗保险、养老保险、工伤保险、生育保险、失业保险等各项社会保险制度实施早于农村，在城镇建立了较为完善的制度体系。总的来说，农村社会保险距离实现农民"工作收入、医疗保健、养老"的目标还有很大差距。根据实地调查结果，常德市武陵区红卫社区负责人解释，社区各项社会保障政策走上正轨，社会保障工作有序开展，保障水平逐渐提高，而有32.1%的农村受访者认为社会保险种类不全，并表示希望各级政府加大对农村社会保障的投入，努力推进农村社会保险制度建设，逐步减少与城镇居民的差别待遇，因此，政府提高农村社会保险水平，建立健全农村社会保险制度，是广大社会人士和慈善机构关心的问题，是实现城乡社会保险平等化的关键措施。

湖南省城乡社会保险制度差异对比情况见表4-7。

表4-7 湖南省城乡社会保险制度差异对比情况

服务项目	城镇居民及家庭	农村居民及家庭
养老保险	城镇职工养老保险：用人单位和职工共同缴费 城镇居民养老保险：财政补贴和个人缴费相结合	新型农村养老保险：个人缴费、政府和集体经济组织适当补贴
医疗保险	城镇职工基本医疗保险：用人单位与职工共同缴费 城镇居民医疗保险：财政补贴和个人缴费相结合	新型农村合作医疗：以家庭为单位参加，个人、集体和政府多方面筹资，以大病统筹为主 部分农民工享受企业职工医疗保险
失业保险	用人单位和职工共同缴费	无
工伤保险	用人单位缴费	部分农民工享受工伤保险
生育保险	用人单位缴费	无

4.4 新时代湖南省乡村振兴与新型城镇化基础设施差距分析

4.4.1 基本公共服务城乡差距分析

4.4.1.1 政府财政投入差距

湖南省自"十一五"规划以来,对于公共服务采取了强力的推崇与加大投资力度等计划实施保障进行推进。公共服务已经成为湖南省发展的重点工作。公共财政也与居民的生活息息相关。公共服务在财政的支撑投入下也有了显著的增长。2003—2018 年,湖南省一般公共服务总支出由 51.40 亿元增长至 797.30 亿元(图 4-24),基本公共服务总支出在全国各省区市的排名由 2007 的第 9 位上升至 2018 年的第 7 位(图 4-25)。全省的公共服务增长比较快,供给能力也在不断地提高。2003—2018 年,湖南省一般公共服务支出年均增长率达到 25.75%,高于全国平均水平(15.41%)10.34%。

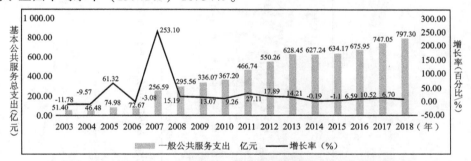

图 4-24 湖南省 2003—2018 年基本公共服务总支出及增长率情况

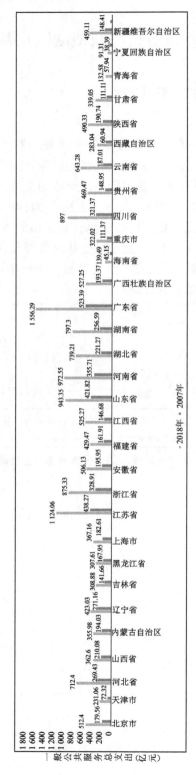

图4-25 2007年、2018年全国分省一般公共服务总支出情况

公共服务的支出是判断一个地区基本公共服务投入的力度是否强大的一个重要占比。在《国家基于公共服务体系"十二五"规划》中提出公共服务的主要目标有"政府投入大幅增加，基本公共服务项目预算支出占财政支出的比重逐步提高"。公共服务在占比中存在了较大的出入，例如，2006—2014 年湖南省基本公共服务支出占比由 32.7% 增长到 45.3%，在全国各省区市的排名由 2006 年的第 12 位上升至第 5 位，中部六省排名不变（第 4 位）。湖南省基本公共服务支出占比稳步提高，年均增长率达到 5.6%，高于东北地区（3.3%）平均水平 2.3%，与西部地区平均水平（5.6%）、全国平均水平（5.6%）持平，列全国各省区市第十四位，中部六省第四位。

根据各项具体内容来讲，湖南省 2018 年教育支出 1 186.72 亿元，同比增长 6.4%。其中，普通教育支出 893.10 亿元，同比增长 6.1%；职业教育支出 117.89 亿元，同比增长 12.5%；其他教育支出 175.73 亿元。农村中小学的经费补助提至 800 元/人，城区中小学免学费的补助则提升到 600 元/人。除此之外，高职学生的经费水平也得到了提高。社会极度重视教育资金，鼓励社会的各界力量介入学前教育的举办，通过多种方式来支持和维护学前教育及其他教育的进展。研究生的国家助学金、学业奖金等也建立了相关的政策，通过政策来推进解决贫困地区对义务教育等薄弱问题的解决。在支出方面，医疗卫生及计划卫生已经达到 627.10 亿元，保守估计有 7.0% 的增长。新型农村合作医疗、城镇居民医保的补助提高到 320 元/人，增加了 40 元/人。另外，基本公共卫生服务的补助也提高到 35 元/人，增加了 5 元/人。20 家精神卫生机构已经得到了改造和扩建，5 000 名贫困的精神疾病患者能够及时得到治疗与帮扶。在就业和社会保障方面已经支出了 1 095.57 亿元，同比增长了 7.6%。在城镇独生子女方面也实施了全面的奖励制度。除此之外，还积极引导社会企业的创新创业能力，加强对企业的支持，使人们在就业领域可以有更好的发展，也使企业在就业层次上可以有更高的发展目标。在全省内还设立城市与农村同等的最低保障制度标准，对低标准的群众采取全面的支持与扶助，争取早日实现小康。养老基金、企业的退休人员资金在近十年的发展已经有了显著的提高，城镇的养老基金已经提高到每人每月 60 元，增加了 5 元/人。45.6 万名重度残疾人也享受到了相应的护理补贴。对 492 名生活困难的群众也发放了临时补贴。在教育、医疗方面，共计有 16.9 万名代课教师、老年民办教师、乡村医生也对生活水平的提高有了相应的生活补助。

网络宣传对于文化教育，特别是传媒与文化体育方面是重点的对象，总共支出了 134.54 亿元，对于贫困县也提出了给予相应资费的支持。文化传统的传播至关重要，文化传统的公益性特别是对公众的免费开放，能够对文化遗产起到保护，所以我们要增强它的服务宣传力度，使每个服务广播的卫星能够深入每户普通家庭，使农民的文化生活能够丰富多彩。

湖南省公共文化体育与传媒支出占公共财政预算支出，相比于其他省仍有较大差距。列全国各省区市第8位，中部六省第1位。湖南省公共文化体育与传媒支出在2018年占比仅为4.13%，最高的广东省（9.88%）是湖南省的2.4倍。针对以上情况，我省应该加大对公共服务、文化体育合理的投入，使之能够不断地加强与改善，满足群众对公共服务文化体育的需求。

2018年全国分省地方财政文化体育与传媒支出及占比情况如图4-26所示。

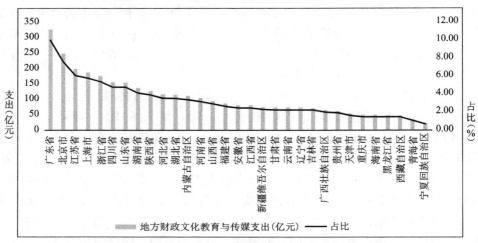

图4-26　2018年全国分省地方财政文化体育与传媒支出及占比情况

湖南省在其他公共财政预算支出中有较为突出的方面，主要集中在教育、社会保障与就业、住房保障、医疗卫生，全国的排列处于中等位置一般集中在8~14位，虽然在公共服务投入比较高，但是与其他省对比，还是在投入方面有待提高。在教育支出方面，2018年，湖南省为3.9%排第八位，广东省为9.2%位列第一，是湖南省的2.4倍；在社会保障与就业的支出方面，2018年，湖南省为4.24%排第九位，四川省6.37%为第一，是湖南的1.5倍；在医疗卫生支出方面，2018年湖南省为4.07%排第八位，最高的广东为9.13%，高出湖南省5.06%；在住房保障支出方面，湖南省为4.07%排第九位，最高的广东省为8.37%，高出湖南省4.3%。具体数字如图4-27~图4-30所示。

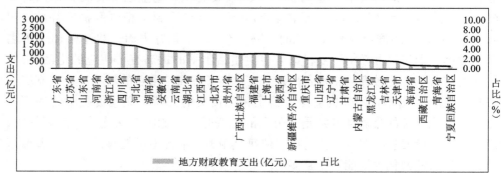

图4-27　2018年全国分省地方财政教育支出及占比情况

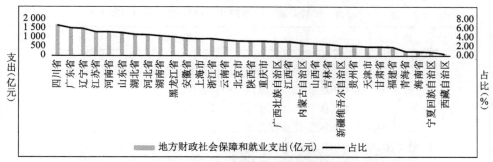

图 4-28　2018 年全国分省地方财政社会保障和就业支出及占比情况

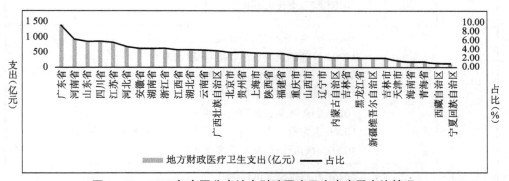

图 4-29　2018 年全国分省地方财政医疗卫生支出及占比情况

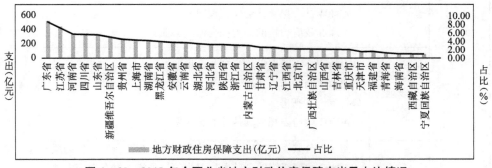

图 4-30　2018 年全国分省地方财政住房保障支出及占比情况

湖南省财政厅印发的《2016 年湖南省省本级政府购买服务指导目录》内容广泛，主要包括了公共服务在内的 6 大类和 293 小类，涉及了公共服务的各方面，加快了政府的购买服务改革。在现代社会的国际发展中，一般的政府主要通过购买服务的推行与实施相关的法律法规来实现。湖南省通过对国际经验的借鉴，对省内进行了强化制度的改革，规范了政府与社会组织的行为，促进了湖南省公共服务的发展。

2016 年湖南省本级政府购买服务指导目录（部分）见表 4-8。

表 4-8　2016 年湖南省本级政府购买服务指导目录（部分）

一级目录	二级目录	三级目录
A. 基本公共服务	A01. 公共教育类	A0101 公共教育规划和政策研究与咨询、政策研究服务 A0102 非公办普惠性学前教育服务 A0103 公共教育基础设施管理与维护 A0104 公共教育成果交流与推广 A0105 全省性学生竞赛活动的组织和实施工作 A0106 非公办义务教育 A0107 青少年校外活动场所运行维护 A0108 政府委托的其他教育服务
	A02. 就业服务类	A0201 公共就业规划和政策研究、咨询服务 A0202 公共就业信息的收集与统计分析 A0203 劳动职业技能培训服务 A0204 就业咨询、信息发布、职业介绍等服务 A0205 创业咨询、指导和培训等 A0206 人力资源市场调查（就业信息、失业信息统计监测） A0207 政府委托的其他公共就业服务
	A04. 社会保险类	A0401 社会保险经办服务 A0402 社会保险稽核服务 A0403 社会保险类法律事务服务 A0404 社会保险社会化管理服务 A0405 政府委托的其他社会保险类服务
	A07. 基本养老服务类	A0701 公办养老设施管理与维护服务 A0702 为老年人提供生活照料、家政服务、精神慰藉、卫生保健等居家养老服务 A0703 政府委托的其他基本养老服务
	A08. 医疗卫生类	A0801 公共医疗卫生规划、政策研究、标准研究、咨询服务等 A0802 政府组织的公共医疗卫生信息采集、发布等辅助性工作 A0803 政府组织的群众健康检查服务 A0804 突发公共事件卫生应急处置辅助性工作 A0805 对灾害事故实施紧急医学救援的辅助性工作 A0806 政府组织的重大疾病预防辅助性工作 A0807 公共卫生状况评估 A0808 公共医疗卫生知识普及与推广 A0809 政府委托的其他医疗服务

续表

一级目录	二级目录	三级目录
A. 基本公共服务	A09. 人口和计划生育类	A0901 为城乡居民免费提供计划生育、优生优育、生殖健康等科普宣传教育和咨询服务 A0902 政府委托的其他人口和计划生育服务
	A10. 住房保障类	A1001 保障性安居工程规划和政策研究服务 A1002 保障对象资格信息采集、公示与管理等辅助性服务 A1003 保障性安居工程房源信息管理等 A1004 保障性住房后续运营维护、物业管理 A1005 棚户区改造征地拆迁服务 A1006 棚户区改造安置住房筹集或货币化安置 A1007 棚户区改造公益性配套基础设施建设 A1008 政府委托的其他住房保障服务
	A11. 公共文化类	A1101 公共文化规划和政策研究、宣传服务 A1102 优秀传统文化与非物质文化遗产保护及传承传播 A1103 公共文化基础设施的管理与维护服务 A1104 政府组织的文化交流合作与推广 A1105 政府举办的公益文艺演出、电影反映等 A1106 政府组织的群众性文化活动组织与实施 A1107 文物保护的辅助性工作 A1108 政府委托的其他文化服务
	A14. 残疾人服务类	A1401 助残政策研究、规划、咨询等 A1402 残疾人信息收集等辅助性工作 A1403 残疾人体育健身服务 A1404 助残公益项目设施的管理与维护 A1405 残疾人职业技能培训、就业指导、咨询、职业介绍等服务 A1406 政府举办的助残公益活动 A1407 残疾人康复服务 A1408 政府委托的其他助残服务

4.4.1.2 公共服务体系差距

湖南省对于社会的经济与发展主要坚持以改善民生为主，重点是对于公共服务体系制度的建立与健全，将保障与改善民生作为主要出发点。近些年来，我省已经完成社会转型由生存型转为发展型，对于公共服务的需求也发生了改变，重点在于社会保障、住房保障、医疗卫生及教育涵盖的劳动就业公共文化体育和残疾人的基本公共服务形成的制度框架的建立。2003 年、2007 年先后建立起针对城市、农村困难家庭的最低生活保障制度；2003 年、2009 年、2011 年应中央上级要求建立了社会保障制度的新型农村合作医疗、新型农村社会养老保险和城镇居民养老保险试点工作；2006 年出台《湖南省人民政府关于进一步做好就业再就业工作有关问题的通知》《湖南省就业困难对象就业援助实施办法》，加强了我省的就业和再就业工作力度；2011 年出台《湖南省实施〈公共文化体育设施条例〉办法》，依法保障我省公民参加文化体育活动的权利；2007 年、2009 年重点针对我省城市、农村低收入困难家庭的住房保障制度；2008 年颁布《湖南省残疾人扶助办法》，并积极部署实施国务院 2012 年颁布的《无障碍环境建设条例》，保障了残疾人能够参加社会生活的权利。2015 年，《湖南省民政公共服务设施建设专项资金管理办法》规范了民政公共服务设施建设专项资金的管理，发挥了资金使用绩效，支持地方加强民政公共服务能力建设。2017 年，湖南省印发"十三五"推进基本公共服务均等化规划，《湖南省人民政府关于印发〈湖南省加快推进"互联网＋政务服务"工作实施方案〉的通知》。2018 年，颁布《湖南省深化医药卫生体制综合改革试点方案》《湖南省城乡居民大病保险实施方案》。除此之外，我省对于公共服务体系的建设，在原本的框架上还在进一步完善。

近些年来，我省的公共服务教育水平也有了明显的提高。2007 年实施的"教育强省"发展策略，对于我省的教学质量和教学水平有明显的提高，而且教育改革也能够进一步深化发展，教育事业也在快速发展。另外，在医疗卫生服务方面也有了显著的改善，全省的居民身体状况有了明显的提高，资源的总量也有了明显的增加，在医药卫生方面也是零差评的销售，主要是独力于医药卫生体制改革工作的推进，还有政府对于医疗卫生机构药物制度的实施。在社会保障体系建设方面，对于城乡居民的医疗保险、养老企业退休人员的养老基金，城镇企业的养老保险、工伤保险、失业保险都进行了统筹管理，实行了全覆盖的发展，实行横向调剂。对于保险制度也进行了逐步发展，完善工伤保险体系，预防、补助、康复的同步进行，在生育方面也有了明显的改善制度。在社会就业方面，强力推行就业政策，也对于援助的政策有明确的制度管理，特别是对县级以上的城镇，实行了动态清零的家庭就业方式，全面实施带动就业创业的方式，对促进重点关注人群的就业有明显效果。

公共文化生活更加丰富多彩。2018 年年末全省有艺术表演团体 534 个，群众艺术馆、文化馆 143 个，公共图书馆 140 个，博物馆、纪念馆 120 个。广播电台 14 座，电视台 15 座。有线电视用户 1 035.1 万户。广播综合人口覆盖率 99.02%，比 2007 年提高 0.53；电视综合人口覆盖率 99.64%，比 2017 年提高 0.34%。国家级非物质文化遗产保护目录 118 个，省级非物质文化遗产保护目录 324 个。出版图书 10 965 种、期刊 253 种、报纸 82 种。图书、期刊、报纸出版总印数分别为 4.3 亿册、0.9 亿册和 8.5 亿份。保障性住房的建设也在稳步进行。全省的安居工程的建设和管理也取得了明显成效，是以廉租住房、经济适用住房、各类棚户区改造、公共租赁住房等的改造为主要内容，并且城乡住房的保障范围还在不断扩大。

针对服务全省残疾人的问题，主要是从多方面进行的。在教育方面，采取针对服务，使之有受教育平等的权利。在社会保障方面，保持残疾人的社会保障平稳，对于残疾人，在农村和城镇的养老保险中实现了全覆盖的针对服务。在残疾人康复方面，主要是依靠康复机构，从点到面实行全面的康复推进。

湖南省政府办公厅列出《2015年全市基本公共服务清单》，清单中详细地指出民众可以享受的公共服务类和面对特定人群的补助类、政府提供的保障性的公共产品3大类72项公共服务。相比于2014年的公共服务清单，个别项目的标准有了明显提高，具体见表4-9。

表4-9 2015年湖南省基本公共服务清单（部分）

项目	内容
教育	义务教育阶段，农村中小学生年均公用经费标准为：普通小学600元，普通初中800元
医疗	职工医保和新型农村合作医疗，政策范围内住院支付费用比例都是75%左右；适龄儿童免疫规划疫苗接种率要达90%以上；0~3岁儿童可免费享受中医健康管理服务，今年目标人群覆盖率达40%以上
生育	每对独生子女父母可获不低于每年120元的奖励
就业与创业	免费就业服务目标人群覆盖率100%；城镇零就业家庭至少一人就业；帮助10万就业困难人员就业和再就业；15万人次可享受创业培训和创业服务
保障	失业保险标准不低于当地最低工资80%；参保人数520万人
养老	城乡居民基本养老保险基础养老金每人每月75元；选择最低档次标准缴费，补贴标准不低于每年30元
住房	今年新增公共租赁住房200 877套
文化体育	全省275个免费省、市、县三级公共图书馆、文化馆、美术馆；77家免费博物馆、纪念馆

4.4.2 基本社会服务城乡差距分析

针对城乡养老，湖南省在2003年、2007年先后建立了对于困难家庭的最低生活保障制度。这一制度的建立加快了城乡对社会体系的建设，使城乡中大多数困难群众的生活有了保障，但在城镇发展过程中，最低生活保障养老服务的发展还存在明显的差异。

4.4.2.1 最低生活保障差距

农村最低生活保障是近几年政府对于农村发展的基本社会服务的重点工作之一。在政府的推动下，截至2018年，获得政府最低生活保障的城镇居民59.7万人,发放最低生活保障经费 28.8 亿元;获得政府最低生活保障的农村居民 126.8 万人,发放最低生活保障经费 29.6 亿元。我省城市有 59.7 万人享受最低生活保障,农村有 126.8 万人。从对城市与农村调查差异的走访情况来看,城镇社区与农村小组对于弱势群体的救助也有着一定的差异。农村主要是对于本村的弱势群体或者是家庭困难的具体情况来提供物质上的支援,只能解决暂时的温饱问题,因财力有限只能进行临时性的救援,特别是只能对五保户或者困难家庭提供救济,无法使其彻底脱贫,只能单靠政府多拨资金支持。城镇主要对于扶持困难群体不只是政府的资金支持,更多的是引进社会力量形成比较完整的服务体系。比如,在常德市临武区红卫社区中,就有 7 名低保对象申请了慈善医疗保险卡,有 2 名特困大学生申请了就学补助。针对此类情况,他们首先联系帮扶单位进行确认,然后成立了专门的低保评议讨论小组。以此来保证低保工作的公平公正。

2008 年、2018 年湖南省城乡最低生活保障对比情况见表 4 – 10。

表 4 – 10　2008 年、2018 年湖南省城乡最低生活保障对比情况

城乡 主要指标	城市		农村		城乡比	
	2008 年	2018 年	2008 年	2018 年	2008 年	2018 年
最低生活保障人数/万人	139.0	59.7	254.7	126.8	—	—

数据来源:2008 年、2018 年湖南省国民经济与社会发展统计公报

4.4.2.2 养老服务水平差距

由于全国人口老龄化问题加剧,养老服务也日渐突现出各种问题。经济发展、社会变革让普通家庭不能够承受养老,养老服务的社会化需求也越来越高。通过对养老出现的问题进行详细的调查与走访发现,农村的养老服务与城市养老服务相比,仍存在着劣势。在调查研究中发现,71.4% 的村民小组没有养老院。城镇社区这一比例达到 40.0% 且养老设施齐全。通过对常德市鼎城区观桥坪村的主任采访了解到,全村 803 人中 1~18 岁的只有 67 人,老龄化人口严重,养老问题突出。郴州市苏仙区许家洞的村主任介绍到,村里 65 岁以上人口占全村人口比重的 8.5%,60 岁以上的占 10%,人口老龄化问题也相对突出。随着人口老龄化问题的发展,社会养老服务水平也逐步下降。许家洞村村支书介绍到,全镇只有一个公立养老院,需要负担八个村的老人养老,并且拒收生活不能自理的老人。农村的养老设备比较落后,但是城镇非常齐全,服务体制、养老设备比农村的要好。比如,郴州市燕北社区建设了书法活动室、KTV 娱乐室、健身器材等专门针对老年人服务的设施设备。另外,还建立了专门的志愿者服务队伍,创建了社区的文化团队,使生活在社区养老院的老年人的文化生活得到了充分的满足。总而言之,针对城镇与农村二者的发展,城镇的发展远比农村的发展要好。

4.5　本章小结

本章在新时代的背景下，基于湖南省乡村振兴与新型城镇化发展，通过对湖南省乡村振兴与新型城镇化的耦合协同治理现状进行实地调查，从发展战略、教育就业、医疗社保、基础设施四个方面介绍了湖南省乡村振兴与新型城镇化发展的现状特征，准确全面地刻画了新时代湖南省乡村振兴与新型城镇化的发展水平问题，得出以下结论：

（1）发展战略分析。湖南省城镇化发展水平呈放射阶梯式模式，以长株潭城市为发展的中心向周围城市辐射，影响周围城市并带动周围城市发展。但是在这种发展模式中也存在着发展的不平衡性。各地区相比较有着强大的发展不平衡、发展的局限性。使这些城市之间的差距，特别是城镇文化水平之间的差距越来越大。现如今的发展情况，我们要进行新的发展目标，强力推进新型城镇化的建设。

（2）教育就业分析。研究发现湖南省教育经费投入增长很快，教育质量也稳步提升。高学历人数增长较快，外出劳动力文化素质在持续提升。省外就业的比重呈下降趋势。由于湖南省对于省内的基础建设与项目的开工和新型工业化的战略大为推崇，因此，新兴就业岗位的增多，工资水平与发达沿海城市之间的差距也逐渐缩小，所以外出的农民工纷纷选择回乡打工或者创业。

（3）医疗社保分析。调查发现，湖南省在医疗卫生经费投入、社会保障保险水平，医疗卫生服务水平，医疗卫生资源分布等方面的设施设备与资源在城乡之间还有着明显的差距，所以，不断地提高农村的医疗卫生与社会保障水平，建设农村保障体系，不断缩小城乡之间的差距，是实现湖南省对于乡村振兴的重要发展关键。

（4）基础设施分析。研究发现湖南省不断加大对基本公共服务的投入力度，基本公共服务投入总量增长明显，基本公共教育服务水平快速提升，基本公共服务财政保障能力逐步加强，财政覆盖率也与民众的生活息息相关。

第 5 章
新时代湖南省乡村振兴与新型城镇化耦合协同机制研究

实施乡村振兴战略是十九大作出的重大战略部署，是决胜全面建成小康社会，全面建设社会主义现代化国家的重大历史任务。新时代湖南省乡村振兴与新型城镇化的耦合发展是强调乡村振兴发展与新型城镇化建设的相互作用及二者在发展速度上的一致性，因此，首先，本章分析长久以来城乡发展不协调、不均衡所制约我国社会现代化进程与乡村振兴、新型城镇化发展的因素。其次，基于产业振兴、人才振兴、文化振兴、生态振兴来构建五位一体耦合协同发展机制：一是城乡产业结构融合协同机制，二是城乡要素市场深化合作机制，三是城乡公共服务均等发展机制，四是城乡基础设施互联互通机制，五是城乡生态环境共建共治机制。最后，以耦合协同机制来缓解我国人民日益增长的美好生活需要和不平衡不充分的发展之间的矛盾，来强化对新时代湖南省乡村振兴与新型城镇化的耦合协同研究，实现城乡发展一体化，互促共进、协调同步。

5.1 新时代湖南省乡村振兴与新型城镇化城乡产业结构融合协同机制研究

5.1.1 城乡产业结构融合互动机制

改革开放（特别是中共十八大）以来，党中央始终把农业农村农民问题作为全党工作的重中之重，中央一号文件连续多年聚焦"三农"工作，我国城乡发展格局发生巨大转变，城市和乡村产业在经济、文化、政治方面竞争与合作，相互促进相互成长，农业支持保护政策体系不断完善，强农惠农富农政策力度不断加大，现代农业建设成效显著，农村面貌和环境明显改善，农民生活质量显著提高，城市经济反哺农村经济。其中，经济互动不仅是研究城乡关系的重中之重，也是促进城乡融合发展的关键。城市产业利用组织、经济资源、广阔市场、高新技术、发展机遇等要素与农业产业进行互动、交易，增强城乡产业之间的连续性，实现经济互补，而且更可以充分利用不同市场的需求，延长城乡产业的产业链，获得高效率发展，但如今城乡产业存在一定的问题，传统的产业相对孤立，缺乏紧密的交流联系，农村与城市、工业与农业存在巨大的鸿沟，更不用说实现城乡经济互补。城乡产业的良性互动、发展需要一定的政府干预，转变"城市偏向"想法，破除城乡分割管理制度，营造良好的文化、经济、政治、思想、制度环境，完善农村产业发展的基础设施设备、公共服务设施，形成合理的城乡资源流通渠道，解决城乡资源不合理现象，更应该完善农村教育、技术知识结构，增加农村知识人才指导，制定合理规划，促进城乡产业互动的互利性和关系的改善融洽。

5.1.1.1 发挥政府主导作用，建立城乡产业互动的主导机制

政府是城乡产业互动的关键保障，政府政策的发表、实施都会对城乡产业发展产生重大影响。首先，政府要为城乡产业互动提供充足的公共产品，如积极利用互联网、数字化等最新信息技术对农业全产业链进行改造，农业产业化经营，发展"互联网＋农业"，推动传统农业向绿色农业、智慧农业、高效农业转型，从多方面夯实城乡产业互动发展基础。其次，制定配套的政策措施和法律法规。例如，建设关于城乡产业互动发展的法律法规、城乡居民就业指导体系、城乡居民社会保障体系、乡村产业补贴体系等，鼓励引导城市各类人才入乡创新创业。按照城乡平等、融合共享的原则，促进更多资本、技术、劳动力等生产要素向乡村流动，推动城市公共资源、公共服务向农村延伸。

5.1.1.2 激发市场能动作用，建立城乡产业互动的能动机制

虽然政府起着至关重要的作用，但市场的能动作用也不容小觑，因此，也需要充分激发市场在促进城乡产业互动发展方面的作用，充分利用市场经济。鼓励各种城乡产业的发展，增加城乡产业互动，推广农村经济合作社的形成与建设，形成更多有利于城乡产业互动的民间组织，增强城乡产业的紧密性、连接性，同时，还可以为城乡产业互动发展提供高效、安全、合理的运行平台加强产业之间的联系，充分激发市场经济的能动作用。另外，也可以形成"一对一"的支援，鼓励、引导大型企业公司与一个或多个村庄形成帮扶关系，建立长期的互动帮扶渠道，实现城乡产业相互融合、良性互动、协调发展、共同发展。此外，政府可以通过项目帮扶、经济补助、政策支持、税收减免等干预手段，引导城市产业在农村建设生产工厂，邀请农民一同参与，共享产品加工的经济利益，利用经济刺激城乡产业的互动，从根本上调动生产积极性，充分发挥城市经济主体对城乡产业互动发展的作用。

5.1.1.3 建设产业园区功能，建立城乡产业互动的载体机制

建立可以促进城乡产业互动的机制，如产业园区。产业园区这一现象最早出现于19世纪末，其作为一种促进、规划和管理工业发展的手段存在，具有资源集聚、技术渗透、示范带动、外围辐射等功能，能够促使大量的企业聚集，以大型企业为中心形成紧密衔接的产业链，产生产业集聚以实现产业的规模效益，但是也存在一些缺点，受地理集中性影响，产业关联、产业协助、产业链关系对城乡产业互动存在一定影响。此外，园区企业对地域的嵌入性和依附性不强，因

此，需要合理规划建设工业园区和农业园区等城乡产业互动园区的布局，实现协调发展。首先，要注重城乡产业互动发展的产业布局协调发展，需要实现城乡产业在产业选择、搭配组合、地理位置上的合理布局，通过优化布局实现统筹发展，通过城乡产业融合，促进城乡产业结构的变革，遏制产业趋同形成的恶性竞争，减少产业结构不平衡所带来的危害，突破城乡产业分立限制，打破传统工业化生产方式纵向一体化的市场结构，产生新的经济式样，形成新的经济增长点，聚集并释放出城乡产业内部所具有的潜力，拓展城乡产业的利润空间，形成合理的城乡产业分工体系，实现统筹协调发展。其次，要考虑城乡产业结构问题，城市以社会化大生产为基本特征的现代工业为主，农村则以小生产为基本特征的传统农业为主，二者形成明显反差。另外，城乡产业自成一体，关联度不高，城市对农村起不到应有的带动和辐射作用。若要改变城乡二元经济结构，则必须以统筹城乡产业发展为突破口，通过城乡产业的相互融合、分工协作、互促共进，实现城乡经济的良性循环和一体化发展，通过新技术产业和传统产业、资本技术密集型产业和劳动密集型产业的有机融合，形成符合我国国情的发挥劳动密集型产业和资本密集型产业中的劳动密集生产环节竞争优势的产业结构，从而营造出新的就业空间，为农村剩余劳动力创造新的就业机会。另外，还可以通过城镇化和农业现代化促进城乡产业互动，实现城乡产业互动和城乡产业结构优化协调发展。

5.1.1.4 拓展产业融资渠道，建立城乡产业互动的资金机制

实现城乡产业互动需要大量的资金扶持，因此，一个良性的资金扶持系统尤其重要。建立一个资金扶持系统，首先需要考虑以下几个因素：国家政策的资金补贴，充分利用国家财政对农业产业化的补助资金，同时，可以利用政府的担保，加大农村居民的信任与认可，但我们应该清楚地认识到，单靠政府资金的扶持不足以撑起农村产业，因此，需要允许社会资产融入农村产业，吸引民间资产涌入农村产业，扩大资金的来源渠道，变单向渠道资金扶持为多渠道资金扶持，利用政府形象和信誉引导基金、保险的投资资金投入城乡产业互动发展，以促进农村产业近代化、现代化、科学化、产业化和城镇化。另外，需要将单向资金投入机制转变成双向循环的资金援助机制，城乡产业互动项目必须具有一定的经济效益，以此来吸引更多的资金支持，用来进行再生产与研究新项目，利用高科技手段进行进一步助力，实现城乡互动产业发展，再次吸引社会资产的投入，实现良性循环与可持续化发展。

5.1.2 城乡生产要素自由流动机制

5.1.2.1 城乡生产要素自由流动机制构建的必要性分析

农村产业建设、城镇化的协调发展需要实现生产要素自由流动。区域经济发展的空间共同体两极分别是农村和城市。这两极利用生产要素的流动产生作用、

促进发展。如果在城乡间不能形成一种生产要素能自由流动的机制，那么农村的建设和城镇化的协调发展将会遇到巨大的挑战；如果劳动力因素不能自由流转，那么农村剩余的劳动力不能充分利用，将会对农村现代化发展产生影响，新农村建设将会是空中楼阁。同样，资金也是如此，农村地区和城市地区存在着明显的二元结构特征。城市地区相较于保有水平落后的农业和发展规模低下的乡镇企业的农村地区而言，具有高附加值的第二和第三产业，导致农村生产要素不断向城市流动，但是，这种流动会导致大量的农村资金向城市流动，虽然在某种层面上解决了农村生产要素的闲置性问题，但是限制了农村经济的发展，因此，建设一种能够使城乡生产要素自由流动的机制刻不容缓。

5.1.2.2 城乡生产要素自由流动机制的主要内容

（1）城乡间的劳动力流通机制。充分发挥市场需求对劳动力资源的调控作用，消除农村劳动力向城市转移的阻力，以实现劳动力平等参与就业竞争。

（2）城乡间的土地资源流转交易机制。完善农村土地的流转权和承包权，实现土地充分流转而不是渐渐荒废，提高土地资源利用率。

（3）城乡间的资金流转机制。制定合理的政策，实现农村产业的减税降费，给予资金补贴与扶持，促进社会资本流入农村产业，同时，也应该改革农村信用社等金融机构。

（4）城乡间的信息流通机制。应充分利用高科技技术、信息网络系统，实现在城乡之间的技术、人才、市场信息的交流与合作，改善城乡信息不对称的现象，实现城乡信息交流与互动。

5.1.3 城乡公共产品均衡配置机制

5.1.3.1 城乡公共产品均衡配置机制构建的必要性分析

公共产品的赋予度在一定程度上可以影响地区的发展。完善健全的公共产品能够为区域经济的健康发展提供平台，而公共平台的缺失则会成为区域经济的重大阻碍。只有农村和城市具备同样的公共产品，才可能在同一个平台上协调地发展。可是，就目前的情况来说，城市和农村在公共产品方面存在着天壤之别，城市基础设施完备先进，而农村基础设施稀缺落后；城市的医疗条件、水平远远领先于农村，农村人一旦得病，不得不进大城市就医；城市社会保险齐全，农村社会保险缺乏等。若要实现新农村建设与城镇化的协调发展，则必须让城乡公共产品实现均衡配置。只有这样，新农村现代化建设、城镇化的协调发展才能实现。

5.1.3.2 城乡公共产品均衡配置机制的主要内容

增加农村公共产品的有效供给能够构建城乡公共产品的均衡协调发展机制，但是，若要实现公共产品的均衡配置，则应该建设和健全以下机制。

（1）需求表达机制。我国人民民主专政的国家性质决定了我国人民当家作主，而基层民主制度的建立恰好符合，通过村民代表对本地区事务进行投票处理的形式，可以促使农村公共产品真正符合农民的真实需求。

（2）供给决策机制。充分了解农村居民对公共产品的真实性需求，以实现公共产品对农村的有效供给，同时，也应该提高农村居民在选择公共产品生产时决策的科学性。

（3）财权和事权匹配机制。明确各级政府的财权与事权，贯彻落实"每一级政府、做好每一级的财权、事权"原则，合理规划中央政府与地方政府对城市与农村的职责和权力范围。

5.1.4 城市群形成培育协同发展机制

5.1.4.1 城市群形成培育机制构建的必要性分析

城市群，是指城市发展到成熟阶段的最高空间组织形式，是指在特定地域范围内，一般以一个以上特大城市为核心，由三个以上大城市为组成单元，依托发达的交通通信等基础设施网络所形成的空间组织紧凑、经济联系紧密并最终实现高度同城化和高度一体化的城市群体，它对推动农村建设作用不言而喻。城市群中的城市一般相隔距离都不会太远，因此，其间许多地域都在其辐射的范围之内。例如，长三角、珠三角、京津冀城市群地区间的农村差别一般不会太大。建立以中心城市引领城市群发展、城市群带动区域发展新模式，能够促进农村现代化建设和城乡产业互动发展。

5.1.4.2 城市群形成培育机制的主要内容

（1）城市群市场化形成机制。城市群之间也存在着层次差距，要提高城市群的地位，在最大程度内发挥中心城市的作用，加强城市间的分工协作，那么城市群形成、发展的市场化道路非走不可。适度的政府行政干预可以促进城市群的发展，但同时，其也可能阻碍城市群的发展。

（2）内部结构高级化机制。以长株潭城市群为例，如今的长株潭城市群处于分散式的"规划群"状态，即农村和城市间存在着一道鸿沟，需要利用市场化手段消除其间存在的藩篱，改善城市群的空间结构与建设规划，贯通横贯在城市群中城镇间沟通交流的通道，使农村顺利融入城市群中。

（3）产业合作机制。首先，明确各个区域的工作职能，加强区域间的沟通交流与分工合作，实现产业的合理布局，调整产业结构，实现产业的转型升级。其次，能避免区域间的重复建设与恶性竞争，从而建立多层次的、多样化的产业布局网络。如今，我国决定将长株潭城市群设立成"两型社会"的试验区，充分发挥长株潭城市群与农村产业互动、农村现代化建设的引导作用。

5.1.5 城乡户籍制度一元化推动机制

5.1.5.1 城乡户籍制度一元化机制构建的必要性分析

我国长期奉行二元户籍制度，使不同户籍的居民之间产生了一道无形的藩篱。拥有城市户籍的居民享有着农村居民不具备的特权与优势，如教育、医疗、社保等。在广大农村地区，受地区经济发展程度及经济资源等限制，农村的孩子并不能受到像城市孩子那样的教育。由于农村的师资力量、教学设施、教育资源等比较薄弱，因此，社保同样如此，城市居民有着五花八门的选择，如医疗保险、人寿保险、失业保险、人生意外险、养老保险等，而农村居民以前都需要自己承担。如果不能彻底取消这种二元户籍制度，那么城乡居民之间的巨大差距永远也不会消失，城乡居民永远也不会位于同一起跑线上。只有消除这种制度，农村和城市的居民才能享受同等的福利，城乡产业才能顺利发展。

5.1.5.2 城乡户籍制度一元化机制的主要内容

（1）建立一元户籍制度。一元户籍制度的建立能够实现农村剩余劳动力的利用率显著提高，同时，也可以消除农民在教育、医疗、就业、社保等方面的不平等待遇，同时，也可以消除部分城市居民对农民的抵触与蔑视，从此以后，农民不是一种身份而是一种职业。二元户籍制度的改革能够增加城市对农村居民的吸引力，使城市群能够健康发展，以减少外部环境对其的影响。

（2）完善功能剥离与还原机制。户籍改革不可能一蹴而就，需要循序渐进，其改革的关键就在于如何删去原本附着于户籍上的不正当制度，而不是简单地取消户籍登记管理，但城市户口有一定的"含金量"，存在一定的社会利益与特权，若想快速改变这一制度是不太现实的，因此，只能在最大程度上削减，使户籍回归原来的功能。

（3）形成配套的综合改革机制。一元户籍制度所涉及的远不止城市、农村之间的区分、对立那么简单。改革至今仍然缺少成效，其根本原因在于没有形成配套的改革政策。如果真正想要建立一元户籍制度，那么必须从教育、医疗、社保、就业等方面一同发力。只有如此，一元户籍制度改革才会取得显著成效。

5.1.6 以工促农、以城带乡的长效机制

5.1.6.1 以工促农、以城带乡的长效机制构建的必要性分析

利用工业促进农业的发展，以工促农、以城带乡，围绕乡村全面振兴和社会主义现代化国家建设目标，强化统筹谋划和顶层设计，增强改革的系统性、整体性、协同性，着力破除户籍、土地、资本、公共服务等方面的体制机制弊端，为城乡融合发展提供全方位制度供给，以此解决"三农"问题，全面建成小康社会。在中华人民共和国成立以后，我国为了实现工业化建设，采取"城市偏向"政策，将农村的剩余资源投入工业生产，在此政策指导下，城市工业得到了飞速发展，但工业和农业的差距变得越来越大，在此畸形经济的发展下，农业经济停滞不前，甚至倒退。如果一直坚持这种经济的发展，那么会导致城乡差距扩大，城乡矛盾进一步恶化，经济发展更加不均衡。就我国目前经济状况来看，工业已经能够实现反哺农业了。为实现区域经济的协调发展，需要农村现代化建设与城

镇化和谐发展，而以工促农、以城带乡机制的建成有利于新农村建设、城镇化协调发展。我国工业已形成了较好的基础，已具备自我发展的能力，工业化和城镇化进程明显加快，工业反哺农业、城市支持农村的条件已基本成熟，总体上已进入以工促农、以城带乡的发展阶段，建设成长期性、长效性机制。只有这样，才能稳步推进农村现代化建设、城镇化协调发展。

5.1.6.2 以工促农、以城带乡的长效机制的主要内容

（1）制定合理的财政政策来支撑农业资金的长效增长。通过调整国民收入在城乡间的分配格局，利用财政政策、资金的再分配，增加农村收入，构建合理、开放、多元化的资金长效支持机制，确保农村产业资金充足，产业能够平稳运转。

（2）加大政府对农业的补贴力度。加大对农产品、农业工具、税收减免等方面的资金补贴，调动农民生产积极性，增加农民生产收入，巩固农村产业的发展。

（3）建立对支农补贴的长效监督机制。设立合理、透明的资金流通渠道，辅以舆论、行政、社会、高科技等监督手段，确保资金一分不少地到达农民手中。

（4）扩大征收征用农民土地的补助。禁止政府建设、城市产业用低价强行征占农民土地，破坏农村居民利益，以避免社会不公平现象的发生。

5.2 新时代湖南省乡村振兴与新型城镇化城乡要素市场深化合作机制研究

5.2.1 城乡劳动要素充分对流双向机制

劳动力的流动能够缩减城乡工资差，促进各要素的集聚与流动，推动农村产业的融合与发展，但是，由于长期的发展趋势都是农村人口流向城市，导致农村出现一系列问题，制约了农村的建设与发展。乡村振兴战略的实施十分有必要，依靠高质量人才促进农村的经济发展，必须建立合理的城乡人口流动机制，促使城乡人才的思想发生转变进而使人口流动更加合理。机制内容可以从以下几个方面进行制定。首先，深化户籍制度改革，以消除户籍壁垒促进城乡人口的有序流动和分布；其次，全面建立农民培育引进机制，积极培养新型农业经营主体，优化乡村人口结构。促进城市高质量人才反向农村发展；再次，推动人才管理职能部门简政放权，保障基层管理的主权；最后，加强人才市场合作，搭建人才联合培养、配合培养平台，建立人才信息发布与成果共享制度，为城乡人力资源的合理流动奠定制度和政策基础。

5.2.2 城乡资本要素自由流动开放机制

资本是经济发展的必要条件，振兴乡村发展、加大农村基础设施都需要大笔资金投入。改革开放四十多年来，城市的第二、第三产业积累了一定的资本，但是由于农业天然的弱质性和低效性，这些资本大都投资于城市建设，农村建设依旧缓慢。为了解决这一问题，推进城乡建设时必须注重城乡资本的双向流动，确保农村产业发展资金问题的解决。除财政可以对乡村发展给予资金支持外，国家也可以积极引导城市工商业资本主对农村进行投资，同时，建立健全多元投融资体制机制。此外，还需要改革财政投入机制，提高财政投资的集中和使用度，进而带动更多的社会性资本进入乡村建设。首先，完善农村金融体制也很重要，规范农村民间金融组织的发展，建立健全农业保险体系和信用体系；其次，需要对农村的金融模式进行创新，引导新型金融生活方式在农村的规范发展；最后，实施利益联结机制，在加强产权保护的同时需要稳定投资者预期，加强风险防控，维护好农民主体地位权益，促进城市工商业与农村农业的完美结合，使农村发展资金不足的问题得到解决。

5.2.3 城乡土地要素平等交换公平机制

土地在农村发展中的重要性不言而喻，是最基本的生产资料，也是农民最基本的生活来源，而土地要素市场的优化配置则是现代农业发展的必由之路和乡村振兴的关键环节。现如今，农村基础还较为薄弱，土地规模小且分散，价值还未得到充分利用，所以土地改革就显得尤为必要，可以通过土地改革实现土地要素市场化，从而推动农业现代化以实现城乡更快融合。土地改革可以从以下四个方面入手：第一，深化土地制度改革，在兼顾效率与公平的基础上建立规范的、富民优先的、城乡统筹的可持续性土地供给制度。第二，深化农村集体产权制度改革，着重发展农村集体经济，规范农村集体经济组织法人的管理，赋予农民更切实的权益保护。第三，加快农村产权交易流转市场建设，建立公开、公正、规范运行的城乡土地交易平台和公共信息平台。第四，优化城乡建设用地，建立土地流转监察机制，促进城乡土地要素的合理流动与公平交换。

5.2.4 城乡技术要素自由扩散共享机制

农业科学技术是农村振兴的基础，但目前，农村农业发展面临着技术落后、农产品技术含量低、农作物标准化不足、耕地河流污染严重等问题，解决这一系列问题的关键就在于发展农村科技。首先，需要保证农村科技资金投入，国家加大财政供给。其次，扶持和培育具有持续技术创新能力的现代科技型龙头企业的健康发展，建立现代农业产业科技创新中心。再次，科技成果的城乡转化也尤为重要，可以通过鼓励农业高校、科研院所和乡村企业联合开展人才培养和科技攻关。最后，促进农村农业与新时代信息技术的融合，利用互联网、物联网、云计算、大数据等新一代信息技术，推进农业信息化、产品电商化，使城市科技要素融入农村农业。

5.2.5 城乡管理要素统筹协调共建机制

乡村振兴战略的关键就在于统筹城乡发展，所以必须把城乡视为一个统一的整体，不仅要实现城乡市场一体化，还要实现管理与公共服务均等化。城乡合力共促乡村振兴，建立健全城乡统筹规划体系和规划管理制度，使城乡产业有机结合。统筹配置城乡公共服务体系，建立以政府主导市场运作的投资机制，促使城镇公共服务向农村延伸，进而使城乡公共服务资源均衡配置。农村的义务教育经费保障机制需要得到重视，建立城乡统一、重在农村的卫生投入经费保障机制，落实乡村公共文化服务保障标准，逐步推进城乡教育、卫生、文化、养老等公共生活服务设施一体化管理，将城市的先进管理理念引入农村，以提升农村的科学管理水平。

5.2.6 城乡资源要素合理配置互动机制

加强城乡交流互动，推动城乡各要素的流动，使城乡互为市场，建立符合市场经济规律的工业化与城镇化互动机制。

（1）调整国民收入分配格局，健全"以工促农、以城带乡"的长效机制，政府资源更多投向农村，促进城乡基本服务均等化。改革农村基本公共服务的资源配置方式，破除行政性体制安排和垄断经营，使政府、市场与社会相结合，以提高农村基本服务的效率。运用多重措施鼓励引导城市先进要素向农村流动与集聚，促进土地增值收益更多地用于农村建设中，使资源要素的配置向城市倾斜。

（2）以劳动这一生产要素的流动为主要着力点，促进农村人口向城镇集聚、农村劳动力向第一、第二产业转移，使中心城市、县城、中心镇分工明确。转变农民的就业观，促使他们的着眼点在不同区域转移，充分发挥城镇第一、第二产业在吸纳农村劳动力就业中的主渠道作用。

（3）构建城乡统一的人力资源市场，促进人力资源在城乡之间有序流动。为消除农民在进城后的后顾之忧，可以建设面向农民出售的限价房，以保障农民土地承包、宅基的使用、计划生育等方面的合法权益。

（4）培育土地使用权市场，建立"依法、自愿、有偿"的土地流转机制，在土地承包经营制度允许范围内，允许鼓励农户之间或农户与其他经济组织之间进行土地转包经营。农村集体土地可以以各类形式参与到城镇开发与建设，并且依法出售、转让、抵押与拍卖也是允许的。

5.2.7 城乡金融要素支持补充协作机制

5.2.7.1 以市场化为方向健全多层次的农村金融体系

现如今，农村信贷存在着总量不足，金融机构内部结构失衡等问题，以至于中小企业从金融机构获得贷款较为困难。所以为解决这些问题，需尽快建立农村政策性金融、商业性金融、合作性金融、农业保险等相互补充、分工协作、功能完备、布局合理的多层次的农村金融服务体系，以满足农民多元化的金融需求。政府也需要为农村金融机构创造公平的竞争环境，并针对农村金融机构给予积极扶持。应允许不同所有制性质的金融市场主体进入农村，与国有银行、信用社同等竞争。

5.2.7.2 创新金融服务内容

继续深化农村信用社改革，创新农村信用社的管理体制，明晰产权关系，增强其支农的服务能力，以推进金融创新，提供更多针对农村的产品与服务，金融部门在贷款投放上要积极配合农业产业结构调整，进而促进"三农"的发展。

5.2.7.3 引导建立农村资金回流机制

引导各类招商性银行把资金投入农村基本公共服务体系建设上。邮政储蓄是农村资金流失的主渠道，所以引导邮政储蓄资金回流是解决问题的关键所在。邮政储蓄可委托其他金融机构发放"三农"贷款，当地政府应对存放的大额协议存款给予适当贴息优惠，以引导县及县以下的邮政储蓄资金回流农村，从而实现农村资金的体内良性循环。

5.3 新时代湖南省乡村振兴与新型城镇化城乡公共服务均等发展机制研究

5.3.1 公共服务的分工协作机制

公共服务若要得到最基本的有效落实，则离不开各级政府之间的科学分工与有效协作。只有加强各级政府之间的联系，才能更好地落实公共服务。而各级政府与中央政府之间也要有明确的界限，做好各自职责的规划，明确各自承担的责任，各司其职。这样才能保障社会公共服务的平稳运行。各级政府明确划分自己的职责，如中央政府负责全国的公共服务，地方政府负责地方的公共服务；高层政府负责公共服务的决策和监督，基层政府负责管理和执行。只有这样，各级政府才能有条不紊地安排好工作，做好公共服务工作，但就目前情况来看，我国政府在职责和权限的划分上，除国防、外交等重大事务有明确划分外，其余公共服务在各级政府中并没有明确的划分，成了各级政府的共有职责。这导致各级政府在职责配置上几乎一样，很大程度上造成了资源浪费，而且导致政府之间时常出现职责交叉、上下错位、分工不明、随意性大等问题。这种职责不明的情况不仅出现在各级政府之间，还出现在政府与基层社区之间。职能的错位可能导致基层社区承担了许多本应是政府应该承担的相应公共服务职责，从而忽视了基层社区应该承担的居民日常生活服务。

若要解决问题，则应针对问题的核心。面对各级政府之间公共服务不合理、职责界限模糊的问题，首先要做的便是根据"收益、能力、权责、统筹协调、管理效率"等要素，对各级政府之间的公共服务职能进行合理的划分。各级政府之间的权力和责任要合理分配，细化其中决策、执行、管理和监督的权利与责任，改变目前我国"有责无权、有权无责、权责分离"的情况。其次，要明确社区的定位，找准社区进行管理的切入点，杜绝社区行政化的现象出现。最大限度地发挥社区自身配合政府的作用，而不是让社区承担政府的职能。面对如今农村公共服务"投入少、监督缺、管理松"的现状，要加强对其中的投入、监督和管理力度。

5.3.2　公共服务均等化体制机制

5.3.2.1　完善城乡公共财政的转移支付体制

若要更好完善公共服务机制，不可忽视的一个问题便是政府财政的支持。若要得到政府提供的充足的财政支持，则必须要有完善的公共财政体系。这就要求要对现有财政体制进行改革创新。完善财政体制能为城乡与农村提供充足财力，成为促进城市与农村之间实现均等化的重要保障。

实现城市与农村之间的均等化，首先，应有一定的财政基础，这就要求政府调整目前财政支出的结构，加大对农村的财政投入。目前城乡公共财政体制不够完善，对城乡的投入量不够，尤其是财政这一方面，投入比例太小，其中对农村的财政投入又大大少于对城市的投入。政府目前应注重于调整财政的支出方向，将重心放在与民生密切相关的基本公共服务领域，提高对相关方面的财政投入，做到平等倾斜，进一步实现均等化，使农村居民得到基本的公共服务保障，与城市居民共享改革发展的成果。要想得到财权与事权的统一，就必须合理划分各级政府之间的权力，但目前我国大部分地方无法做到财权与事权的真正统一，若某些地方政府财权小事权大，则不仅可用财力小，而且无法对财政实现自由支配，而事权的不明确，导致了政府支出责任过大，进一步压缩了农村对基本公共服务的财政支持，无法满足农村居民对基本公共服务的需求。合理划分事权与财权是我国政府的当务之急，只有进一步将财权下放，乡、县政府的财政才能得到保障。若要进一步满足农村居民的公共服务的需要，则应明确事权的划分，理清省、市、县之间的事权关系，使各级政府分担的资金比例更加明了，减小省政府对县级的干预程度，并给予一定程度上的经济补偿，保障县、乡政府充足的资金来源，以满足农村居民的需要。

加大政府对农村的支付力度转移，扩大财政力量强大的政府对财政力量不足的财政无偿支付规模，增加其收入及购买力，控制专项转移支付比例，提高一般性转移支付在所有转移支付之中所占比例。若要缩小城乡之间的差距，则应实现均衡性转移支付，稳定县级政府财政来源，满足其责任支出需求。加大对农村无偿转移支付力度，补充农村缺少的财力，增强对医疗方面、农村教育等方面的供给，提供高质量的基本公共服务。只有以此来满足农村居民对公共服务的需求，促进城乡均等化，才能距离实现均等化的整体目标更进一步。

5.3.2.2 建立城乡基本公共服务供给的多元参与机制

我国人口基数大的特点导致了我国对基本公共服务需求量大且差异大。政府作为单一的供给主体，不仅无法满足相关的利益，还会加强城市和农村之间的非均等化问题。虽然政府在供给链中是最主要的供给主体，但不能让政府独自承担所有基本公共服务，结合我国目前国情，吸取相关的先进经验，我国可以建立健全的多元主体的参与机制，实现多元化的供给主体和供给方式，提高政府效率，降低所需要花费的成本，拓宽融资道路，减少政府的财政负担。

若要创建城乡之间基本的公共服务的多元参与机制，则明确划分政府、市场和社会组织之间的职责和范围划分是必不可少的。各部分之间的合理分工不能有一点差池。政府在城乡基本公共服务中不仅占据了主体地位，更是其主要的供给者，所以政府有责任为城乡居民创造一个良好的市场环境和政策环境，积极采取措施，鼓励市场与社会组织参与到其中来，并建立相关的规章制度，以此来保障权利的实施，明确各部分的责任义务。政府可引进新的竞争机制，使政府、市场与社会组织之间构建一个良好的良性竞争，为城乡居民提供高质量的基本公共服务。对城乡基本公共服务供给的方式进行创新，构建政府、市场和社会组织之间的互动协同，形成多元主体相连的合力供给，提高政府提供基本公共服务的效率。

为城乡基本公共服务提供有效供给的资金保障是在政府建立了多元的参与机制、拓宽融资的渠道的前提之下。明确政府责任主体之后，可通过转移支付等方式加强公私方面的合作，也可发挥公益组织的特殊性，募集资金，对农村弱势群体提供特殊照顾，保障城乡均等化。

5.3.2.3 建立均等化的城乡一体化基本公共服务体系

目前，我国并未形成城乡均等化的目标，较为典型的便是城乡的基本公共服务。在目前的运行中，城乡基本公共服务不论是在总体还是在各个方面，都没有达到均等化的水平。若要实现城乡公共服务水平由非均等化向均等化转变的目标，则应建立一个均等化的城乡基本公共服务体系。虽然目前我国经济快速发展，社会水平进步较快（这也导致城乡居民的基本公共服务需求的增加），但随着需求与供给的矛盾日益严重，尤其是农村居民方面的相关需求无法被满足。我国虽然对城乡基本服务的供给不断增强，但因目前无法实现均等化的服务体系，所以致使城乡基本公共服务的均等化水平不高，由此可见，建立均等化的城乡基本公共服务体系是我们的当务之急。

若要实现均等化、建立城乡基本公共服务体系，则要注意其基础性、系统性和公正性的原则；若要保障基本公共服务的民众生存权与发展权，则最基本的便是让农村和城市的居民都享受到应有的服务供给。城乡基本公共服务的各方面既是一个整体，也是由各个部分组成的，但各个部分应该相互联系相互作用、均衡发展、面面俱到。若要完善城乡基本公共服务均等化，则应做到公平公正，不可对城市居民和农村居民厚此薄彼，应根据标准来为他们提供基本公共服务供给。

只有政府与民众密切相连，关注民众的参与度，建立完善的农村居民利益需求表达机制，才能建立均等化的城乡基本公共服务体系。政府要恪守自己服务的职责，关注农村居民现状，根据实况为农村居民提供相关的基本公共服务。与此同时，还要考虑到农村居民的利益需求，进一步促进均等化水平的提高。加强对农村与城镇基本公共服务的投入，合理规划对农村和城市的财政投入，部分资源可以对农村有所倾斜，实现均等化的城乡基本公共服务体系。结合相关的农村基本情况，总结经验，建立多元补偿机制，完善城乡基本公共服务的均等化。

5.3.3 便利的民众需求表达机制

由于政府的公共服务对象是民众，因此，政府要满足民众需求，令其满意。如果想改变服务效益不高的情况，就得充分掌握民众需求。只有这样，决策才能科学，服务才能贴近民心。

5.3.3.1 居民需求表达渠道体系

政府工作的重要部分就是把居民利益需求的表达渠道给畅通了，对不同的服务对象要有不同的解决方法，通过多种方法解决不同民众的需求。经过调查，由于多方面的原因，一些居民的表达意识不强，尤其是农村居民严重缺乏这种意识，但是，阻挡民众表达自己意愿的最主要的原因并不是途径不畅，我们要提升民众的意识，尤其是农村居民的意识，要加强他们的表达能力，只有这样才能及时地表达出完整又准确的服务需求。与此同时，也要对表达途径加以整顿，加强吸引各媒体的关注，在降低成本的同时也要提高效率、保证质量。

5.3.3.2 民众意愿的甄别和汇总

本文所说的注重表达并不是一味地对居民的任何要求进行供给，所以在工作中要通过多种途径来分析各种诉求，判断需求的真实性，不允许虚假的需求存在。另外，要建立一个既科学又合理的机制。因为公共服务供给归属于集体行为，所以，在判断出真实的需求后，要对总体的情况汇总；又因为居民不同，其对公共服务的需求也有所不同，除此之外，偏好的强弱也不一样，所以，汇总就是因地制宜，对不同的公共服务需求要有不同的应对方法，对相同公共需求的强度偏好也要有不同的偏重。最后，得到一个关于需求的轻重排序，并将此顺序作为政府决策的一个重要根据。

5.3.4 多元化城乡公共服务机制

公共服务和公共物品主要是由政府供应的，但这并不影响政府对商业组织与非政府组织一起对公共物品和公共服务做出的贡献。为了创建更加行之有效的公共物品供给结构，以及更好地了解商业组织与非政府组织对公共物品的贡献潜力，政府本身应对自身单一直接生产者角色转换为多角色的"多面人"，构建一个政府为主，其他商业组织和非政府组织共同参与合作，多元结合的"一主多元"公共物品供给结构。在现在这个"事实上政府已经无法成为唯一的治理者，它必须依靠与民众、企业、非营利性组织共同治理和共同管理"的时代，政府并非万能的，也有它自己的限制因素，其本质也会影响其动力和效率，因此，城乡基本公共服务应坚持多元结合，将政府与社会力量有机结合，构建一个全社会参与的参与治理机制。考虑到政府在社会的特殊性和在社会上参与的多元性，可以使二者关系更加融洽，助推参与治理达到帕累托最优。

5.3.4.1 转变思想观念，引导市场力量参与

"在能够排除不付费的情况下，私人企业能够有效地提供公共产品，即如果存在排他性技术，则私人可以很好地供给某些公共产品。"有些公共物品的属性是比较复杂的，其不但有公共物品特性，而且还具有私人物品特性，所以将这类物品引入市场机制不仅是可能的，而且是必要的。在合适的时间、地点引入市场机制，构建更加有效的利益分享机制，鼓励市场持续发展并且在一定方面上保护好市场投资主体对于基本公共服务投资的合法效益，这对于建立基本公共服务参与式治理机制，是必要且有重大意义的。推动市场力量积极参与社会治理是一个艰巨的任务。一方面，要确定好各个利益主体间存在的产权关系，推送需要有效利用税收杠杆对其的调控作用，对于市场利益主体积极参与基本公共服务的，可以对其实施税收减免，增加其参与基本公共服务，特别是对于农村基本公共服务参与的积极性；另一方面，通过政府的监督及政策引导，可以避免进入市场趋利性和盲目性误区，实现市场对基本公共服务的有效供给及城乡均等化供给发展。

5.3.4.2 投资社会资本，发展非政府组织

长期以来，由于压力体制的存在，因此，政府只是根据自身的偏好或者政绩导向决定公共服务供给，而对于民众的实际需求却并没有太大关注。由此可见，基本公共服务的实际需求并不只是一个单一的、失衡的供给主体制度能够满足的，所以会造成服务供需脱节。然而，非政府组织在这方面是具有有利条件的，能够弥补政府和市场公共服务的缺陷，带动全社会，帮助政府所不能顾及的微观区域及社会中存在的弱势群体，使社会更加公平正义，增进社会福利，所以在细致的工作中，政府可以通过政策引导和财政支持等手段来激励社会组织积极参与供给对于政府和市场不能有效提供的公共服务。此外，非政府组织的另一功能是社会资本投资，对于现在我国非政府发展面对的多种困境如合法性、组织能力及

公信力困境问题，政府应该加强对社会资本的投资建设。依照帕特南的界定，合作规范、信任和网络是社会资本的主要内容，所以"投资社会资本的策略的核心是生产出更为丰富的社会资本，提升组织在社会中的认同和信任，拓宽组织的社会关系网络，以及更好地与政府、企业和民众形成良好的合作"。

5.3.4.3 重视民众力量，建立居民参与机制

基本公共服务的提供和生产中有五个环节，即生产、消费、服务的安排提供，居民的偏好表达与监督。以上五个环节，事实上，民众都可以进入其中并发挥重要作用。构建民众参与机制，首先，需要放在首位的是居民的现实需求。将目前工作中存在的一个自上而下的服务思路扭转，要坚定一个理念就是自上而下的一个诉求回应服务理念，可以更加科学、有效而真实地映射出社区公共服务需求。其次，还需构建一个居民能够参与的机制——基本公共服务的供给绩效评价机制，将监督与反馈机制插入服务供给过程中，让决策者更加了解居民对于服务供给的满意度，将此作为决策调整的依据。"改进公共部门绩效评估必须取得民众的关注和参与，民众的关注和参与必定能有效改进公共部门的绩效评估"。

5.4 新时代湖南省乡村振兴与新型城镇化城乡基础设施互联互通机制研究

5.4.1 基础设施融资机制

5.4.1.1 城市群基础设施融资基础子系统

融资基础子系统是融资机制形成的前提，其反映的是融资机制形成前最原始的形态和形成时所需的最基本条件。基础子系统的三要素分别是城市群基础设施融资主体、城市群基础设施融资客体和城市群基础设施融资渠道。

（1）城市群基础设施融资主体。城市群基础设施融资主体主要有筹资主体和资金提供主体（或称为初级投资主体，简称投资主体），是为城市基础设施建设筹集资金和提供资金的组织和个人。目前，政府和金融机构是主要的基金供给主体，民营资本所占的份额极小，由于资本规模的限制，社会零散资本进入基础设施领域存在一定的困难。大力引进社会资本是以后城市群基础设施建设和发展融资的战略目标。与此同时，加快城市群经济发展，维护社会和谐与稳定，遵循与实现城市群区域内基础设施供给的经济效益和社会效益的最大化是划分融资主体的依据。

（2）城市群基础设施融资客体。城市群基础设施融资客体又称为融资对象，是城市群基础设施项目或基础设施项目群组。城市群基础设施是一个庞大而复杂的系统，包括群区内交通、能源、供水供电、给水排水、水利灌溉、园林绿化、医疗教育、通信网络及防灾减灾系统等。在传统基础设施发展的过程中，可以

行政区划分为基础设施发展的基础。依据范围、行业的不同，就具体项目的需要进行独立的建设，但因为在城市群基础设施的客体中具有系统性与有机性等特点，所以一般采用传统的融资发展方式的话，对于其规模的发展优势难以实施，也难以对其潜能进行挖掘形成能够有效协调发展的有机系统，因此，在城市群基础设施融资的过程中，应该以项目区分理论为依据，在主客体之间分开承担之间的风险问题。对客体进行分解与整合，并且在发展的过程中由政府去聚集主体、客体之间的资金，通过大量资金来进行融资建设。

（3）城市群基础设施融资渠道。城市群基础建设的融资主体，解决了融资的来源与渠道问题。融资渠道主要分为内部与外部融资渠道。内部融资渠道指筹资者靠内部积累形成一定规模资金的渠道，包括税收返还、留存收益等；外部融资渠道是通过向外扩展融资而获得资金的渠道，具体包括吸收股本、借贷资金等。因为项目是一次性工程，所以按项目的方式划分可分为直接融资渠道和间接融资渠道；按项目的性质划分可分为财政资金渠道、权益资金渠道、内源性融资渠道和信贷资金渠道等。

5.4.1.2　城市群基础设施融资决策子系统

融资机制中融资决策子系统在融资主体中发挥主观能动性的作用。在一定情况下，融资决策主体为实现融资目的，会根据特定的融资目标，深入分析融资基础子系统的各项条件，并对各来源渠道的资金进行合理组合。决策子系统中主要有融资方式和融资成本两项基本要素。

（1）城市群基础设施融资方式。融资方式与融资渠道一概而论在融资渠道中遇到的主要问题是指资金的本源问题，资金由谁提供、以何种方式提供？融资方式又是指捐献者采取何种渠道将资金通过组织或者其他的形式退出城市群基础设施项目。融资渠道是融资方式形成的前提，是一种静态的形式；融资方式则是保障各种资金渠道的畅通与高效且快速流转的方法途径，是动态的组合。融资方式与融资渠道之间存在一定的对应关系，同一种方式可以吸纳多种渠道的资金，一种渠道的资金可以用多种方式到达融资客体。城市群基础设施项目融资方式的选择问题，如怎样使资金顺利地从融资主体到融资客体，从而完成融资客体的建立与管理，并保证融资客体能合理共享其经济利益。目前，社会上形成了形式各样的融资方式，而融资方式是融资机制形成的基础，是城市群基础设施项目融资能否顺利实施的关键因素之一。

（2）城市群基础设施融资成本。融资成本更准确的是指筹资成本，因为融资成本在传统意义上是资金使用权与所有权区分开的产物，是资金所有者从资金使用者中得到的报酬。由于成本在工程领域的展开，以及"机会成本""沉没成本"等概念的应用，还有融资内涵的深化，因此，相应的融资成本也进一步延伸。融资包括筹资、投资用资及资本的流转与回收，融资成本是指融资活动所耗费的资金成本。融资成本是城市群基础设施项目决策的重要依据。融资在城市群基础建设项目中是特殊存在的客体，活动不仅会消耗资本，还会给社会的资源带来不良的影响，所以，城市基础设施融资成本主要是指通过城市群基础建设领域资金所获得的各种消耗，而且还包括筹资成本（即资金的占用成本），其也是融资活动中所产生的成本之一。融资成本是在社会群基础建设所成立的项目中的重要组成部分。

5.4.1.3 城市群基础设施融资风险子系统

融资风险子系统在融资决策中起着重要的作用。它不仅是融资决策的延续，更是对融资实施效果产生的影响进行跟踪分析与评判起重要作用。融资活动在基础建设与运营中贯穿全程，但是融资机制是一个面临着许多不定因素的动态变化系统，所以融资风险子系统的主要作用便是对这些不确定因素进行勘测。以此来保证融资的顺利进行，可以解决融资过程中产生的风险因素。

风险是事故发生过程中的不确定因素。融资风险主要是指为了保证资金链的流畅，企业资金的融入与融出所产生的风险。融资风险一般有两种，一是按财务活动范围分，狭义的融资风险是指融入资金增加而带来的风险。是指企业因为债务融资所欠下的利息偿还的刚性，还要与股权融资分红，再加上企业资产收益的不稳定，因此，这些因素当中，蕴含着一定的风险，其中主要包括支付风险、财务杠杆风险等。二是企业经营活动的风险，即广义的融资风险。是指企业在经营活动的整个过程中通过多种方式来获得资金，并且将资金使用于企业的发展当中获得利润，在债务偿付和分配红利后，还可以在原有的基础上再增值，广义的融资风险也有多种活动风险，一般包括企业财务风险、市场技术风险、政治法律风险等。通常在融资企业的营业过程中，若企业规模越大，则面临的风险也越大。

5.4.2 城乡规划互动机制

在城乡一元结构模式的长期运营下，城镇与乡村在规划方面进行了分离，但是我国在规划中还是将重心偏侧于城市的发展，随着时间的推进，传统的农村规划也面临着关于概念、内容等问题。在城乡发展过程中，首先，要对机制进行完善；其次，就是要协调发展，在过程中要有计划、有目标地去实行。在城乡规划的发展过程中，政府要树立公平公正的政治角色，在发展过程中要对发展进行宏观的调控指导和管理功能，并且在发展过程中应该以引导为主要的发展方式，将体制和产业结构调整作为突破口，统筹城乡之间的发展规划，尤其是县级建设。改变以往发展不平衡的现状，以政府为导向，将城乡中的经济社会发展统一纳入政府的管辖范围来进行统一的协调管理，从而促进城镇与乡村之间协调共进的发展，以实现共同繁荣的目标。

（1）要真正克服、摒弃城乡二元理念，树立城乡一体化思想。把城市和农村作为一个整体进行统筹考虑，把互动发展贯穿在城镇化、工业化和农业现代化的整个过程中，充分发挥规划在经济社会全面协调发展中的先导作用、调控作用。

（2）以制定社会经济发展规划为基础，构建"以城带乡"的互动机制。当前城乡协调发展的必然要求是科学统筹城乡规划。立足于实现城乡效益最大化，注重城乡并重发展，从城乡产业发展、城乡基础设施布局与建设、城镇与村庄建设、城乡社会保障、城乡社会事业发展等方面来规划城乡发展。

（3）建立健全城乡规划工作体系。市设立规划执法监督机构，乡镇设立规划建设办公室，市政府设立派驻县（市）区城乡规划督察员。与此同时，参考先进地区经验，按照城乡规划编制、管理、监督工作全覆盖的要求，把规划费用列入市、县两级财政预算之中，以保证规划需要。

（4）要强化三大规划的主导地位，探索建立"三规合一"的协调机制。改变城乡分立、多头分设的规划体制，构建城乡一体规划体制，全面实现城乡空间布局规划、城乡控制性规划、镇村建设规划、产业体系规划，交通、电力、生态环境建设等专业规划全覆盖。

5.4.3 教育培训补充机制

农村城镇化的开放性，重点是实现劳动力的自由转移。目前，劳动力的自由转移不仅受到体制、政策及制度方面的限制，还受到劳动力自身素质方面的制约。

特别是在信息时代，知识的快速发展与更新，对劳动者的素质要求越来越高，因此，劳动力转移受到自身素质方面的制约性越来越强。目前，农村富余劳动力就业的非农化问题是我国农村城镇化发展遇到的最大问题。一方面，我国农村富余劳动力向城镇转移受到计划经济体制下一些制度残余的影响，如户籍制度、农村土地产权制度、社会保障制度等；另一方面，也受到农村富余劳动力自身素质低下的制约。由于市场化改革的渐渐深入，因此，影响农村富余劳动力自由转移的体制性壁垒也在逐渐打破，但农村富余劳动力的素质对非农就业的制约作用也更加明显，结构性失业问题越趋严重。

现在，建立一个协调高效运转的教育培训机制是重中之重，是促进农村富余劳动力就业非农化、推动农村城镇化结构的开放效应增强的根本前提。为了加大对农村人口的文化、技术业务素质方面的教育，只有建立一个有效的教育培训机制，才能不断提高农村劳动力的就业能力、创新能力和创业能力。其主要包括以下内容：一是教育培训的组织管理机制；二是教育培训的资金投入机制；三是培训教员的选聘机制；四是对特困人员培训的扶助机制；五是培训信息的提供机制；六是培训内容的选择机制；七是培训使用的结合机制。只有把以上七个方面真正地、有机地结合起来，教育培训机制才能充分发挥其应有的作用，才会使农村城镇化结构开放效应强化有劳动力的素质保障。

5.4.4 项目成本控制机制

成本控制是项目在建设运营过程中必须要关注的重点，也是项目运行管理的重要内容。

（1）科学编制项目实施方案。采用科学的方法编制与拟定项目的工作目标、计划方案、供应计划、成本预算、应急措施等，以解决质量与费用的关系，掌握与控制项目的进度。为确保项目在预定时间内顺利结束，需依据项目界定、项目顺序和项目工期，进行分析和规划，掌控和节约项目时间。

（2）在成本执行方面应该对成本进行控制，解决成本的整合、分配产品和服务等问题。通过对成本的科学预算，来制定一定的限额，并且在限额的支出方面应该通过对比来衡量各种成本运营的绩效，以减少资金的投入。并且在资金的投入过程中与预测的资金投入相对比，以此来减少差距，可以及时发现问题并解决问题，调整并控制成本的支出，将项目的成本控制在预算范围之内。

（3）形成可持续的"融资—使用—偿还"机制。注重投资回报补偿，科学地计算产品的投入与产出的水平，并且对事业进行价格的改革，以解决在投资时对于价格产生的倒挂问题。为了保护社会资本投资的合法权益，应该将社会资本退出机制进行合理的完善。

5.4.5 竞争性过程管理机制

5.4.5.1 营造良好的社会竞争环境

一是放宽社会资本对城乡基础设施建设投资准入，减少政府干涉，鼓励自由竞争。二是对于社会资本参与城乡基础建设设施的项目，制定相关的标准。并且通过选择合适的投标方式来进行企业的选择，中标的企业一般是通过特许经营或者是租赁的方式来进行投资建设，并且提供服务。在引入竞争机制过程中，可以将原来的单一主体分解为多个不同主体，以科学的管理实现合理竞争与商业化经营。当社会资本顺利参与城乡基础设施建设运营后，再将企业提供的服务进行分解，让企业内部竞争，以此推动技术进步与管理创新，从而提高建设的运营效率。总的来说，就是应充分利用竞争机制来使社会资本更好地参与到城乡基础设施建设运营中来。

5.4.5.2 公开竞争的公私合作机制

一是对于已经建成的城乡基础设施项目，可以实行公私合作的方式予以管理，社会资本主体持有使用权，负责其运营维护，而政府则持有所有权，承担项目的融资风险。二是对于扩建和改造的城乡基础设施项目，政府与社会资本以协议的方式进行合作，由政府发放特许经营权，社会资本则参与建设并负责竣工后的维护管理。社会资本可利用其赢取商业利润，只需向政府提交相关费用即可。三是对于新建的城乡基础设施建设项目，可选择"政府设计和建设""社会资本运营及政府设计""社会资本建设和运营"等模式。以这种公私合作的方式来提高基础设施建设的效率、质量及经营管理水平。

5.4.5.3 形成良性互动的传导机制

社会资本多以直接投资的形式参与城乡基础设施建设，通过社会资本的行为及结果、投资绩效的反馈及根据反馈结果对制度、政策、结构、行为的调整等对社会所有产业部门产生影响，促进产业结构升级、社会总产出与社会经济结构的变化，所以，社会经济发展应是社会资本参与城乡基础设施建设运营的最终目标。以结果信息反馈来调整投资规则与决策行为，按照投资规则规定的相关信息对投资运营进行调控，调控内容决定基础设施的规模与结构。与此同时，基础设施的产业输出会对经济社会发展产生间接影响。

5.4.6 风险预警和防范机制

（1）提升政府主要职能部门自身的管理水平，充分发挥政府的引导职能。引导社会资本的投资方向，为确保社会资本的投资运营方向与政府政策一致，重点对投资风险较大的城乡基础设施项目进行科学的引导。如利用互联网、报刊报纸、电视传媒等各种渠道，向社会投资者提供产业政策、行业规划、价格政策、社会需求、投资形式、重大政府投资项目招投标等信息，从而发挥其引导作用，使社会资本得到充分利用。

（2）建立健全全程履约保障和监督机制，保障项目健康高效运行。可以从以下几个阶段出发，前期招商阶段，改革和完善政府投资管理、引导、监管等机制，强化社会资本参与城乡基础设施建设实施方案的评估论证，减少社会资本能力风险。建设过程阶段，加强城乡基础设施建设项目的进程、质量、成本、程序等监管，尽可能减少建设技术风险。项目运营阶段，定期对城乡基础设施建设项目运营的服务质量、服务诚信与信用、设备维护、价格制定与调整、环境治理等实施监管，从严审查环境评价和治污方案，加强对违规排污行为的惩处力度，推行环境污染治理设施第三方运营等服务模式，降低社会资本管理风险。后期管理阶段，政府与社会资本投资主体提前联合建立城乡基础设施建设运营项目的退出路径，以保障项目持续、稳定地运行。

（3）构建完善的法律法规制度，合理规避基础设施建设运营中的风险。一是要及时整理国家及地方已有的相关法规政策，并合理运用现有政策，创造社会资本参与的良好法制环境。二是要加快制定和完善城乡基础设施建设事业相关法律法规，明确社会资本投资、经营和管理的主体权利、义务和责任，以及政府、相关部门、投资者、经营者之间的法律关系。三是要明确市场准入、产品和服务标准、产权界定、定价机制、税收政策、项目经营、应急管理等相关内容。四是要加强执法监督力度，保证社会资本参与城乡基础设施建设。

5.5 新时代湖南省乡村振兴与新型城镇化城乡生态环境共建共治机制研究

5.5.1 生态文明建设制度保障机制

5.5.1.1 建立生态补偿，实现资金配套

可以利用完善的机制来保障湖南的生态安全。建立生态保护补偿机制，是建设生态文明的重要制度保障。要明确保护生态环境是全社会、全人类的共同责任，其受益的主体不仅是我们个人，更是整个国家。中央十八大把生态文明建设放在突出地位，明确提出全面建设社会主义生态文明的目标任务。确保湖南生态安全必须完善生态补偿制度，以制度来规范生态保护行为。一是发改、财务、环保等相关部门，将生态农业区的保护融入国家生态功能补偿区，毫不动摇地坚持功能区的制度；二是建立健全生态补偿基金与之配套的制度，严格落实、审查专项资金的使用情况；三是严格贯彻落实"治污法"，降低产业去污处理成本，推动企业排污量与成本成正比；四是革新对破坏环境行为的惩处手段，充分利用公共资源监督环境违法行为，动员广大群众、媒体、社会舆论进行监督等。

5.5.1.2 严格环境执法，实现监督评价

为推动生态环境在城乡一体化中规划更合理，实现生态环境与社会经济的共同发展，可以从以下几方面入手：一是严格执行环境影响评价制度，倒逼产业结构优化升级，发展循环经济，充分发挥环境评价对资源配置的积极作用；二是联合执法，通过环保部门积极联合其他生态资源管理部门执法，加大执法力度，确保执法行动的顺利进行；三是加强基层相关部门的执法力量，完善执行人员编制，同时可以加大对环境保护相关知识的宣传力度，动员广大人民群众参与监督，积极举报揭发破坏环境的行为。另外，也可以设立生态环境监察派驻机构，增加执法人员编制，提高执法效率。四是加大环境保护工作的宣传力度，提高群众的环保意识。与环境保护相关的规划要更加合理完善，实现生态环境与社会经济发展同步。

5.5.1.3 完善政绩考评，实现激励奖惩

（1）通过建立一套以绿色 GDP 为导向的政绩考核制度，实现干部政绩差别化考核评价，将考核标准具体化。科学运用评议结果，与目标绩效考核奖励、干部使用挂钩。中共十九大报告提出，"坚持严管和厚爱结合、激励和约束并重，完善干部考核评价机制，建立激励机制和容错纠错机制，旗帜鲜明地为那些敢于担当、踏实做事、不谋私利的干部撑腰鼓劲。"需要完善目标绩效管理，推行差异化考核，拉大不同档次间差距，更好发挥奖优罚劣、提高效能的作用，科学设计绩效考核体系，逐单位逐岗逐人制定绩效考核要求。聚焦优化市场营商环境，

建立和规范干部政绩考核机制，发挥奖励约束作用。

（2）强化督查问责。对落实有力的单位和个人予以表扬奖励，对落实不力的予以追责问责，确保中央和省市的各项干部激励政策的有效执行，产生正向效应。

（3）实现政府内部考核同公众评议、专家评价一同评估。支持社会资金融入生态建设行业中来，解决期间存在的生态环境与同城乡土地开发建设不兼容间的矛盾，使开发者在获利的同时也能更好地保护环境，实现人与自然和谐。

5.5.1.4 强化法制建设，实现管理保障

设立和完善有利于生态文明、环境保护的法律法规，全面贯彻落实建设资源节约型、环境友好型社会，同时，政府也应该发挥其能动作用，结合湖南省的实际情况制定有利于湖南生态文明、环境保护的相关法律法规。虽然生态文明建设作为一个长期的系统工程，不可能一蹴而就，而且建设生态文明也需要一种长期的制约性力量，但是环境保护法作为一种具备强制执行力的制度，对生态文明和谐发展能够起到根本性的保障作用，一旦建立了完善的制度体系，将推动湖南省生态文明建设，并一同推动区域内整体的协调发展。

5.5.1.5 强化政府主导，构建责任机制

政府是城乡一体化建设中的主导者，在生态建设中起主导作用。应加大对环境监督、治理、整治等相关设施的建设。政府科学的宏观调控是生态环境治理的重要保证，为环境保护与环境污染整治奠定了坚实的基础。不断推进管理创新机制，解放思想、拓展思路、实现社会监督，构建环境管理责任机制，构建完善的生态建设制度、加强政府的监督机制，可以从源头上减少环境的污染。在湖南省开展的城乡环境评估要坚决抵制高污染的项目和企业，同时，也要加强对环境基础设施的建设。设立环境保护办公室，下放一些职权给办公室，使环保办公室的职能不仅仅局限于环境保护职能，更能拥有环境监督职能，一旦如此，将可以提高预防污染的效率；健全生态环境应急机制可以及时有效地应对突发的环境污染事件，降低损失。

5.5.2 生态文明建设公众参与机制

广泛开展环境宣传教育，使广大群众了解并参与到城乡统筹发展建设，以群众的才智形成与完善公众参与环境保护的有效机制，形成以群众举报、投诉、听证、环境影响评价、新闻舆论监督、公民监督参与等为主要内容的公众参与机制，在公民反映问题给有关部门时能够及时得到回复与解决，做到上情与下情能够实现信息的双向交流。一是明确公民与非政府组织在政治参与方面的具体权力有完善的相关制度作支撑。二是寓教于乐，采取更加贴近公众生活的宣传教育方式提升群众参与热情。提升广大公众积极参与生态文明建设的积极性和责任感。三是发挥社会舆论的监督与导向作用，监督有关部门依法行政。四是保障公民知

情权,通过各类信息传播渠道加大生态环境信息披露力度。

充分发挥新闻媒体与网站的主导作用,确保信息及时准确地传达给群众。对于可能造成重大环境影响并直接涉及公众环境权益的发展规划及项目,可以采用民主监督的方式适时听取民众意见。鼓励工业企业自觉开展清洁生产与环境污染治理,健全群众监督举报制度,明确举报者的权力与责任及适当给予激励与经济补偿,明确被举报者的权利与责任及防范打击报复等,有效遏制企业污染物偷排现象。

提高全社会的节约意识,倡导节俭、文明、适度、合理的消费观,深入开展各类示范性环境创建活动,积极推动两型社会的构建。积极开展环保工作,实行对口帮扶,尤其从资金、技术、管理等方面给予支持,并给予招商引资及资本运作方面的支持。另外,需充分发挥群众及非政府组织的作用,推动环境文化的普及,监督政府民主决策,架构政府与社会沟通的桥梁。推动公众积极参与,使湖南省的生态建设能够更顺利有效地进行。

5.5.3 生态文明建设决策与协调机制

5.5.3.1 强化环保综合协调的决策机制

在湖南省城乡统筹建设规划的指导下,为进一步理顺城乡统筹的管理体制,需重新制定或修订国民经济和社会发展规划、城镇总体规划、产业发展规划、区域开发规划,建立与完善专家咨询、部门联合会审、公众参与等各项制度,提高决策的民主化和科学化水平。在城乡统筹办组织的协调下,根据空间可持续发展的要求,针对不同地区的不同特点与问题,进行联合规划和区别引导。坚决落实可持续发展战略,要打破地区行政界限,打破部门、行业界限,同时必须做到有重点、有计划、有组织地实施可持续发展方案。对全区的水资源、土地资源、矿产资源及生物资源进行合理开发利用,加强全区管理部门对可持续发展的监督,增强全省对可持续发展的综合管理力度。为了更好地实施,可以建立一个可持续发展优先项目库,投入一批可持续发展项目。观其使用效果,进一步解决全区可持续发展实施中的薄弱环节。

5.5.3.2 健全环境公益诉讼的法律机制

目前,我国人口众多且人口基数大,但司法资源有限,这就使公民、法人和组织在面临环境纠纷时,很难有提起环境公益诉讼的机会,这是我国国情的现状。为改善这一情形,笔者收集了大量西方国家先进的环保立法经验,在立足现实的基础之上,笔者认为适当放宽原告资格是改进环境公益诉讼制度的理性选择。具体制度设计如下:公民在提起诉讼时具有选择权。即公民在遇到环境纠纷时,不仅能以个人的名义提起诉讼,还能申请检察机关代表自己提起诉讼。这样做不仅有助于当公众遇到比较复杂的环境纠纷时,可以交由专业的检察机关协助其提起诉讼,而且更有利于问题的解决,同时,如果由于各种原因诉讼申请被检察机关驳回，公众还可以用个人名义再次提起诉讼，这样的诉讼为环境纠纷的解决提供了双重保障。

5.5.4 生态文明建设激励与约束机制

建立城乡统筹发展综合改革的激励机制，构建一个综合改革的试验平台，为有想干事的态度、能干事的能力的改革创新先行者提供一个能施展自己才干的舞台。建立一种完善的综合改革试验评估机制，明确政府权责，为政府营造一个有利于开展城乡统筹发展综合改革试验的工作环境，面面俱到地为城乡统筹发展保驾护航。

5.5.4.1 运用法律手段构建可持续发展的激励与约束机制

为了保障可持续发展战略的实施，要合理运用政策和法律法规。要在不违背法律的前提下，进行制度创新、政策引导的实验；建立城乡统筹发展综合改革试验的舆论环境和纪律保障，为城乡统筹过程中有效地破解城乡二元结构体制机制障碍提供强有力的保障；要加快湖南省的城乡统筹建设立法进程，制定相应条例条规，维持相关工作的稳定实施和展开，结合当前阶段的目标，阶段性制定地方的法律法规，将城乡统筹建设纳入其中，但这些都要建立在遵循国家法律法规的前提之下，才能确保湖南省城乡统筹建设维持着权威性、严肃性和延续性。

5.5.4.2 运用经济手段构建可持续发展的激励与约束机制

维持可持续发展激励与约束机制的基础是运用经济手段。就目前来看，经济手段激励与约束作用只是在全球经济发展方面较为明显，而在资源的利用方面十分浅薄，所以，当前政府除在环境和资源方面应建立相应收费制度外，不能忘记利用资源经济手段对资源的利用进行激励与约束，尤其是建立完善的资源有偿使用制度与生态补偿制度。其中重点是对土地、水、森林和矿产等资源的有偿使用制度，对破坏环境的生态补偿制度。在资源管理方面，要做到"质"与"量"的统一管理，而不是像以往一样侧重于"量"忽视"质"。就全区生态与环境保护资金不足问题而言，要适当集中资源使用和环境补偿费用。对于资源使用和环境补偿，则可以通过建立全省资源和环境质量恢复补偿基金，实施可持续发展战略。

5.5.4.3 运用行政手段构建可持续发展的激励与约束机制

对全区实施的可持续发展进程进行考核与评估，根据考评结果调整适合省内的发展重点，对相关责任单位与负责人进行不同的奖励与惩罚。可以由各行业主管部门建立自己的企业考核评价指标体系，对企业的可持续发展进程进行考核；根据考核的结果对企业与企业的负责人给予不同的奖励与惩罚。

以规划为向导，制定整个区域的发展规划。与此同时，制定严格的标准，对工业园区企业的入驻制定严格入园条件，以此来保护环境。在面对企业的入驻申请时，要对企业的性质、规模、占地情况等信息进行严格的审查，鼓励高科技、低污染或是能带动当地企业发展的企业入驻。可以在一定程度上对这一类型的企业给予一定的优惠，如在企业进行征地时给予一定价格优惠或是免除部分土地征用费用。这样做可以提高企业的自觉性和积极性，主动选择低污染、低耗能和高科技的产品设备。这样，不仅能减轻地方政府为了完成招商引资指标而盲目引进的企业带来的环境污染，还能提高企业对环保的积极性，能长久有效地解决区域环境污染和生态环境保护带来的问题。

5.5.5 公众环境保护知情权保障机制

5.5.5.1 生态环境保护公众参与工作

积极建立全民参与环境保护的社会行动体系，确保公众主体的广泛参与，把公众拉入到环境法规和政策制定的程序上来，使得制定出台的环境政策趋于科学民主。对于公众参与环境决策实行鼓励机制，应建立健全环境决策民意调查制度。充分挖掘群众监督的潜能，有效扩充环境执法的队伍，加大环境保护知识宣传力度，在全社会形成营造保护环境的良好氛围，树立尊重、顺应、保护自然的生态文明理念。

5.5.5.2 透明的环境信息公开制度

公众参与环保工作的基础即信息公开，非专业的公众参与无法真正落实环保工作。所以相关政府部门应及时且准确地发布环境监测的相关信息。加强公众对生态环境治理成果的监督，提高政府环境保护和治理工作的效率。当前，我国现阶段的状况是民众参与环境的末端治理，即生态环境受到污染等破坏之后民众才做出反应。根本原因在于环保工作的透明度低，因此，加强环保工作的透明度，提高工作效率，对公众有序地参与环保工作意义重大。

5.5.5.3 对环保社会组织的扶持力度

环保事业可持续发展依赖于环保社会组织，环保社会组织在环境政策确定与实施顾问方面发挥着重要作用。对环保组织进行合理规划与引导，有利于公众准确及时获取周边环境，深层次地推进环保工作的治理。

5.6 本章小结

本章通过分析长久以来城乡发展不协调、不均衡所制约我国社会现代化进程与乡村振兴、新型城镇化发展的因素，针对制约因素，基于产业振兴、人才振兴、文化振兴、生态振兴，架构了面向未来发展的五位一体耦合协同发展机制。通过研究得出，新时代湖南省乡村振兴与新型城镇化耦合协同机制的探讨是十分复杂的，除了城乡产业结构融合协同、城乡要素市场深化合作、城乡公共服务均等发展、城乡基础设施互联互通、城乡生态环境共建共治等机制外，还包含其他相关类型的体制机制。例如，网络通信技术的发展、政府利益导向等，但乡村振兴与新型城镇化耦合协同机制的构建最终是由以上五种动力因素综合累积作用的结果。

（1）城乡产业结构融合机制，助推城乡经济协调发展。涵盖城乡产业融合互动机制，城乡生产要素自由流动机制，城乡公共产品均衡配置机制，城市群形成培育协同发展机制，城乡户籍制度一元化推动机制，以工促农、以城带乡的长效机制，深度推进城市经济改革与企业转型，增强城市辐射圈；科学布局城乡产业，促进城乡经济良性循环发展、实现农民稳定增收，达到城乡经济融合发展的效果。

（2）城乡要素市场深化合作机制，推动城乡市场协调发展。基于城乡要素建立城乡要素市场深化合作机制，主要包括城乡劳动要素充分对流双向机制、城乡资本要素自由流动开放机制、城乡土地要素平等交换公平机制、城乡技术要素自由扩散共享机制、城乡管理要素统筹协调共建机制、城乡资源要素合理配置互动机制、城乡金融要素支持补充协作机制，采用财政、投资、购买服务等方式，激励城市资金、技术等要素汇入农村，可以使城乡市场融合发展。

（3）城乡公共服务均等发展机制，推动城乡社会协调发展。实施人口与经济的空间集中化战略，主要包括公共服务的分工协作机制、公共服务均等化体制机制、便利的民众需求表达机制、多元化城乡公共服务机制，实现土地规模化经营，农村人口趋于集中，工业园吸引企业集群，加快新农村建设进度，促进城乡各要素互通互融，实现城乡经济社会持续稳定发展。

（4）城乡基础设施互联互通机制，促进城乡区域协调发展。实现城乡基础设施建设一体化，其中涵盖基础设施融资机制、城乡规划互动机制、竞争性过程管理机制、风险预警和防范等机制。规范管理城乡人口流动，加大对农民工合法权益的保障制度；大力振兴农村教育事业，加强农村技能培训，提高就业能力与水平，推进农村人口向非农村人口转移；完善乡村基础设施建设，实现农村公共卫生、社会保障事业稳步发展，缩小城乡差距，使城乡社会分割向城乡空间融合转化。

（5）城乡生态环境共建共治机制，推动城乡生态协调发展。其主要包括生态文明建设制度保障、生态文明建设公众参与、公共环境保护知情权保障等机制，加强生态文明建设，建设资源节约型和环境友好型社会，使城乡经济与环境能够融合发展。

第 6 章
新时代湖南省乡村振兴与新型城镇化耦合协同模式研究

若要彻底地解决"三农"问题,进一步推进实现现代化进程,则应做到推进乡村振兴和完善新型城镇化战略。完善新型城镇化与推进乡村振兴二者之间具有紧密的联系,二者之间相互联系,相互促进,不可分割,可以构建一个战略耦合的模式。之所以在二者之间构建耦合模式,是因为当前所面临的困境:国家在推进城镇化时,面临着对土地资源利用不合理、资源环境的约束及城市承载力不足等问题。这些问题不仅制约着城镇化的发展,而且农村本身也存在着内部资源短缺、资源配置不合理、与城市之间的体制机制壁垒等一系列问题,阻碍了乡村振兴战略的实施与完善。而新型城市化的推进与完善乡村振兴存在一定的逻辑关联性,有利于解决战略进程发展问题,为实现乡村和城镇共同治理提供条件。一方面,新型城市化推进乡村振兴,关键在于促进城乡资源的流动,将资源合理配置,引导人才等各个方面延展至农村,改善农村发展现状,推进农村发展;另一方面,完善乡村振兴战略为解决新型城镇化推进过程中所面临的"大城市病"、环境问题等提供了重要途径。本章根据乡村振兴与新型城镇化所面临的一系列问题,提炼关键的制约因素,构建城乡多元主体耦合协同模式、城乡各级资源耦合协同模式、城乡综合利益耦合协同模式、城乡网络信息耦合协同模式"四位一体"的发展模式,以期推进乡村可持续发展,促进城乡融合的重大战略,进而破解"三农"困境,实现全面小康的目标。

6.1 新时代乡村振兴与新型城镇化城乡多元主体耦合协同模式研究

6.1.1 乡村振兴与新型城镇化土地整合模式

在推动城乡统筹的过程中,如何进行土地流转是问题的关键。使原本分散的土地,通过"土地流转"的方式重新聚集,发挥自身更大的经济效益,集中土地资源,不仅增加了农民经济收入,而且加快了城乡统筹发展进程。目前,湖南省土地流转进程比较缓慢,导致土地流转在湖南省内城乡统筹过程中并没有发挥出更大作用。为进一步推进土地流转进程,湖南省可采取"抓大放小"政策,即政府掌握全省土地流转的总体趋势，引导各省市的土地流转，具体可交由各县域的政府实施。将推动土地流转的进程与发展城乡统筹相结合，在湖南省省级政府的统一引领之下，各县域根据自己县内的发展情况，具体实施本县域内的土地流转政策。对于流转的土地，可以一部分以土地集中流转作为基础，建立本县域内土地承包经营权的流转价格增长机制，采取奖励补贴等一系列政策来鼓励和引导种植户发展具有现代特色的特色农业和示范的样板，实现土地的集中化、规模化经营。

首先，湖南省政府要重视能源资源在城乡统筹发展过程中起到的重要作用，可以将流转出来土地的剩余部分用来推动工业的发展。其次，可建立"土地银行"。在全省内多个省域进行农村"土地银行"的试点活动，推进土地流转良好格局的形成；在一定程度上改善因各县城乡统筹不一而导致的土地流转滞后的问题；具体提出推进农村土地流转试点的优惠政策，配置专项资金，将试点工作落实到位，彰显出试点区域的带头作用。

6.1.1.1 规范土地流转制度

在推进土地流转制度过程中，农民处于弱势地位，如果政府在制定制度时存在漏洞或不合理的地方，对农民权益的损害是不可弥补的。就目前而言，我国许多农村地区的土地流转情况大多都是农户之间自发进行的，而且还有不少是进行口头协议的土地流转，更有一些农村集体在没有经过农户自己同意的情况下，将土地流转给第三方。由于土地流转的不规范行为，也是导致进行土地纠纷的重要原因之一，所以，一方面政府要规范土地流转制度，明确土地的使用、经营、收益和处置权益，在我国现有的土地所有权条件下，明确土地的使用权和经营权对市场流转。以保护农民的利益为前提，整合土地资源，提高土地生产效率；另一方面，由于我国土地制度具有特殊性，既不同于传统的资本主义国家，又不同于一般的社会主义国家，而且我国人多地少的现状，农村与城市有着不同所有权制度，实行家庭联产承包责任制等一系列制度，都使我国的土地流转不能照搬其他国家的模式，需在我国土地所有制的基础上制定适用于我国的土地流转制度，适用于湖南省的土地流转制度，鼓励大家在土地流转制度上进行创新。

6.1.1.2 完善土地流转市场

农村的土地流转逐步市场化，也逐渐离不开中介组织。目前，在湖南省的土地流转工作中，中介服务的发展还是不够完善，没有形成真正意义上的土地流转的中介服务组织。经过调查发现，在进行农村土地的流转过程中，农民往往很少能获取相关的信息，而其中的中介组织往往是由集体经济组织来充当的。由于集体经济组织既充当了"运动员"的角色，又充当了"裁判员"的角色，因此交易造成了不平等的现象。这种不平等的交易以伤害广大农民的利益为少部分的人提供利益，不仅如此，还损害了社会主义市场体系中的公平性原则，阻碍了土地流转工作的进行。对此，湖南省政府必须抓紧时间培养出自己的土地流转中介服务组织,服务于广大农民,建立起的中介组织应具有以下几个功能:一能及时了解到土地流转的信息,并且覆盖到交易的双方;二能对进行流转的土地的价格进行科学的评估,为交易的双方提供一个参考数据,并在交易过程中对实际的价格进行监督,维护农民的利益;三可根据事实情况来完善土地流转的制度,使双方的交易过程公平而有效;四能监督交易过程,并调解交易后的纠纷,为交易双方提供在金融、信贷和保险方面的服务。在短期内,这种中介组织可由政府临时进行组建,规范当地现有的土地流转市场,而在长期内,可培育出完全的第三方中介组织,并将中介组织进行高级化,鼓励法律咨询、土地事务、土地金融、土地保险等一系列公司的出现,减少政府的参与程度,只保留政府制定制度与监督的权利,而为了确保对交易双方进行约束,维持市场秩序,就必须对中介组织形式和其功能、权利进行立法保护,提高农民的话语权与中介组织的监督权和调解权。

6.1.1.3 强化农民根本利益

土地流转政策的提出是为破解城市建设用地的紧张和农村建设用地的闲置之间的矛盾,其目的还是让城市获得足够的用地指标,农村提高发展效率,形成双赢局面。农村拥有的闲置建设用地,是由于部分进城农民发展较好,融入了城市,脱离了对土地的依赖性,所以其农村宅基地便闲置下来,且由于户籍改革政策,使其部分农民转为城市户口,而他们对耕地的使用权也交由了集体。换句话说,土地的流转是建立在闲置建设用地的基础之上,闲置建设用地建立在农民认为自己能够拥有足够的能力在城市进行生活的基础之上。对于这一过程,不能本末倒置。所以地方政府不能为了争取眼前的建设用地指标,而急功近利地让农民进城发展,而要以长远的眼光,从农民的角度出发,考虑农民失去土地之后带来的影响。土地作为农民的生产资料,也是农民的另一种资产,是农民生活的根本之需求。要想将农民从农村以土地为基础的生活方式转变为在城市以商业化为基础的生活方式,其中的困难不必言说,而学习成本也是很高的,政府必须承担这些成本,并给予一定的补偿,要为农民考虑进城后的就业问题及发展问题,让他们真正融入城市生活中来。

6.1.1.4 积极推行地票改革

地票是一个市场运作并经法律认可的附有经济价值的土地指标,是对用地模式的转变。它不仅保护了耕地红线,更在很大程度上缓解了城市建设用地的紧缺问题,并且激活了农村的土地要素市场,地票的成交价款可全用于"三农"问题,以此促进农业的发展,推动户籍制度的改革。从目前状况来看,这可成为土地流转工作当中最有效的方案。对地票制度进一步加以推广与完善,在湖南省范围内建立起关于城乡统筹的用地机制。

6.1.2 乡村振兴与新型城镇化产业支撑模式

6.1.2.1 加强城乡空间规划协同

（1）要加强相关专业部门之间的协调性，打破产业、交通、城乡规划等专业部门的独立性。依据产业的发展规律，完善城乡的功能结构、建立畅通的交通网络体系、保护当地的环境资源并加以利用，优化当地的沉香产业空间布局，遵循环境容量及区域的利用，制定产业发展的指引，引导城乡产业协同发展。

（2）要对相关产业的资源空间进行布局规划。以生态资源环境的承载力为基础，城乡空间的结构和交通网络的设施为支撑，依据产业的发展来推动城乡产业空间布局的优化，利用城乡空间的整合，以此为产业的发展提供一定的承载空间。

6.1.2.2 强化产区协作城乡联合

（1）推动对内对外的开放，强化区域协作的能力。积极去衔接国家"一带一路"倡议和长江经济带发展的规划，加强和长江沿线及周边区域的协作，推动城乡之间的产业协同发展。

（2）加强城乡之间的产业联系，推动产业的统筹协调。以工业作为主导，推动农业的产业化和现代化，形成城乡产业统筹良性循环。以商贸物流、现代金融和休闲旅游业等作为依托，利用城市的交通体系来加强城乡产业的融合发展。

6.1.2.3 助推主导产业政策引导

（1）用优惠的政策吸引产业转移入驻。在用地、税收、行政审批等一系列环节出台相关的优惠政策，吸引相关产业进行转移；对于重点发展的产业，符合条件的，可给予优先安排等一系列的优惠政策，政府可在一定情况下对此进行扶持；可对涉及转移企业相关企业的员工进行安置和安排其子女入学，出台一系列相应政策优先解决该系列问题。

（2）围绕主导产业打造一系列产业集群，并进行产业链的招商活动。坚持围绕相关产业集群的发展模式，大力推动龙头企业的发展，政府运用政策手段，向重点的培育对象进行资源倾斜，推动龙头企业的发展，使其做大做强，成为产业集群的核心。与此同时，要鼓励中小企业为重点发展行业进行配套生产，进行专业化的生产，形成一个不同规模企业间的合理分工的结构。

（3）加快政府职能之间的转变，尽快调整优化其产业结构。通过制定相关产业的政策，引导社会资源的配置，鼓励并扶持优势产业的发展，限制和淘汰那些高消耗、高污染、低效应的产业，利用经济财政杠杆，促进区域内的优势资源向优势产业的聚集，优化提升资源的利用效率，进一步推进产业结构的优化，并进行调整和升级。

6.1.3 乡村振兴与新型城镇化人才培养模式

要进一步加强对城乡统筹发展与社会协同治理的保障制度，建立一个拥有多方面渠道进行人才引进的机制,并将人才高度聚集起来,与人才运用相结合,出台一系列政策放宽人才回归道路,更进一步地吸引国内外的优秀人才回归,加强我国的人才储备。建立一个人才激励机制,将按劳取酬与按生产要素分配相结合,按劳分配与按生产要素分配相结合,建立和完善这种人才激励机制,对那些吸引进来的人才,给予他们一定数量的物质和精神方面上的双层奖励。总而言之,政府可从多方面、多角度采取不同的方式,从一些基层单位、高等院校等不同机关选拔一批特殊的优秀人才,强大自身团队,优化社会协同治理机构,完善对人力进行保障的机制。

6.1.3.1 建立专业技术人才管理评价体系

(1) 制定一个对专业技术人才业绩进行评价的统一标准,建立一个具有科学性的人才选拔体系,根据工作方面的需求,以公平竞争、优胜劣汰的原则来选拔该方面的专业人才,如对城乡统筹发展的社会协同治理问题有学术性研究的人才,或是有较大发展潜能的技术性人才。

(2) 兼顾主体利益的分配,与利益分配机制相结合,遵循工资与绩效相结合的原则,做到多劳多酬,酬劳结合,要兼顾效率与公平的原则。一方面,从宏观层面来说,对于协同治理各方的主体,要构建一个利益协调的保障机制,坚持共同治理的目标,以效率优先,大力鼓励和支持其各类要素都参与分配,以竞争的方式来分享所得利益,这样还可以保护和激活协同主体的活力;与此同时,政府还要做到公平公正,共同维护协同治理的有效运行,调动起各类主体的积极性与创造性。另一方面,从微观层面上看,确保用人单位应有的权利,即自主进行效绩评估和报酬分配的功效,制定适合本单位发展情况的报酬分配方法,建立起一个多样式的报酬分配制度。对于单位特殊人才,允许单位对他们做出特殊奖励,做到真正实现业绩决定报酬。

(3) 建立一个人才激励的保障机制,营造出一个尊重知识、人才、劳动、创造的就业创业氛围,大力倡导权利、机会、就业、创业、分配等各方面公平的价值导向,让各类劳动者在进行城乡社会协同管理中,都能充分展现自己的才能,让每个人都能在搭建好的舞台上大放光彩,展示自我。

6.1.3.2 建立社会协同治理队伍培育机制

社会工作是一门助人的专业,相对于医学关注在人类生理运作,心理学关注在个人心理现象,社会工作的焦点在于人类与环境的互动,目的在协助个人、家庭、团体、社区能适应所在的社会环境脉络,增强或恢复其社会功能的能量,以及创造有利于达成目标的社会条件的一种专业活动,以预防或舒缓社会问题。就目前而言,我国在社会工作方面的专业化人才严重不足,大大制约了城乡社会协同的治理。当前,我国城乡社会分工日益细化,利益趋于多元化,社会矛盾也更加复杂化,这导致了当前的社会建设任务更加繁重,为保障和改善民生,社会工作的专业人才作用就显得尤为重要,需加大力度培养。为更进一步发展社会民主事业和社会治理的现代化事业，亟须在该方面具有专门知识理论的社会管理工作者发挥自己的积极作用，以此来维护社会的稳定，促进社会和谐与公平的发展。为此，各级政府在承担自身城乡社会协同治理中的责任时，要依据专家的建议制定专业性的发展规划体系，结合城乡社区的建设目标，制定相应政策，划分对应责任，对社会管理工作人才的培养也划入人才发展的总体战略中，对社会组织人才队伍的建设提出指导性意见，为社会组织的管理、培训、教育、评价、评定、保障等作出一系列明确的规定，源头上解决社会组织人才不足的问题。与此同时，加快完善社会工作资格的认证机制，逐步提高社会工作职业化和专业化水平，提供一批高素质的社会工作人才，支撑城乡统筹发展的社会协同治理。

6.1.4 乡村振兴与新型城镇化生态保护模式

生态文明作为现代文明的一个重要标志，对农村生态环境保护也起到了重要的作用，而农村与城市的生态环境也是密不可分的，相互联系，相互影响，但是，由于我国在推进城市化的进程当中，过度重视城市的生态建设发展，而忽略了对农村生态环境的保护，导致农村环境问题日益严重。我们应该明确认识到，农业不仅有经济功能，还有维护生态的功能，农村不仅能为全社会提供大家所需要的最基本的农产品，还起到了一个生态屏障的作用；城市与农村作为一个有机的统一体，相互制约，不仅降低了人民的生活质量，还造成了经济的不可持续发展。

因此，为实现城乡生态统筹，构建一个城乡一体化的生态保护格局，落实城乡的生态要素与功能，明确规定各个区域的定位与发展的方向，政府要大力扶持农村的清洁、生产生活各个工程的建设，推进生态农业的发展，平衡政府在城乡生态环境设施当中的投入，在某些方面，如道路、供水、垃圾、污水等，政府可在该类财政上对农村进行适当的资源倾斜。

6.1.4.1 实现环境的综合治理

进行环境的综合整治是为实现环保低碳的绿色城镇化。以前，我国传统的城市化发展大多消耗了资源，污染了环境，激进性的发展没有考虑过生态环境，在这样的发展模式之下，我国的城镇化并不具备长久的基础，也没有体现出生态文明的最基本要义，严重影响了我国城市化的推进速度和完善质量。未来，发展新型城镇化时，若要扭转这种运行模式，建立一个环保低碳的绿色城镇化，则需要对现行的环境进行整治。

（1）要加强对环境的综合治理。加大对环境的治理投入，构建完善一个多元的投融资机制；使市场机制在对环境的治理中充分发挥自己的重要作用，加强对环境成本污染进行核算；进一步建设可再生能源体系，提高对新能源和可再生能源的使用率；对于目前的污染进行一个整合；如排污、大气污染和城镇废弃物污染等，政府统一征收环保税，加强对环境的保护和生态的修复，让新型城镇化能在优质的生态环境当中健康运行。

（2）在建设城镇中引入生态文明理念，构建绿色生产生活和消费模式。政府要严格地控制高能耗、高污染的企业的发展；实施绿色建筑行动的计划，加大力度发展绿色建设；依据专家的建议，制定合理的生态保护红线，扩大各个城市的生态空间；建立一个完善的废旧物品回收和垃圾分类系统，加强对城镇化进程中产生的垃圾进行无害化处理；只有做到了绿色生产、生活、消费，政府在推进绿色城镇化建设中才能使新型城镇化得到长久发展。

（3）加强在城镇化建设中对生态网络进行建设。未来，发展新型城镇化时，要将生态环境放在主要位置，降低城镇化建设对生态环境造成的污染及破坏，形成森林、湿地、农田和建筑统一集体化的生态网络模式，建设一个生态建筑的示范和推广机制。只有这样，才能推动绿色城镇化的进一步发展，真正实现低碳环保的绿色城镇化，新型城镇化才能高质量地运行下去。

6.1.4.2 推进智慧型城镇化建设

发展智慧新城正是我国目前推进新型城镇化发展的新方向和新目标。它推动了我国实现低碳环保的绿色城镇化的建设，强调现代信息技术和高科技技术的作用，改变了我国传统城镇建设的发展局势，不再是高投入低产出，真正实现将物资、信息、智力三方面资源进行融合。建设智慧型城镇化，将我国社会现代信息资源进一步开发利用，推广智慧型城镇化的建设，加强对信息资源的利用，进一步促进城市规划管理，使其更加信息化、智能化、便捷化、现代化、精细化。在此过程中，加强了对投入要素的利用率，使其成为我国推进低碳环保绿色城镇化中的一种新模式。

要想推进智慧型城镇化的建设，一是建设一个一体化的城镇信息支撑体系。其中要包括云计算服务、城镇感知网络等一系列模式，做到实现智慧型城镇化建设的高起点、可持续性发展及易管理等一系列特点，为政府所需的政务信息资源共享和业务联动提供基础；构建的高度整合的公共服务体系可以为智慧型城镇的建设提供一个基础的平台，加强完备对公共提供的服务，使公共服务信息更易查询。二是加强对城镇化建设的管理，进一步推进网络化在城镇化建设中的应用。加快推进对智能交通体系的建设及完善，减少建设城镇化过程中对周边环境的污染，做到真正的低碳环保、绿色城镇化；注重城镇食品安全，政府要倡导民众进行绿色消费，提高对城镇化管理的精细及智能程度。三是发展智慧产业。随着推动智慧产业的发展，可以引入更多高科技高水平技术，能够提高产业发展的科技含量，与传统的粗放式发展模式不同的是，这种模式降低了产业发展时产生的碳排放量，经济发展进入一个良性循环，提高城镇整体在市场竞争的能力，所以，在推进未来新型城镇化发展的过程中，必须要采取一些有效的措施推动其发展，使城镇化发展更加具有自己的特色，使新型城镇化的发展更加绿色、低碳。

6.1.4.3 建立绿色经济体系

在城镇的经济发展过程当中,要建立绿色的城镇经济体系是十分困难的。根据以往的发展经验,国家在发展城镇经济时忽略了生态环境成本,这反映出我国现在城镇经济体系的一些不合理的方面,从表面来看,我国城镇经济确实是得到了一些较大的增长,但在扣除掉生态环境的成本后,就显得尤为低迷,所以,在推进未来的新型城镇化发展过程中,只有建立绿色的城镇经济体系,才能进一步推进新型城镇化的发展。要想建立绿色城镇经济体系,就要做到以下三点:

(1) 建立一个绿色的现代产业体系。提倡对绿色公益、绿色技术的进一步研发和使用,从专业的角度制定一个绿色制造技术的标准体系,大力倡导企业对绿色食品进行生产,民众对绿色食品进行消费;推动绿色技术对传统产业进行改造,推进在城镇化建设中进行清洁生产,使其形成具有自己特色的绿色现代产业体系。

(2) 建立健全的绿色消费制度。在推动城镇化的发展过程中,政府要大力倡导和推广民众进行绿色生活、绿色消费,建立一个绿色消费的激励机制,通过对价格、补贴、减免税、优惠贷款等颁布特殊政策,支持并引导公众进行绿色消费、出行、居住等行为。与此同时,也要规范绿色市场的秩序和市场主体的消费行为,为民众进行绿色消费营造一个良好的氛围。

(3) 完善健全的产业进退出机制。在发展新型城镇化的过程中,要更加重视产业的进退出机制,尤其是在资源消耗和环境污染等方面要做到严格把关,各城镇可根据自身特点出发,制定适合自己的单位产出能耗和排放污染标准,避免一些异常局面。与此同时,对本地的传统产业也要进行多方位的调整,防止一些高能耗、高污染的产业过度膨胀和发展。

从以上三个方面全部展开,建立完善的绿色城镇经济体系,为实现低碳环保的绿色城镇化贡献力量。

6.2 新时代乡村振兴与新型城镇化城乡各级资源耦合协同模式研究

6.2.1 乡村振兴与新型城镇化社会保障模式

6.2.1.1 确保协同机制有效运行

在我国城乡统筹协调发展的进程中,逐渐形成了社会协同治理体制的基本框架,但如今社会协同治理体制机制在运行中仍存在许多问题:

(1) 现如今协同运行机制长效性不足。从社会事务协同治理的本质来看,这是一种多方利益的博弈和协调的过程,许多社会协调治理组织,甚至包括少数政府部门,都是以获取利益为直接目的,他们在城乡统筹协调发展的进程中采用的方式和手段在很大程度上都是为了有回报的索取。只有当满足他们的所需、保障他们所得的利益，政府部门与市场主体、社会组织、社会公众之间才能互相建立起信用关系，才能确保城乡统筹协调发展过程中社会协同治理机制的长期运行，但是，由于我国城乡统筹发展的经济基础相对比较薄弱，融资环境尚未完善，加之政府对这方面的财政投入有限，因此，导致社会协同机制缺少长效性。

（2）协同运行机制缺乏能动性。现如今，我国城乡统筹发展中存在着社会协同治理运行动力不足、运行乏力等问题，特别是城乡接合部，常常出现"缺了什么才补什么"的现象，并且不够及时、不够充分。

（3）协同运行机制缺乏衔接性。在我国城乡统筹发展进程中，社会协同治理的相关优惠政策和治理方案出台的同时，并没有相对应的运行监控保障机制，因此，社会事务管理中的"协同治理"效果也难以得到真正的实现，所以现如今必须建立起一套科学规范、体系完备、运行协调、开放有序、保障有力的社会协同保障机制，从而推动城乡统筹发展，在此过程中，社会治理各协同主体形成发展集体行动，其工作围绕城乡统筹发展中城乡社会治理目标有序开展，形成推动发展的"正能量"，消除"负能量"。如果在运行过程中缺乏保障机制，那么城乡社会协同治理机制运行就会出现无序和紊乱，多元主体的"协同"工作也很难实现，如此也就无法形成有效的协同效应。

6.2.1.2 提高多元主体协同绩效

社会协同治理运行保障机制的一个最重要的功能便是保障社会协同治理中各类主体之间的平等合作，整合和发挥各类协同主体的资源优势，从而实现城乡统筹发展中对城乡社会治理"整体大于部分之和"的扩大效应。在城乡统筹发展的进程之中，社会协同治理机制运行的调控方式会致使政府的地位和角色发生根本性的改变。政府变成了一个整体或一个系统的组成部分，政府决策权的行使以便利和观察社会活动为依据。建立协同治理保障机制，可以促进多主体之间的良好合作，以保证多主体间的平等参与，其可以改变政府一元权力中心的政治格局，社会组织、企事业单位、公民等利益相关主体都可以成为治理主体，从而可以使社会协同治理的决策主体、执行主体、监督主体的范围得以扩大，如此便可以增强决策的合法性、执行力的有效性和监督的及时性。加强社会协同治理运行保障机制，可以确保政府部门、社会组织、企事业单位和公民个人的资源、知识、技术等优势得以充分发挥，实现发挥的整体功能大于各部分或各子系统单独的彼此分开时所发挥功能的代数总和，从而使得社会协同治理能够达到 $1+1>2$ 的效果。为了实现这种总体功效叠加的效果，应该建立起相应的保障机制，为多元主体的良好合作创立一个完善的环境。

与此同时，社会资本是协同治理能否实现的关键。社会资本的存在状况，在很大程度上决定了协同治理的广度、深度及治理的效率。其中包括人力、物力等社会资本的限制性和分散性在内的一系列因素，是影响城乡统筹发展过程中社会协同治理效率的隐性条件。然而，作为隐性条件的社会资本，其又同时具有信任、互惠、规范等要素在内的内在关联结构，因此，只有建立起良好的监控保障体制，把有限的社会资本加以分散，才能实现社会资本的累加效应，否则即使社会资本具有极高价值也难以实现其社会价值，难以提升城乡统筹发展协同治理的效率。一方面，在多主体互信、平等协同治理的基础上，有利于治理过程中多方主体的协调与合作，有利于效率的提升。而保障机制的建设，为社会资源的优化配置奠定了协同治理效率提升的基础。保障机制引导了资金、人才、信息资源并进行优化配置，如此不仅加强了多元主体的协同能力，也增加了多元主体协同发展的长久性的功效。另一方面，保障机制的建立也有利于各主体自觉提高效率，提升投入的高效产出。

6.2.1.3 增强协同治理内生动力

社会协同治理机制是，针对参与社会协同治理质量和效率保障的所有要素相互关联，相互制约，从而对其发挥保障效用的一个运行机制。这是一种全方位、多层次、具有复杂结构的系统。在系统运行中，如何充分调动各利益主体的主观能动性和积极性，是社会协同治理发挥作用的关键。建立社会协同运行保障机制，其意义是在实现公共利益最大化的前提下，不仅要照顾各类协同主体的利益关系，确保各类主体利益均衡，实现分配公平；而且还要坚持优先提升社会效率，维护和激励协同主体的活力，为城乡统筹发展、协同治理提供永续的动力。由此可见，在城乡统筹发展的过程中，社会协同治理保障机制是加强社会协同治理中多元主体增加内生力的重要途径。现如今，我国城乡统筹发展过程中，社会协同治理的质量保证，并不是由某一方决定的，而是需要各个治理主体的通力协作，因此，必须在社会协同治理中利益相关的多主体之间寻找一种利益平衡，从而确保多主体之间的整体利益最大化。如此就要求构建科学合理的利益保障机制，充分调动多元主体的积极性和能动性。然而，事实上，参与的多元主体之间，在治理过程中必定会存在各种相冲突的利益，这种相冲突的利益会受共同价值观的引导而服从于公共利益，并且各协同主体对公共利益会时刻保持强烈的敏感性，同时，也愿意为公共利益的最大化而适度放弃个人利益。协同主体之间互相理解，相互尊重彼此的利益追求和价值观，愿意为了公共利益的实现而协调自己的利益。这种对于公共利益的共同追求，有利于引导多元主体缓解利益的冲突和分歧，从而达到基础上的一致，以此推动各主体之间增强自身的主观能动性。与此同时，协同治理可以促使公众相互之间、公众与企业之间、公众与社会组织之间、公众与政府之间、公众与整个社会之间建立起非常密切的联系。不仅如此，协同治理在确保社会公众享有平等的话语权的同时，还能够有效地维护公民和社会之间的共同利益。

6.2.2 乡村振兴与新型城镇化经济社会模式

坚持城乡统筹发展为社会发展导向，从以下三个方面完善社会财政保障系统，从而保障城乡社会协同治理的有效开展。

6.2.2.1 构建城乡社会治理融资新型模式

为了构建城乡社会治理融资新型模式，政府不仅要大力加强对财政的支持力度，更要积极地与社会群体进行交流，从而进一步推动城乡统筹兼顾，立足政府在社会中的主导地位，从而完善基础设施。首先，应该落实国务院所要求的指导意见，政府要积极地和居民融合，建立新机制，不断完善和创新融资方式。积极向国际学习，采纳其所推崇的"PPP""BOT""BT"等模式，合理地吸收资金以及资本，为城乡社会治理提供充分的资金基础。与此同时，还要对农村的优惠政策、分配制度进行改进，使农民充分享有资金，进一步提高农民投入的积极性。推动城乡一体化建设，将城市的资金技术等基础设施不断地流入农村，从而进一步打破城乡二元体制。

6.2.2.2 健全农村公共服务经费保障机制

健全农村公共服务经费保障机制中最重要的就是加强对农村公共设施的改革与建设。政府要结合农村当地的具体情况创新机制，要加大政府的财政投入力度，对农村的建设进行足够的资金投入。

（1）政府方面，要进行全额的投入。对城市的公共建设要到位，如建设图书馆、展览馆等所需的经费，政府要进行预算并对其进行足够的资金提供，进一步提升政府的服务能力与服务水平。

（2）政府企业方面，要共同进行资金投入。政府主导的行业，可以鼓励企业适当地投入企业成本，以政企合作的形式保证财政的投入。政府既可以对财政制度方面进行支持，也可以在财政上对企业进行适度的帮助。比如，政府可以鼓励企业办学校、医院等建筑。

（3）建立专项经费。对于存在公共安全危害性、环境破坏性隐患的行业，政府部门可以采取行政干预的措施，要求建立专项治理经费。譬如，要求存在环境破坏隐患的企业，设立环境治理专项经费，在加强企业自身设备改造的同时，还应避免环境的破坏。

6.2.2.3 改革城乡统筹发展财政供给体制

合理地规划中央与地方对各级地方政府之间的财政支出责任是其关键。只有明确中央与地方政府之间对社会保障之间的责任与关系，才能明确地方各级政府在其社会保障项目当中所承担的具体责任。就我国目前的情况来说，综合考虑当前政府对地方财政支出及社会保障的实际需要，我国中央政府应继续加大对财政保障的投入。通过一系列方式，地方政府的财政支出水平稳定，缩小地区之间的差距，从而确保社会协同治理能顺利进行。

6.2.3 乡村振兴与新型城镇化产业集群模式

当地的整体经济发展水平对城乡经济发展起着基础作用。例如，江西还有江苏的南部地区的城乡协调度相对于中部和北部较高。起决定性因素的就是南部的整体经济发展水平高于其他地区。经济水平高，就能提供足够的资金，就能更好地优化城乡关系。苏南成为"乡镇企业"的原因不仅是因为其城市的经济发展水平高，最根本的还是当地的乡村工业发展位于全国首位，所以，要想提高城乡关系的协调度就得用城市的经济带动农村工业的发展。将城市工业优势代入乡村，促进城乡产业合作，可以通过对城市和乡村的空间布局与合作机制进行改进。

6.2.3.1 优化城乡产业空间布局

一般情况而言，城市和乡村的产业空间布局是不同的，城市产业聚集性较强，而乡村的就相对分散，所以，在构想当地城乡产业空间分布的时候要对当地的空间特性与资源进行构想。

每个地区的中心城市的产业基本以金融贸易、文化教育等现代服务业或者高新技术产业为主，其目的是增强当地经济的活力与企业的创新。传统的密集型产业可以通过多种方式（技术转移或者兼收并购）向城市聚集区进行转移。相关的传统企业经过转移得到发展与创新，同时，中心城市由于接待了这些产业，产业的形式不再单一，减少了相同产业的竞争压力。

县级城市位于中心城市和乡村中间。其充当着资源流通的桥梁。县级城镇对产业进行精准定位，加快产业转型升级，促进资源整合，从而改进乡村产业分布散乱的缺点，促进产业集聚，进一步提升工业的竞争力。另外，随着乡村产业的聚集，乡村多余劳动力流入城镇，推动农村居民市民化。由于劳动力大量流入城镇，因此，城镇的相关基础设施也得到完善，有利于分担城镇的压力。

一些地区可以对农业进行现代化改造，向第二、第三产业的方向发展。农村的基本定位是为城市提供粮食、农副产品及为一些工业产业提供原材料。一些乡镇可以根据其优势及当地环境要求，适度发展一些符合当地特色的工业。为了方便农业生产与农民的生活，乡镇地区还应该为农业的生产提供服务。例如，提供农机农具或者兽医等。农村乡镇还可以利用当地的自然风景特色，发展服务业、旅游业或者观光业。

6.2.3.2 建立城乡产业合作机制

当前，城乡之间最显著的一个问题就是劳动力的问题。由于农村的大量闲置劳动力涌入城市，使得乡村的经济建设失去了大量劳动力，同时，也给城市的管理增加了负担，所以城乡的产业合作就有利于解决这个问题。劳动力转移的问题是由于城镇比乡村的条件要良好。农村对劳动力的吸引力较弱。针对这个问题，可以通过城乡合作，对农村进行开发，让城市的一些优势转移到农村，促进农村经济的发展，从而推动农村对劳动力的吸引力。以旅游业为例，如果农村单单根据当地的环境来开发，那么是不能达到预想的，所以需要城市与农村之间的合作，城市为乡村旅游业的建设提供资金的帮助及基础设施的建设。城市的居民还可以为农村产业提供稳定的客源。位于中心的城市往往拥有充足的时间，中心城市可以为农村旅游业的发展提供固定的客源。模拟乡村发展旅游所需的资金也比较少，所以可采用个体经营或者合作经营的发展模式。虽然一些距离中心城市比较远的农村地区缺少客源，但是当地的自然风景较秀丽，并且还保留了许多民俗传统。尽管交通不便，但这个对于城市旅游者吸引力较大，所以乡村经济的发展初期困难较大，政府可以为其提供帮助。这种合作方式既开发了农村的经济，合理利用了农村的资源，又为城市居民提供了体验农村生活机会。与此同时，促进了城乡居民之间的交流，增加城乡经济一体化，并且有利于城乡经济融合的发展。

6.2.4 乡村振兴与新型城镇化城乡交通模式

想要解决城市的"内畅"问题，必须完善城乡之间的交通基础设施。城乡之间的交通网络可以推动城乡一体化建设和引导城乡一体化的发展，所以不断地完善城乡网络的交通体系有利于实现城镇与乡村之间在地域上的联系。完善城市网络交通体系应先优化城市的干线及整体的布局，对公路系统进行改造，从而加强城市与乡村之间的联系，并且由于交通网络不仅局限于公路，因此，要向铁路港口等多种运输方式进行延伸。

6.2.4.1 实施差异化交通分区

在城乡交通建设的过程中，既要创新发展又要有所保留。城市与乡村之间存在差异，交通也不例外，因此，要针对各地的特色进行不同的发展。只有对各地不同的交通政策进行分区，才能实现城镇之间的协调发展。并且不同的区域其发展的目标也有不同，所以，为了使交通结构实现最优化，要对不同的区域进行不同的改造，达到交通分区目的。

（1）对交通的政策进行分区。从古至今，中国的城乡差别就比较明显。城镇与乡村在人口的分布，经济的分布及空间的形态上都存在着差异。这就导致了一些新老城区存在着不同的交通特征，因此，交通设施的水平及当地人民的需求也存在着差异，所以要对交通的政策进行分区。

（2）对交通的指标进行分区。由于各地的用地功能不同，空间分布不同，所以导致交通的特殊用途也有不同。由于经济的快速发展，不仅有公共交通，一些有条件的家庭也有私家车，所以政府要通过制定相关的政策及手段对各个区域的交通进行合理配置，对土地进行合理的使用，从而缓解城市与乡村的交通矛盾。

6.2.4.2 构建综合交通网络体系

为了使城市和乡村联系更加紧密，实现对城市与乡村服务的均等化，要在各城镇之间搭建交通运输网络。形成三级网络可以加强乡村中心城镇及小城镇之间的交通运输，减轻城市交通压力。

（1）为了形成城乡的基本框架而搭建的区域骨干的交通网络。它主要由铁路、公路及城市轨道、航道组成。这个交通网络主要的任务就是负责周边县区的运输，监督大容量客货的运输，对城乡进行统筹发展。

（2）为了强化小城市的交通而搭建的城乡干线交通网络。它主要由各个园区的公路组成。此交通网络主要包括各个城区之间的联通。其主要任务是加强小城市的交通节点作用，沟通小城与大镇之间的联系，促进交通流动、城乡沟通及缓解压力。

（3）为了促进公共服务均等化而搭建的城乡集散交通网络。它主要的任务是监督客货的运输及对外的运输。由农村之间旅游景点的公路和航道组成，有利于推动农村旅游业的发展，促进城乡一体化。

（4）大力发展服务于城乡运输的系统。给城乡交通提供基础设施。随着科技的发展，现代网络化体系的普及，交通运输网不能仅仅停留在现实社会中。为了使交通运输网络体系专业化，政府要积极构建城乡运输枢纽站场。合理利用城乡的资源，因地制宜地发展各种城乡交通，使城市与农村之间的交通枢纽协调化，推动城乡交通枢纽合理化，使城乡交通基础设施一体化。

6.2.4.3 推进城乡公交一体化

为了加快推进城乡统筹的发展，政府要积极推动交通网络体系的构建，打破城乡二元结构，加强城市与乡村之间的联系，推动资源的共同享用，从而实现城市居民与乡村居民之间的均等化。

（1）对城市及乡村的公共交通进行整体化的调整。城市与乡村对土地的利用方式不同，因此，对城乡道路调整时要进行不同的规划，合理配置资源，对线路的规划要体现高效性。既要对城市进行合理的规划，也要考虑农村条件，推动城乡统筹规划。由于公共交通资源分布不均，城市与乡村的结构布局不同，因此，公共交通网络在城市与乡村之间要分步构建。首先，城市的公共线路，使公共线路服务于城市各建筑用地，方便居民的日常出行；其次，分布在城市到城镇之间的线路；最后，连接城市到乡村的公交路线。

（2）组织协调城乡之间的换乘体系。为了使城市与乡村的公交不断完备，政府要对城乡的公交技术设备进行统一，制定一个统一的标准，推动城乡统筹兼顾。例如，涪陵对公交接驳方面有深刻的理解。涪陵不仅考虑对中心城市的公交系统进行改进，而且还结合城市与乡村的不同，建立了一个多层次的网络体系。既考虑到了中心城市的布局，也对乡村进行了更多的考虑，从而更能够推进城乡客运系统公交化，推动城乡统筹发展。

6.3 新时代乡村振兴与新型城镇化城乡综合利益耦合协同模式研究

6.3.1 以特色农业产业化破解城乡二元结构

6.3.1.1 新型农村应首先树立起发展特色农业的理念

湖南省省内含有湘、资、沅、澧四水，水资源丰富，且处于亚热带地区，年均光照、热量充足，极其适宜各类杂粮的生长及有利于各类谷物碳水化合物的积累，拥有如此优厚的条件，湖南省素有"稻米之乡"的美称，因此，新农村的发展应树立发展特色农业的理念，着重发展黄花、湘莲、生姜、冬菇、薏米、辣椒等优势谷物杂粮。

6.3.1.2 新农村应走特色农业产业化发展道路

政府积极引入和培育经营规模大、管理水平高、辐射带动作用强的龙头企业，大力发展农民专业的农业合作社和协会组织，通过建设规模化、标准化、专业化和集约化四化一体的生产基地，加快推进农业产业化集群示范区建设，大力发展龙头企业，并辐射带动农业合作社的农产品生产、加工和出售，提高我国农业产业化规模，增强农业面对市场的抗风险能力。

以此促进农业发展、农村繁荣、农民富裕，实现我国农业发展现代化，增强城乡发展的协调性、一致性、可持续性，破除城乡发展的二元结构。

6.3.2 以新制造业为支撑实现城乡协调发展

制造业在城乡统筹发展中起着不可忽略的作用，以制造业的升级发展推动工艺技术的进步、产品革新、延长产业链、扩大产业规模、增加产业效益，使产业产生集聚和扩散效应，推动经济空间的集聚，从而推动人口在空间的集聚，进一步推动教育、医疗、网络、交通、娱乐等基础服务业的发展，在劳动力与人口往城乡集聚的过程中，带动周边农村地区的发展。

在国家战略"中国制造2025"的大背景下，湖南省应主动对接、求新求变，拒绝走"能源驱动""人力驱动"的旧路、老路，主动追求新型发展道路。谋规划，求发展，依靠"科技驱动""人才驱动"等新型可持续发展途径，以新兴制造业来统筹协调城乡发展。合理规划布局装备制造、新材料、节能环保等八大新兴制造业，加快实施发展煤机装备、新能源汽车、铝工业、轨道交通、现代煤化工、煤化工装备、煤层气装备、电力装备八大领域重大项目，促进制造产业集聚化发展、推动产业结构优化升级、提高城乡就业率、辐射带动相关产业的综合发展。

6.3.3 以旅游产业为主导产业实现城乡联动

相较于农业和以资源为主的工业，湖南省凭借其丰厚的旅游资源，旅游业发展迅速，旅游业更能加强城乡之间的交流联系，促进城乡之间要素流通，对城乡统筹发展的作用更大。理由如下：

（1）旅游业相较于其他行业，门槛较低，其中的大部分岗位对于个人的文化水平和年龄要求并没有太多规定和限制，这可为湖南省众多的低学历劳动者提供大量可靠的就业岗位，而且这部分农村当地劳动者熟悉当地的地形、历史、风俗等，能够更好地引导外地游客了解当地文化，如果再对其加以技能性的培训，那么这部分劳动者便可承担起旅游所需要的接待、服务、卫生管理等工作，成为旅游发展的主力军。综上所述，旅游业在转移当地农村剩余劳动力，解决当地就业问题上发挥了不可忽略的作用。除此之外，旅游业作为综合性较强的一门行业，若发挥其关联性的特征，则可以带动包括交通运输业、房地产业、旅游商品加工业等相关行业的协同发展，不仅显示出旅游业就业潜力大，而且能够带动就业能量大的发展优势。

（2）发展湖南省当地的旅游业能够主动地吸引外来自有资本，将以往一般性的生活性资产和农业生产资产转换为经营性资产，旅游业具有投资小、回报大的经营优点，这种特质刺激了当地农民自觉的投资旅游业。除此之外，各农户还可以联合经营发展，将农户分散的资金联合起来，追求发展规模效益，从而实现资源共享的农户之间的优势互补。

（3）旅游业不仅可以充分利用当地的土地资源，直接推动当地的经济发展，与此同时，在开发过程中还可形成现代化的自然环境景观。乡村旅游业发展的首要前提是具有良好的当地自然景观，如此才能吸引外地游客，因此，发展乡村旅游业便要注重对当地自然资源的合理开发和应用。这些措施对乡村基础设施的建设、现代环境和生态理念的普及、城乡文化交流、农村劳动力就业问题的解决起到不可磨灭的作用。

综上所述，湖南省实现城乡统筹的首要任务便是要充分利用当地旅游资源，大力发展乡村旅游业，争取将乡村旅游业作为当地的经济支撑产业，同时，还可带动相关产业的发展，充分发挥旅游业在城乡统筹中对劳动力、资本及土地的配置作用。另外，在发展乡村旅游业的同时，不可忽视对工业和农业的发展，要不断优化二者之间的产业结构，统筹协调发展三大产业。

6.3.4 以生产性服务业为纽带实现产城共融

生产性服务业能使人力、财力、物力等资源得到充分整合。不仅如此，生产性服务业在推进产业发展与城镇化进程中也发挥着不可磨灭的作用，因此，生产性服务业成为在城乡统筹进程中促进产城融合发展的纽带。

（1）生产性服务业有利于专业化分工与技术进步、提升整体劳动率、增加产品附加值与知识技术含量，从而推动经济发展方式加速转变，推动产业结构不断优化升级。

（2）生产性服务业可以提供更加丰富的就业岗位，吸纳更多的劳动力就业，缓解城市就业压力，这是解决就业难题的一种有效途径，以此推动城市经济发展，促进城镇化发展。综上所述，在城乡统筹的进程中，应大力发展以高新技术为依托的生产性服务业，将生产性服务业作为纽带，从而实现以产带城，以城促产，产城共同发展。

6.4 新时代乡村振兴与新型城镇化城乡网络信息耦合协同模式研究

6.4.1 建立信息资源发布共享平台

为确保协调各主体及时掌握信息并运用信息，信息需要及时、准确、快速公布，如此才能更好地让信息帮助社会事务的协同治理。政府作为主导主体，应引导多方协同主体按照《信息公开条例》的规定，创新信息公开方式，扩宽群众获取信息的渠道，通过多种有效形式和信息渠道（特别是各类新闻媒体）发布信息，从而实现社会治理体系内外的信息互通、能量互传、治理互动。不仅如此，政府还可以通过社会化运行机制，向社会力量购买服务，将政府信息委托给信誉度高、技术专业、实力雄厚、业务能力强、服务质量好、社会认同度高的社会机构加以发布，形成以政府为主导、社会协同、多元参与、共同开发的信息资源格局。与此同时，建立一套"信息采集、制作—信息筛选审查—信息最终发布"的科学严谨的现代信息发布流程，促进信息发布流程的规范化、科学化。除此之外应对信息的反馈情况及时收集，整合梳理各协同治理的主体对治理进程中的意见和建议，从中选择出最有利于社会事务协调治理的意见，有利于协同治理长期、有效、可持续、稳定发展。

6.4.2 建设现代信息技术支撑系统

随着城乡统筹发展的持续推进，政府、社会组织、企业之间的联系不断紧密，政府应随着时代的发展采取相应的措施和手段来实现政企合作、政社合作，为了吸引更多的民间组织参与到城乡统筹发展社会协同治理工作中来，需要政府不断改变和创新社会协同的信息手段。另外，由于当今世界的科技发展迅猛，在城乡统筹发展社会协调治理工作中，现有的"粗放型"治理方式已经不能够满足于城乡统筹工作的需要，政府必须树立"互联网思维"和"大数据思维"，充分利用如今大数据时代的科技条件。通过建立城乡社会治理信息联动平台、综合信息服务平台、公共危机应急联动信息管理平台和社会公众诉求信息管理平台，可以全面、迅速、深度收集和整合信息资源，建立起覆盖城乡、动态监控、信息共享、快速高效的城乡社会协同治理信息系统，不断加强城乡社会协同治理的协同性、灵敏性、回应性和高效性，避免协同主体之间、城乡之间形成"信息孤岛"，有效克服城乡之间、各类协同主体的信息交流障碍，实现城乡之间信息、资源的融合共享，增强社会各信息主体之间的信任度，推进和确保城乡统筹发展的顺利进行，提高社会协同治理的信息化水平。

6.4.3 建立健全信息反馈控制系统

信息反馈是指由控制系统把信息输送出去，又把其作用结果返送回来，并对信息的再输出发生影响，起到制约作用，以达到预定的目的。社会管理多元主体的出现，是立足于各参与主体自身能力的差异而产生的各种现实需求。由于各参与主体自身能力的差异导致各主体对信息获取的结果并不一致，而主体之间的合作可以实现优势互补，因此，为了促进多元主体能够实现协同合作，需要建立信息共享和信息反馈装置。实现信息共享，可以确保各主体之间都可以充分了解社会各类信息。首先，要进行信息系统的建设，不仅要保证民意反馈渠道的畅通，还需要广泛收集社会管理信息，形成互通互联、方便快捷的信息传递系统。其次，要加强对各类所收集的信息进行筛选的能力，要对信息进行科学甄别、正确判断和合理取舍。对信息进行分类，要做到所传递的都是及时、有效的信息，为社会协同治理的决策提供来源可靠的信息和科学依据。信息共享的实现，不仅依赖于诸如会议、文件档案等传统的信息传递手段，也要充分利用"大数据"时代背景下的现代数学科技技术和互联网新媒体进行信息共享平台的搭建，实现各信息主体的资源共享和信息协同，减少由于信息"垄断"、信息"缺失"、不对称导致的协同主体决策和行动的延误。建立健全信息反馈控制系统，有利于提高协同主体集体行动的一致性和协调性，能够加强合作主体在城乡统筹工作中社会协同治理问题上的回应力，进而实现各类主体的良好协同的放大效应。

6.5 本章小结

乡村振兴和新型城镇化战略均是解决"三农"问题、实现现代化的重要途径。二者互为联动、相互促进。

本章根据乡村振兴与新型城镇化在实施过程中的突出问题，提炼其主要原因，进而提出城乡多元主体耦合协同模式、城乡各级资源耦合协同模式、城乡综合利益耦合协同模式、城乡网络信息耦合协同模式四位一体的主体模式。

（1）构建城乡多元主体耦合协同模式。从土地整合、产业支撑、人才培养及生态保护四个维度对乡村振兴与新型城镇化的主体进行了系统的分析。

（2）构建城乡各级资源耦合协同模式。分别从社会保障角度，经济社会角度，产业集群角度及城乡交通角度就乡村振兴与新型城镇化资源耦合协同问题进行了探讨与研究。

（3）构建城乡综合利益耦合协同模式。基于产业的角度，分别从农业、新兴制造业、旅游业及服务业等多方面对乡村振兴与新型城镇化的综合利益问题进行全面剖析。

（4）构建城乡网络信息耦合协同模式。构造以建设信息资源发布共享平台为核心，以建设现代信息技术支撑系统为动力，以建立健全信息反馈控制系统为保障的网络系统，实现乡村振兴与新型城镇化网络信息的同步发展。

第7章
新时代湖南省乡村振兴与新型城镇化耦合协同对策研究

本章根据新时代湖南省乡村振兴与新型城镇化关系面临的关键转型这一发展背景,对湖南省城乡规划做出适当调整。根据湖南省城乡发展及城乡规划的实际,探索新时代湖南省乡村振兴与新型城镇化耦合协同的发展对策;适时转变城乡规划编制的理念,同等对待城乡的发展;从政府、社会、产业、生态四个方面提出新时代湖南省乡村振兴与新型城镇化耦合对策,以促进湖南省城乡一体化规划的编制、审批、实施、管理、监督及评价,加快实现湖南省城乡一体化的进程。

7.1 新时代湖南省乡村振兴与新型城镇化耦合协同政府对策研究

7.1.1 构建农业产业化支持政策

湖南省农村经济基础差、增长能力不足是阻碍统筹城乡发展的主要因素之一。湖南省应极力推进农业产业化,均衡布局城乡产业结构,进一步推进湖南省城市大工业支持与农业产业升级互动,通过深入开展城乡产业合作,打好农村经济增长基础,提升农村经济增长的能力。

7.1.1.1 大力发展农业产业化龙头企业

工业与农业对乡村的发展有重要影响,因此,在夯实农业发展的过程中积极推动工业的发展,以培植农产业为带头产业。对于政府扶持手段,要对农业及一切能为农民带来福利的产业进行扶持。在财政方面给予补贴,金融方面给予贷款折扣,税收方面降低收税等多项政策。通过政府的多项补贴手段,湖南省应以发展农产品加工龙头企业为重点,扩大生产规模,使其不断完善。加快推动农产品加工业发展,推进农业产业化经营,以壮大龙头企业为重点发展对象,加大资金投入量,同时,积极推进企业与中介组织和农场的"九联模式",引导企业建立工厂生产基地,并按国际标准组织生产、加工和出口贸易,提升湖南省龙头企业的发展潜力。

7.1.1.2 进一步优化农业产业结构

优化农业产业结构,有以下根本任务:第一,以提高经济收益为目的,调整农业产业内部结构，重点发展特色农业，坚持以国际市场为导向，大力推进湖南省农业发展。为了湖南省农业发展在市场上稳定立足，要紧抓市场需求导向，利用自己独特的优势形成重点。要做好特色农业区布局，选择选址好、规模大、资源丰富的地方进行整合，形成特色产业带。湖南省政府应积极鼓励乡镇实行一镇一业、一村一品，开发具有地方特色的优质产品，争取国、省和市级的农产品品牌。第二，大力发展创汇农业，鼓励农产品出口。制定相关出口政策，引导企业将当地优质农产品加以包装以扩大出口；提高农产品出口退税率，改变现行农业文化电子配额制，扩大出口商品招标范围；根据口岸经济的规定，借助国家高等重点开放园区，进一步发挥湖南省农村土地等资源丰富的优势；通过加大农产品的出口份额，建立农产品出口基地，政府支持等各项措施来扶持湖南省产业化经营的出口企业。在市场方面，加大农产品国际市场，形成多元化的市场局面。第三，重点发展城市农业。发展城市农业能有效地将城市和农业结合起来，促进城乡之间人口和资源的有效利用，同时，也有利于城市环境的改善。近几年，国内许多大型城市都相继提出了城市农业的发展规划，并出台了一系列的相关措施。通过学习和借鉴国外城市农业发展的经验，积极推进我国城市农业的发展，努力把湖南省郊区农业生产与城市经济结合起来。利用城市技术、设备、人力资本、市场等优势资源，重点发展现代农业产业，发展农产品生产、深加工、流通、运输等企业，增加城市农业含量。第四，大力发展旅游农业。大力推进农业旅游建设，规划建设具有旅游观赏、自采、品尝消费、体验农业、文化娱乐、欣赏当地文化等功能的现代农业旅游区，使其具有特色的乡村生活。观光农业的发展不但要依托当地的著名景点，更要通过现有旅游景点的人流量来推动观光农业的发展。在建设生态城市的理念下，湖南省要以城市环境保护为基本出发点，大力发展生态绿色农业，利用最新技术提高城市环境产销率。第五，大力支持植树造林，为建设绿色长城，创造良好、优美的城市环境。合理规划农业品种布局，使湖南省各区形成独具特色的核心竞争力园区。

7.1.1.3 从组织机构上保证农民顺利进入市场

湖南省要成立农民合作经济组织和农产品行业协会，调动农民对农村专业合作社的积极性，提高农民的技术水平和生产率，从而保障农民顺利进入市场。需要指出的是，在专业合作社的作用下，既提高农民生产的专业化水平，又不忽视供销社的综合服务功能，同时，在建设专业合作社时，供销社也要起到引领作用，使更多的农民都能够顺利进入专业合作社。此外，供销社还可通过自身的运输系引领农民发展农业商品化生产，建设专业合作社；值得注意的是，在专业合作社的影响下，提高农民的专业化技术水平，不能忽略供销社的各项服务功能；为提高农民专业化生产能力，湖南省政府应设立专项资金，用来支持专业合作社的各项活动。在产地大力建设批发市场并建立具有较强作用的农产品会展中心。集中完善旧的供销社，使其全面升级为农民的合作经济组织，使农民有一个更好的合作平台，以此提高农民的组织能力，加速发展农业社会化服务组织。

7.1.1.4 重点保障农产品质量安全

若要建立比较完善的农产品质量标准体系，则应先建立相应的监督检测机构，大力倡导农民发展无公害食品、绿色食品、有机食品和其他农产品。全面落实农产品安全问题，严格执行农业市场准入标准。努力取得国家绿色食品认证、质量管理体系标准认证和环境管理体系认证，实施农产品加价规定，打造当地农业产品品牌名称。湖南省各级财政也要设立标准化农业生产建设专项资金，努力提高农产品的市场竞争力。

7.1.1.5 有效利用支持农业的资金

湖南省现应着重培育特色现代农业，使农业资金充分利用。按照时代要求建设现代农业，建立高科技农业科技园基地，为其他地区提供技术支持和示范带动作用。主动争取国家和省支农资金，全面贯彻资金的配置并充分使用。大力发展机械化农业，利用补贴加大对大型农机的购买。

7.1.1.6 进一步强化农业部门的服务功能

在相关农业管理机构中，湖南省要始终坚持公益性职能与经营服务分离的原则，加强农业基层管理，加快农业科研改革。对于管理与公益服务机构，应保留并整合；动、植物保护等纯公益性单位，实行以区域为主的管理体制；完善预警体系，加强气象部门对农业的服务。推进相关研究部门的完善。实施产业化工程，加快培育、引进和推广新型农业新品种。加大农业科技专项资金的投入金额，推广农业科研示范基地建设。

7.1.2 构建城乡统筹教育发展政策

发展现状存在较大的差异性。针对湖南省存在的农村劳动力素质低的问题，须制定统筹城乡教育发展政策，以提高农民科技文化水平。构建城乡统筹教育发展政策有利于促进城乡融合，从本质上真正实现城镇化。

首先，明确政府的职责是普及义务教育，加大教育资金的投入，为义务教育提供资金支撑。在农村，教育的主体是小学和中学，中小学教育主要是开发人的心智，提高居民各方面的素质，因此，发展农村的义务教育能够提高社会的文化素养，加快社会发展。政府应向学生提供接受义务教育的权利，并且根据需求，优化学校布局，加大对农村师资的培育力度，提高教育的质量和水平。

其次，扩大教育的影响力，进行农村教育的同时，发挥教育机构育人和服务的双层功能，把教育事业与经济相结合，加快科技兴农的进程。提高对农村教育的普及度，提高农村义务教育的普及率；大力发展职业技术培训和增加职业教育投入力度，提高农村居民职业能力水平，促进教育机构的发展壮大，为农村经济发展提供技术人才。

最后，推进农村教育信息化建设，实施农村中小学远程教育工程，实现城乡之间教育资源的共享，弥补湖南省农村教育的不足，提高农村教育的水平，同时，推动农村地区教育的发展，使其更具现代化。

近年来，因农村思想教育工作滞后和不足，一些农民"仓廪实却不知礼节，衣食足却不知荣辱"。统筹城乡教育，树立正确、科学的教育发展观，促进协调发展，是现今我国统筹城乡的主要任务。

统筹城乡教育发展是适应社会经济建设发展的客观需要。俗话说："百年大计，教育为本；经济发展，教育为先。"应把教育事业放在优先发展位置，科教兴国和人才强国战略作为发展的根本方式，实现全面建成小康社会。随着统筹城乡发展进程的加快，统筹城乡教育逐步被确定为教育主体地位。教育事业的发展能加强我国社会经济建设服务力量，为我国发展提供人才支撑。

加快农村发展，缩小城乡差距的措施是统筹城乡教育发展。若要坚持统筹城乡发展，以实现全面建设小康社会，则需要我们将更多的注意力放在关注农村发展，关心农民生活和支持农业事业的发展上来。农村教育是"三农"工作的重要部分，其在农村的经济社会发展过程中具有比较重要的作用。城乡教育差距加大是形成城乡差别扩大的重要原因之一。统筹城乡教育发展就是统筹城乡经济发展，是教育领域的具体化和新思路。发展好农村义务教育是维护农民根本利益的体现，是促成农民学习的大事，也是将人口压力转变为优势人力资源的核心环节。统筹教育发展应从本质上解决"三农"问题。这个重大举措促进了农村社会经济的协调发展，提高了农民的道德水平，使城乡差距缩小。由于城乡经济的发展，社会差距逐渐加大。优质教育资源过度集中表现，使短缺的优质教育资源更加匮乏。这种情况造成的后果是：学校的各方面条件因学校、地区不同而产生较大差异；教育资源配置失衡是造成城乡教育资源配置失衡的重要原因。

教育平衡发展的内在需要是统筹城乡教育发展。科学发展观的核心是以人为本。以人为本在教育上，是要以受教育者为本，使每个受教育者公平地享有教育资源，提高教育资源的利用率，但是，如今的教育发展失衡成了制约教育水平发展的重要因素。因此，我们要坚定地推动统筹城乡教育发展，实现全国教育水平提升，缩小城乡教育间的差距，为人们创造公正的教育环境。

7.1.2.1 加强农村义务教育投入

加大农村教育的投入，是需要社会共同促进的系统工程。这就需要各级政府主动承担起自己的责任，筹措教育资金的方式以政府投入为主，同时包括其他渠道的投入，以扩大政府对农村义务教育的支出。一是要确保加大农村义务教育的投入水平。因我国社会经济的发展，还应增大资金的投入度。县级及有关政府组织财政尽力补助农村中小学运转的公用资金。二是各级政府组织应担负起筹集农村义务教育资金的责任。以往农村地区义务教育资金缺乏，区域差距扩大的原因之一是政府没有承担起筹措资金的责任。三是国家和各级政府组织应基于现实情况，规定农村义务教育经费的最低标准并实行。应实施可持续性的财政政策使农村义务教育维持较高质量水平，应确保在预算范围内，保持教育资金支出的持续增长；要确保新增教育经费用到农村的教育活动中；提高资金使用情况的专业化，保证资金的定向流出；若要充分发挥资金使用的作用，则需要不断加大各种监督，并发动全体公民监督这项工程。

农村义务教育是农村的公共产品，应该引起更多的重视。政府分担农村义务教育经费是国家的责任。国家和各级政府组织可以采取重构义务教育财政投入的模式，并逐渐提高财政转移的支付能力。政府应以事权与财权相结合作为出发点，综合考虑农村义务教育财政体制改革情况，明确政府职责，按照相关原则转移到下级政府。农村教育不仅是地方性质的公共产品，还是全国的公共产品；不仅使农村上学的孩子受益，对整个国家公民素质的提高也具有积极的影响。

城乡教育协调发展本质上要依托财政的帮助。各级政府要依法增大教育经费投入，完善基础性的教育管理系统，逐渐增大对统筹农村教育的投入度。除此之外，还要及时设立科学化、合理化的城乡中小学生人均公用经费标准，规定公用经费支出范围，并因教育成本的增长而增加公用经费的支出。各级政府在制定费用标准时，应使城乡中小学公用经费标准基本一致，并要不断努力加快对现代教育技术设备的建设进程。

7.1.2.2 加强农村师资队伍建设

从全国各地的调查可看出，缺少农村义务教育的财政支出是导致师资力量薄弱、教师待遇不高的主要原因。为了改变现状，需要各级政府组织、学校严格执行中小学教职工编制标准。各级政府通过在城乡间创立教师双向流动模式缓解了这一问题。城乡教师双向流动制度囊括两种制度，一是城市教师援助农村教育事业；二是农村教师定时到城市学校学习。虽然这项制度在全国范围内已经实施起来，但近年来，其导致了农村教师得不到去城市进修的机会，城市教师却可以来农村支教的现象，所以监督双向流通的城乡教师交流制度是十分重要的，可以使农村教育事业得到发展。

各级政府组织还应逐步解决农村教师的福利待遇等问题。评优晋升以热爱农村教育、不断促进城乡学术交流的教师为标准，是对农村教育事业的一种促进。近年来，国家鼓励大学师范生到农村支教。各学校教师到乡村任教，为农村孩子带来了福音。各级政府应努力为农村学校提供同等教育资源，优化农村教育事业的发展。这是政府与全社会必须履行的共同责任。

7.1.2.3 加强农村职业技能培训

当前我国的生产经营模式大体上还是承包制。由于全球社会经济的发展，这种经营模式已经被淘汰了；该模式具有农产品技术含量低，生产方式较为传统的特点；农民盲目从众发展农业，导致农产品种类单一；因市场滞后性，导致农产品供求关系常出现不平衡现象。各级政府应支援农民群众，对于农业生产各环节进行指导，使他们能够充分了解市场需求，提高市场竞争力。

（1）大力发展职业教育。应该发挥政府在农民就业服务中的作用，在输出地、输入地间建立劳务对接平台。除此之外，政府要基于企业用工和人力市场发布的需求信息，组织开展"一对一"培训及相关的岗前培训活动。根据工业化、城市化的发展要求，以市场作为导向，使各种教育培训内容科学化，实现培训和上岗就业两阶段间的无缝对接，为我国当前所需的制造业、建筑业及服务业培训一支业务能力强的产业工人后备队伍。这些工作的开展，都要以农民工的想法作为出发点。政府应分类开展各类技术培训，切实提高农民工创业就业素质及能力。企业则除了对农民进行专业培训外，更要强化自身的责任，积极自主地承担自己的社会责任。

（2）广泛开展以农村劳动力培训为重点的成人教育。政府在做好职业教育培训的同时，还应将注意力放到非专业教育。建设好社会文化技术学校，适应农村产业结构的调整。这就需要政府及相关部门要开展形式多样的职业技能的培训，积极开展农民文化技术教育和培训活动，实现农村新兴劳动力的转移。我们要主动适应社会经济发展，不断建立和完善农村劳动力资源开发体制，加大各种教育培训力度，全面提高农民全方位的综合素养，使广大务工人员可以提高其自身的市场和就业竞争力，满足国内劳动力市场对社会劳动力的需求。

针对农村剩余劳动力，应以提高其职业技能为工作核心，加强职业技能和法律政策的培训。培训农村劳动力应坚持以短为主、长短结合的原则。在培训工作中主要应以提升农民的全面素质，实现新农民市民化为培训方向，使其各方面能力可以得到全面有效提高。要对农村劳动力提供有关劳动、生产、治安等的法律知识，提高其法制观念及维权的能力。在日常生活工作中，应积极提倡进行投资教育培训的想法，提高农村孩子主动接受中、高等教育的积极性；时刻监督中、高等院校的收费情况，控制和降低院校教育收费标准。除此之外，运用多种渠道，调动社会力量，突出抓好金融业创新中心，扶持农村优秀寒门学子接受中、高等教育。

7.1.2.4 推进教育管理制度改革

（1）建立符合我国国情的农村教育监督机制。基于实际情况，农村教育发展速度和学校办学质量影响着教育资金转移，政府应加大对教育的投入，积极承担学校人事体系改革的管理责任。应解决教育执法检查中"搞形式、走过场、假装应付"的问题，管理人员不作为的现象，消除农村教育资金的缺失与浪费，促进政府部门提高教育政策的利用率，防止倾斜农村教育政策。各级政府可以逐步加强各种监督检查的力度，并积极鼓励和提倡社会各阶层人群及各种新闻媒体监督对农村教育事业的资金使用情况。无论任何人和事，只要违反了教育法律法规，都应该及时高效地给以严肃处理，情节严重的，应依法追究其法律责任。

（2）加强对学校管理干部及教师的约束。全国各地教育行政部门应制定和实施一套严格的管理制度。这项机制应对学校乱收费、教师体罚学生的行为及工作失职等行为进行监督和管理。除此之外，我国可设立教师行业自律协会，设立社会支持和管理制度。这对提高学校内部管理水平具有积极的影响。

（3）优化学校人事管理。在全国农村学校范围内建立有效且操作性强的人事管理机制。从学校内部来看，学校应当实施择优聘选、强化管理、竞争机制的人事改革模式；在学校管理上，学校要及时做到与时俱进，不断规范化管理，有利于学校的激励与惩罚管理制度逐步在农村学校管理中实施。从学校外部来看，应提供和建立教师供求关系市场，使不同性质、层次的教师可以按需流动，而且还可以优化教师队伍。要建立和改善教师资格认证制度及教师资格准入和退出机制，绝不允许不合适的人进入教师队伍。

7.1.2.5 研发农村持续教育模式

有个概念我们应明确，缩小城乡教育差距，应基于农村情况设计出一套教学模式。只有认清农村教育的优势并将其充分发挥，才能真正缩小城乡教育间的差距。在中华人民共和国成立后的几十年中，基于我国国情，城乡教育工作的主要任务都是消除文盲，但是近几年，因社会经济的发展，城市有了明显的发展，农村经常向城市学习，农村教育也同样如此，但这种学习没有基于农村的情况调整，而是简单复制，这样产生的效果是不尽如人意的，甚至会产生负面效应。农村学校应根据自身实际情况，形成一套适合其教学的办法和体系，并逐渐完善。

发展中国家（尤其是中国这样的农业人口大国）普及义务教育，是一个艰难的长期性的挑战，但我们始终要相信，政府对政策的执行实施，在一定程度上能够提高农村义务教育，夹带的问题也会得到解决，但要全面解决这个问题，仍需要政府持续关注农村义务教育的发展及出现的问题，并解决发展的问题，同时，还需要社会各界的力量。虽然这些政策在实际工作中实行需要较长时间，但是只要经过几代人的共同奋斗，农村义务教育的问题将得到完美的解决。

7.1.3 推进城乡统筹的法治建设

统筹城乡发展，既要统筹城乡发展规模、城乡发展效率，还要统筹兼顾城乡发展的公平性问题。中共中央明确规定："必须切实保障农民权益，始终把实现好、维护好、发展好广大农民根本利益作为农村一切工作的出发点和落脚点。"我们要明白，在城乡发展过程中，法律法规越来越具有影响力，更多的村民学会用法律的手段来保护自身的利益不受侵害。为了村民的合法权益不受侵害，在今后工作发展的过程中，要更多结合我国实际情况，设立、完善和实施保护农民的法律体系。

7.1.3.1 完善法律法规制度

在现有的法律体系中，保护农民权利不受侵害的条文已从多方面涉及。例如，我国的《宪法》《民法通则》和《土地管理法》都从多方面规定了农民的权益不受侵害，然而在现实生活中，虽有很多的法律保护农民的权益不受侵害，但在更多的农民那里并没有得到全面落实。问题主要集中在现行法律中一些概念笼统，模糊不清。例如，"农民集体"与"农民个人"之间的利益关系责任非常不明确；农民自身缺乏对法律的认识，他们不知道自己的权益是否受到法律保护；各级政府部门也要加大对过时的规章制度的清理力度，消除农村劳动力转移不必要的制度性问题；基层党组织和相关行政人员要务实，明确自身责任，真正做到维护农民自身的权益。

7.1.3.2 提高农民法律意识

法律意识不会自发产生，应从多渠道进行宣传，树立农民对法律的认知。提高农民的法律意识，要有针对性地做一些法治宣传和教育活动。从目前反映的问题来看，我国应当逐步加深法律在农民心中的作用。从法治宣传和教育工作包括的三方面内容为出发点：第一是权利观念。加强对广大农民权利观念的教育，让他们对自己享有的权利和应尽的义务有更深入的认识；第二是民主观念。一直以来，我国的农民普遍缺乏民主意识，他们很少将法律与自己的民主意识结合在一起。这样，就更不用提他们监督机关和公职人员履行职责了；第三是守法观念。目前，很多农民缺少法律认知，从而导致他们法律基础薄弱，在一定程度上影响农民维护自身权益，所以，我们要切实抓好农民守法观念的教育。

7.1.3.3 重塑干部良好形象

基层干部作为与农民联系最密切的干部，是带领农民发展农村经济的带头人，也是农民群众加深了解党和政府的最直观的形象窗口。基层干部作为国家与农民之间的纽带，不仅要全面落实好将党和国家的政策传达给农民的重任，还要贯彻农民对政策的理解，可见这个"中间人"的作用的重要性是显而易见的。

在现实工作中，一些基层干部责任意识不到位，把自己混入群众，甚至违法违纪，危害党员形象和国家利益。如此，不仅在工作中失去了对农民的吸引力和影响力，而且损害了国家的形象，所以，我们必须重新塑造干部形象。第一是基层干部要有正确的权利意识。党员干部要树立正确的人生观、价值观、方法观，把握正确的发展方向和人生坐标，有意识地将自己和农民结合在一起，更多地为他们服务；第二是基层干部要多方位加深对农村的调查研究，兢兢业业，多方面了解农民，关心农民疾苦，倾听农民心声，做到真心为农民服务。实现基层干部与农民群众良好的互动，把矛盾消灭在萌芽之中。

7.1.3.4 健全利益有效机制

对于当今农村工作的实际状况，我们要着力建立健全维护农民合法权益的有效机制。政府应当从多方位保障农民利益的诉求渠道是通畅的，引导他们通过正确手段来维护自己的合法权益。各级政府组织要搭建平台，为广大农民群众提供向政府反映困难和问题的渠道。此外，还应利用现代高科技网络信息技术，使政府和农民更容易进行信息交流。网络通信为政府和农民架起了一座桥梁。通过网络联系，政府可以首先了解和掌握广大农民的意见和要求，解决农民最关心的实际问题，及时反馈问题的处理结果。通过这种渠道，政府可以让广大农民真正感受到党和政府在他们身边，并愿意帮助他们解决最迫切的问题。

7.2 新时代湖南省乡村振兴与新型城镇化耦合协同社会对策研究

7.2.1 统筹城乡农村经济

为了实现国民经济的持续健康快速发展，湖南省要以经济效益为中心，以经济结构为战略性手段，实现国民经济的持续健康发展。农村的经济结构在国民经济中起着重要作用。其结构的调整影响着整个国民经济。以前阶段工作重点为出发点，认清农业农村经济结构，把握其变化规律，解决农村经济结构不合理的问题。

7.2.1.1 增加农民收入基本思路

提高农民的收入最先改变思想上的观念。我们不仅要彻底纠正重工轻农的思想，而且要切实把农业置于经济工作的首位。就"三农"本身的发展而言，必须走出"就农论农"的旧式思维定式，而且要把增加农民收入这一问题纳入整个国民经济发展的发展体系中，全面统筹，共同发展。基于"三农"的发展，要走出"就农论农"的思维定式，全面共同发展，同时，还应遵守"十二五"期间农业和农村的经济发展总体思路，从而实现湖南省经济结构调整，提高湖南农民的收入，转变农村经济发展方式，持续提高农业和农村经济的效益，以实现全面小康社会的建设。

7.2.1.2 加快农村财税体制改革

农村的税费改革与乡镇的机构改革有着十分密切的联系。首先，切实转变政府职能，以实现农村财税改革。要落实各项政策、提供公共服务与帮助、依法行政；其次，基于湖南省各地实际情况，可将偏远地区乡镇适度地融合，统一管理。这样，便于工作的展开，减少人员资金支付。最后，精简不必要的人员与机构。达到减少财政支出的目的，使农村的财税体制改革渐趋实现，减轻农民负担。

7.2.1.3 促进农村剩余劳动力转移

在人均耕地面积缩减和农业劳动生产率提高的前提下，出现了只需少数人完成既定农业任务现象，使农村剩余劳动力没事可做。倘若他们投入新的劳动生产当中，可为城市和国家的发展做出巨大贡献。

可通过调整湖南省农村劳动力就业结构，扩大劳动社会需求，以实现农村剩余劳动力的转移。可从农业劳动力需求和非农业劳动力需求两方面入手。一方面，应通过拓宽农业发展方向，挖掘农业内部就业潜力。例如，各级政府组织可以引导劳动力因地制宜地发展其他产业，因产业科技水平的提高，劳动力活跃在农业产业的各个环节。另一方面，各级政府组织要积极拓宽农村劳动力的非农产业的就业空间。拓宽渠道应从两方面同时努力：一是要大力发展包括农产品加工业、环保产业及高科技产业在内的新兴产业，二是要在促进新兴产业发展的同时，根据国情，紧抓传统优势产业的发展。在多管齐下的情况下，农村的剩余劳动力才能实现更加有效的转移，农民的收入才能得到真正的保障。

7.2.1.4 改进农产品的品种与优化农产品的品质

因农业的发展，农产品的供求关系发生微小的变化，农产品的种类多样化，品质优化。当前，"我国农产品供给数量不足的矛盾已基本消失，农产品中优质产品比率低、优质产品产出率低的矛盾日益突出。"为了解决这两个问题，我们必须依托科学技术，提高农产品的优质率；除此之外，今后工作的重点是做好农业的科技推广，采取有效措施提高农业科技成果转化率低的问题。

7.2.1.5 调整农业经营结构

提高农民收入的根本方法是战略性调整农村和农业经济结构，从而促进中国农业和农村经济发展。其经济结构的改变，始终要以市场为导向并依托科技，不断深化农业生产改革。

现今，因社会经济的发展，农业经营结构开始向有目标的以销定产模式转变。可通过产业化经营和建立农村经济合作组织来加快转变的进程。首先，可以通过政府提供的农产品需求信息选择合适的经营品种，在龙头企业的帮助、带动和科学技术的指导下有序高效地进行生产，最后由专人统一销售，形成产销并存的产业化、专业化经营模式。另外，建立和发展农民的经济合作组织，可以将市场信息、技术科技等更加有效地交流与传播，对农业的发展具有深远影响。在这样双管齐下的方式下，新农业经营模式不但降低了农民盲目生产的损失率，而且提高了农业的经营效益，提高了农民进入市场的组织化程度。

7.2.2 统筹城乡社会保障

经过较长时间的发展，农村经济的不断发展，国家的重视，中国农村的社会保障建设进入新时期。与此同时，湖南农村社会保障逐步发展，保障能力增强，逐渐建立与我国市场经济体制相匹配的社会保障体系，但是，农民社会保障仍存在很多问题，主要体现在保障水平低、覆盖面较小、管理体制混乱、相关法制不健全等方面。从整体上来看，农民社会保障与城市居民社会保障之间仍然存在较大差距。

城乡一体化的社会保障体系建设不仅能够保障农民的基本生存权益，还是促进农村经济持续稳定发展的客观要求。统筹城乡社会保障体系，需要基于实际情况，按照整体规划、城乡一体化、共同承担、多元化筹资、分类指导、逐步实施的原则，逐步形成功能齐全化、服务优化、规范化、法制化的社会保障体系。建立健全与经济发展水平相适应的社会保障体系是符合经济平等与社会公正的基本理念，是构建社会主义和谐社会的根本宗旨。继续消除社会保障的城乡二元割裂状态，推进城乡社会保障一体化是实现统筹城乡发展的重要内容。

7.2.2.1 统筹城乡保障内容，使城乡所有居民能够平等享受各类社会保障

从长远角度看，主要是改革现今的社会保障制度，建立覆盖城乡居民的保障型社会保障体系。根据城乡统一法定的基本保障，城乡所有居民必须参与，以满足全体公民最基本的生活需要；同时，鼓励发展、利用各种商业保障等市场手段来保障居民的高层次需求。凡城乡共同适用的社会保障种类（因区域或产业等特殊原因造成城乡社会保障种类不同的除外）要城乡统一，使之没有所有属性和个人身份等方面的区别，使城镇居民与农村居民享有同等的社会保障种类，全体居民不仅在法律上具有平等享有社会保障的权利，也能真正平等地享受到社会保障。

现在，主要是拓宽社会保障覆盖面，尤其要扩大农村社会保障覆盖程度，加强城乡社会保障征集，如扩大各种保险种类等的覆盖面，实现城乡全面覆盖。另外，应加大农村社会保障投入的力度，完善其体系，保障农村居民住房公积金、经济适用房等方面的权利，使城乡居民平等享有社会保障。

7.2.2.2 规范居民缴费档次，使城乡居民参保缴费既切实可行又公平合理

从长远来看，社会保障应统一采用个人、单位缴费与集体、政府补贴相结合的筹资办法。因城乡不同群体的筹资能力差距大，每种保障项目应设计不同的档次，每个档次有不同的缴费标准和相符的给付标准，参保人可根据自身情况选择保障档次，并可基于自身筹资能力的变化而改换档次。在缴费与给付标准的设计上，遵守权利与义务对等的原则，体现多缴多得，提高居民参保的积极性。在同一保障项目的同一档次里，统一城乡居民缴费和补贴比例。没有工作的居民和职工缴纳同等金额，单位缴纳的由政府补贴。

地方政府应当向严重残疾和其他困难群体缴纳部分或者全部最低标准保障费，使居民能够公平、合理地负担社会保障基金。

目前，政府主要任务为加强对社会保障的财政投入，应不断统一城乡居民在相同的保障种类、相同的保障档次之中的个人缴费标准、政府补贴额度和居民保障待遇水平，从而使城乡居民能够享受到平等的保障待遇。

7.2.2.3 统筹城乡保障水平，使城乡居民相对的社会保障水平基本相当

从长远看，对于主要由政府提供保障的种类，如最低生活保障、社会福利和优抚安置等基本保障，应坚持分类指导原则，基于城乡各地的生活水平和生活成本等，确定合理保障标准，使居民所在之处能领取到社会保障，所获得的相对保障水平总体一致。如今，主要应把城乡低保基本生活补助和优抚安置等相关保障待遇与消费价格指数等生活成本相契合，使相关社会保障受益者到哪里都能享受到同等的保障权利。

7.2.2.4 规范城乡社会保障管理体制，提高社会保障管理水平和效率

基于社会保险制度层次化，考虑到参保人员在身份和空间上会变化，建立健

全社会保险的转移续接机制，建立法制化的社会保险转移续接机制。首先，以个人账户为核心，按照缴费基数与缴费比例换算，制定不同区域养老保险转移的待遇计算办法，实现各种类型的养老保险，劳动力有序流动，保障根本权益。其次，从公平角度出发，转移统筹账户资金，转移比例应考虑平均工资水平、企业缴费基数等因素。

从长远角度来看，统一城乡社会保障管理方法，改变农村社会保障繁杂管理的现象，使城乡各项社会保障由同一部门管理，并尽快完善城乡社会保障管理及服务标准体系；统一城乡各地信息标准、管理标准和服务标准，促进城乡社会保障管理制度化、规范化、社会化，提高其管理水平和效率。构建城乡社会保障考核体系对各社会保障工作人员合理考评，形成社会保障服务市场的竞争与退出体制，提高其服务水平。完善城乡社会保障监督体系，提高社会保障监管效率。

如今，主要应深化社会保障运行体制改革，促成社会保障皆由劳动保障部门统一管理，相关部门协助的社会保障体制。与此同时，加快社会保障信息工程建设进程，完善其设施及条件，提高在经办、管理和服务方面的信息化程度，提高管理水平和效率。

7.2.2.5 统筹城乡社会保障机构建设，提高农村社会保障的服务水平

统筹城乡发展的根本要求是建立健全农村社会保障制度，消除农民的顾虑。要逐渐提高新型农村合作医疗保险和养老保险的水平和标准，并与城镇基本医疗和养老保险制度相连接。加快医疗和养老保险在各地区的转移，构建全国性社会保障网络，实现务工农民在社会制度上的可持续性。针对农村困难群体，制度也要将他们全部覆盖，加快建立城乡统一的农村社会救助和社会福利体系，包括最低生活保障制度、"五保户"供养制度、医疗救助制度、灾害救助制度、司法救助制度、教育救助制度、住房救助制度、就业救助制度、特殊群体福利制度和社会抚恤制度等。

（1）建立全面性、强制性的农民工工伤保险制度，通过法律形式确定农民工工伤保险制度。

（2）建全农民工医疗保险制度。对于收入稳定、居有定所的农民工，若要实现农村与城镇职工医疗保险的衔接，则应尽快将他们纳入城镇职工医疗保险体系中。对于流动性大的农民工，应加入大病统筹医疗保险，为其设置统筹账户；若愿意参加一般医疗保险，为其设立个人账户，并确保个人账户在全国内转移。

（3）把农民工养老保险纳入城镇养老保险体系。对就业和收入稳定的农民工，可以将他们纳入城镇社会养老保险体系。对于流动性大的农民工，可设计过渡性方案。

（4）针对失地农民建设制度化保障。较大程度提高土地征用补偿费标准，促进公平合理的利益补偿和分享；进行"留地安置"提高集体经济实力；设立失地农民社会保障制度的专项资金，保证其养老保险制度运转的持续性。

以长远眼光来看，要加强社会保障的机构和组织建设，尤其是要加强其在农村的建设，建立社会保障管理机构，培养专业化、现代化、市场化的专业队伍，使每个自然村都具有最基本的社会保障组织机构，并由专人负责社会保障的相关事情。当前，主要是要加强社会保障公共服务平台的建设，重点加快农村乡镇和农民集中区的社会保障机构建设的进程，增加县级社会保障工作部门的人员编制，逐渐促进社会保障经办业务的重心下移，提高农村社会保障服务能力和水平。

7.2.2.6 统筹城乡社会保障制度与信息平台建设，完善保障转续机制

不健全的社会保障转移接续机制影响了务工流动人群的参保积极性，损害了其相关权益，也加剧了城乡间的失衡。应使保障制度设计满足城乡劳动者互动和各地资金利益平衡的需求，建立自由转移的衔接机制，实现社会保障措施转续方便。人口在各地和各行业间流动，要加快社会保障体系建设的进程。

对此，从长远来看，应基于维护参保人员保障权益，制定综合的政策和实施方案。规定参保人员在就业地缴参保费，在生活地领取社会保障；针对参保人员流动就业，规定资金转移结构和数量；采用分段计数、加权求总的方式核算居民最终的社会保障水平，使居民的社会保障水平不因退休地的改变而改变。要设立统一的社会保障信息系统，为其转移续接提供技术支持，使其更有操作性。以身份证号码作为个人的社会保障卡号码，居民有纸质社会保障卡和相应的 IC 卡。各地的社会保障信息网络自成系统，互相联系，形成信息共享和社会保障"一卡通"。简化社会保障的转移程序，只需参保人到新参保地的社会保障机构登记缴费，社会保障信息系统就自动生成参保信息。

现今，应完善社会保障制度设计，使城乡社会保障转变为同一个体系和标准，完善转续方案，实现城乡居民在养老和医疗保险等社会保障方面的转接。为居民提供"一卡通"个人社会保障账户，实现全市内社会保障信息共享及社会保障"一卡通"的通行。

7.2.3 统筹城乡医疗服务

7.2.3.1 采取措施提高财政科学化水平，发挥资金效率有效盘活存量设备

市内各大医院及大量基层医疗卫生机构均存在医疗设备闲置的情况，解决这类问题，单靠引入市场资金和加大财政投入是不行的，重点是要提高投入资金的使用质量和投入端口及环节。对各基层卫生机构，主管部门在采购医疗设备时，应结合设备闲置情况，重点加强对主管领导部门的考核。与此同时，应全面地了解基层医疗中心院区的要求，并做好医疗设备的售后维修工作。

（1）科学调整财政资金投入，有效提高资金利用率。传统的财政投入方式存在弊端，首先是容易出现粗放式的一刀切配置，既耗费了大量资金，又无法满足各医疗机构的真实需求，同时，还容易引发道德风险，不要白不要的思想会引

导多数医疗机构不会按真实需求获取医疗设备。这样，财政资金的利用率无法得到提高，所以必须从传统财政投入上加以改善。电气设备乡镇投入的政策方法和财政补贴项目推广的医疗种类设备具有很强的借鉴意义，对项目推广医疗设备的添置按照相关准则给予补贴发放。在湖南省外围的九个城乡地区医疗卫生点均可享受到这类补贴。在制定此项准则时，湖南省各区的发展均衡情况与各项差异性要考虑到，设备目录采取市财政牵头区级与乡镇基本卫生服务中心代表的方式定制设备目录。如此，会使定制的采集目录更加科学，具备更加灵活的实用性。对于湖南省外围的各区乡镇，要重点考虑他们的设备添置与维修维护在交通方面的便捷程度，在方便的情况下，上门服务、统一结款是最科学的。

各基层医疗机构根据自己的需求采购合适的医疗设备。如此做法，既避开了一单式的粗放手法，节省了大量资金，又满足了各医疗机构的真实需求，不易引发道德风险。在采购医疗设备时，采取财政补贴与医疗机构自身承担的方式。如此，对医疗机构在道德上既起到了约束作用，而且基层卫生医疗机构也做到了科学化购买。此方法若在初期有显著效益，可对各区的补贴数量或者限额进行调整控制，会起到更合理的设备配置均等化与合理化。

以上的操作手法与传统的财政统一采购相比较，具有更强的科学性与精准性，更能精准切实地反映出各区卫生服务机构对各种治疗设备的真实需求情况，这些信息对接下来的政策制定也具有一定意义。

（2）提高财政资金投入利用率，盘活闲置医疗设备。使沉积延误划拨的资金流转起来，在各卫生医疗服务院（中心、所）等部门的带动下尽量避免医疗设备搁置未用的情况，虽然有明确的制度表明，搁置医疗设备不可转让，但是可以通过一些方式使搁置的医疗设备得以使用，如帮扶赠予和出租共享。这一方式存在出租或者共享的设备售后维修问题及财政审计问题，因为大多数医疗机构只考虑购买使用，而没有考虑到设备的售后修理问题，然而，这一问题将会给挪用设备造成制约。可寻求有实力且适宜的医疗设备融资租赁公司予以解决，租赁公司作为第三方，通过租赁公司将空闲的各医院（中心、所）等部门的设备出租或者卖给租赁公司，再通过租赁公司出租给需要的卫生服务机构，此种方式有很强的灵活性，可以很快地盘活闲置设备。这个办法有利有弊，缺点是财政部门审计不便和存在国有资产流失，优点是可以使医疗机构的资金门槛有所下降，方便了添置所需设备的卫生院所，使闲置设备流转更快捷。现阶段，采用各地方拨付设备的政府机构通过控制回收集中再根据各对口医院（中心、所）等单位的需要进行再次帮扶分配是使用最多的办法。在广东省卫生厅《广东省城（乡）卫生院医疗设备管理办法（暂行）（粤卫城乡卫发〔2015〕11号）》中提到"对空闲超过半年以上的医疗设备，行政部门城乡卫生管理办可以实施调剂"。另外广西卫生厅关于《自治区卫生厅关于进一步加强城乡卫生机构配备医疗设备使用管理的通知（桂卫农卫〔2015〕14号）》具体明确，在9月底前，自治区卫生厅将全面抽查各地所报设备使用情况，一旦发现设备闲置未使用并无正当理由的，应一并全区通报并收回重新调配处理。此种方法对医疗卫生单位的主观能动性比较依赖，需一一将各院闲置的可用设备向主办单位报告，但报告闲置单位的积极性会受多方面的影响，如报告闲置后对下一批申报或财政补贴会不会受影响。所以提升积极性很重要，我们应转换思路，通过一些积极举措使下级单位愿意主动上报。

在上述提到的相关医疗机构处理搁置空闲的办法中，我们不得不注意避免在流转和产生寻租过程中国有资产的流失，对此，应加强对非法医疗器械流入市场的监管。

由政府牵头采取电器以旧换新的扭转形式将未使用医护设备搞活是另一种办法。牵头部门将设备按一系列情况给予收集后的款项补贴，具体包括未使用设备的购买时间、使用情况、新旧程度、适合配置的型号科室、是否在保修期内又或者已经脱保等。补贴有利于激发各医疗院（卫生院）等单位主动提交设备明细清单，同时，可根据提交清单，将空闲设备按区域远近合理划拨给需要这类设备的城乡基础的卫生服务中心。对于已过保修期的部分设备可请有资质的设备维修机构进行设备检修，合格品继续投入使用，残次品则进行统一处理，以免流入市场，被黑心商家贩卖给群众。政府实施的医疗设备以旧换新具有重大意义，既给卫生医疗机构带来了盈利，又可调动各级医疗单位通过以旧换新获得本院（卫生所、中心）需要的治疗设备。这个选择权的不轻易转移可以很好地避免"一刀切"的粗放处理问题的弊端，并且建议在更换办法上逐级设立门槛与阶梯制补贴，如当一所机构所需要的设备与现有设备出现不等价值时，可将闲置设备进行替换。如此，闲置设备得以搞活。此方法与传统的单纯政府回收重新分配相比较，积极性更强，真正实现了由下而上的推动，效率会大大提高。

根据医疗设备闲置的状况分析，目前仍有诸多基层医疗卫生院存在医疗设备闲置问题，其中主要是由于高水平医生与技术人才的稀缺导致。另外，根据2015年城乡卫生服务中心、村卫生室、社区卫生院及街道卫生中心的调查显示，各级卫生院、卫生所所配备的半自动血液生化仪、B超机器、X线机等医疗设备不断完善，但由于高技术水平医疗人员的缺乏及实践操作经验的不足，导致这些医疗设备大批量闲置。例如B超检查设备，上级领导在上报医疗设备配备情况时会说明B超设备已经配备，但没有上报缺乏技术型医疗人员。与此同时，上级部门会定期检查医疗设备的使用情况，对使用频率较低的医疗设备会采取回收再利用的方式进行有效处理，回收之后，上级部门会上报此卫生医疗院的B超医疗设备不足的问题。由此可知，在政府为医疗所配置医疗设备的同时，还应该注重医疗人才的配备，设备使用人员培训和设备质量两手抓。此外，政府对于高素质医疗人员的福利待遇应当进一步提高，吸引更多的人流入基层医院，出台并完善全科医生的培训政策，使不同区域的高素质人才实现交流互通，完善轮岗换岗制度，最终缓解医疗人员配备不平衡的问题。部分东部发达地区正在积极研究关于医疗配备如何服务病人的问题。例如，浙江宁波北仑区等地开始通过远程互联网模式进行就诊与实践指导，实现了乡村卫生医疗院也能通过先进医疗设备会诊病人，以及进一步提升医疗人员的技术水平。仪器室医疗人员的医疗技术水平不断增强，从仅会单一设备的使用向全科设备使用发展。通过此举，不仅能较大程度节省人力成本，而且能提高医疗人员的工作效率和医疗设备的使用频率，为病人提供便利的医疗服务。

7.2.3.2 完善人员设施设备不均

改革开放以来，市场经济开始渗透全社会的各个领域，使我国经济得到快速发展。政府管控与市场经济相结合，有效地解决了以往社会经济发展过程中遇到的难题，市场经济逐步取代计划经济，成为社会经济发展的主流。

政府指出，公共卫生服务能为居民群众的身体健康提供基本保障，只有公共卫生服务制度不断完善，广大人民群众才能享受到优质的服务。目前，湖南省基础公共服务保障体系缺乏整体完善性。系统的部分作用大于功能本身，完善公共卫生服务制度，进一步发挥湖南省不同区域统筹协调体系，加强与公共卫生服务部门的协调管理，使湖南省服务水平更上一个台阶，提高湖南省居民对公共卫生服务水平的满意度。

（1）一体化公共卫生服务体系建立，改变垄断扩大服务活跃市场。目前，公共卫生服务体系正处于不断完善状态，能有效解决湖南省基础公共卫生服务低水平及地区差异明显的问题。公共卫生服务体系的健全与完善需要不同部门的广泛参与和协调，主要强调以下三点。首先，着重注意产妇婴幼儿的健康服务，预防传染病的危害及传染病的治疗方法等；其次，统筹兼顾发展，完善的公共卫生服务体系需要城乡统筹兼顾发展，先进地区应积极扶持落后地区的公共卫生服务水平，进一步促进城乡公共卫生服务水平平衡；最后，加强对基本公共卫生服务的人财投资，将人财资源更多地引入经济发展落后地区，湖南省基本公共卫生服务体系的建立和健全需要不断拓宽服务范围和服务人群，为更多人民群众提供全方位的基本公共卫生服务。相关部门应依据基本公共卫生服务水平标准，不断完善服务水平与服务体系，提升人民满意度。目前，我国公共卫生服务体系的完善程度大多根据此体系提高公共卫生服务水平的能力来评判，人民群众的生命健康幸福指数的提升需要高水平公共卫生服务体系，依靠整体公共卫生服务体系来满足人民群众的基本卫生需求。

目前，社会居民群众对公共卫生服务领域的调节力量产生了广泛关注，市场自身调节和政府调节在此领域都发挥着积极作用。湖南省此前将公共卫生服务项目公布于广大人民群众，其中主要提供给具备一定卫生服务条件的卫生单位，并通过市场进行开放服务与购买服务，但是，湖南省的基本公共卫生服务体系主要依托政府调节，这种以政府调节作为基本主体的服务会引发不良的工作作风，不仅会降低公共卫生服务水平，还会导致人民群众对公共卫生服务的满意程度逐渐下降。针对此情况，湖南省应积极推行市场机制刺激公共卫生服务体系不断发展，提高公共卫生服务水平。在市场化体制下，人民群众能享受到更多更丰富的公共卫生服务。现阶段，若要将市场化的开放服务积极引入基础公共卫生服务领域，则必须遵循以下几点：首先，政府通过成本效益分析法，为基础公共卫生服务提供有效管理，根据产投比来分析政府投资方向与投资力度，提高资金使用效率，实现纳税资金的最低化；其次，基础公共卫生服务需要社会各界的广泛参与，而不是仅仅依靠政府的调节，此举能为群众提供丰富的公共卫生服务产品。对于市场开放服务的运行，不仅可以活跃基础公共卫生服务市场，还可以提高政府部门的公共卫生服务水平，有效地解决公共卫生服务不平衡等社会问题。

（2）健全服务人员配备完善网络考核任务。人员是影响地区基本公共卫生服务质量的重要原因之一，各技术人员技术程度的高低差异可以直接影响到各地医疗卫生机构的运营质量和卫生服务的营业范围，因此，加强对基层公共卫生服务专业技术人员的引进和队伍的培养是发展基础公共卫生的关键。可以根据政府的基础财政预算情况，对基层医疗卫生院（所、站）等进行专业技术人才引进和工作人员的调动安排。对于经济条件落后的地区，若不满足地区配置要求，则各基层医疗卫生院（所、站）应采取人员编制到岗的方法，将卫生工作人员的薪资福利纳入地方财政拨付的款项内。如此，不仅保障了工作人员的积极性，而且也确保了岗位人员的定性。要充分调动各级地方上的村医工作者，将人员分散到部分郊区、农村地区及没有条件部署卫生服务站的地区，通过调进村医工作人员，从而填补卫生服务的空缺。各村级卫生室可以为农村群众提供更加便捷的公共卫生服务，因此，建议有村级卫生的地区在政府财政条件允许的情况下，逐步提高村级卫生室工作人员的保险福利，便于其可以更加可持续地发展。各村级卫生室参与工作医师或专业技术人员，应按照市财政的统一要求提供工作补助。市财政拨付中应提供各村级卫生室的人员学习培训费用和日常维护费用。

《国家基本公共卫生服务规范》中对进一步做好基层卫生服务的服务职能做出了明确规定，其中负责项目实施的主要是社区卫生服务中心和乡镇卫生院，其为主要对口单位，公共卫生服务工作承担的范围，如免疫疾病、卫生监督调查等方面一直是各基层医疗卫生组织争议比较大的地方，因此，需要尽快打破地方的一些保护性举措，对其承担公共卫生服务的工作范围作出明确指示，并将其与专业医疗卫生机构区分开，从而确保公共卫生服务工作的经费真实地运用到社区卫生公共服务中，促进其平衡发展。现如今的基层卫生公共机构的体系考核标准与同专业的公共卫生机构的工作人员的考核标准存在区别，或者存在重复考核现象，比如，在疾病控制妇幼和监督等业务方面特别突出。解决办法可以是明确规定考核体系标准，由相关的各市区县的卫生公共机构承担考核任务，根据公共卫生服务机构的日常工作任务安排，也可以每季度或者每半年汇报考核结果或增加临时性紧急事务处理考核的数量，同时不忘记基层业务督导考核，从而通过三项合一的办法形成总评成绩。这样形成的三合一考核模式在有效开展工作任务的同时也对考核人员进行了业务能力的考查，同时，有利于提高其专业水平应急处事等方面。如此既减少了不必要的考核次数，又减少了人力时间成本，拿到了分析管理体系的效应。

7.2.3.3 协调差距保障均衡，解决基本医疗开支不均

地方政府财政资金的支持，有利于公共卫生的发展，各区域之间财政划拨的差异，将会导致各区域间服务水平的差别。我国政府依靠转移支付从而平衡各地方的财政差距，但由于现如今我国转移支付制度上存在问题，因此，不能完全实现对卫生服务的充足供应，从而导致了各地区之间公共服务的差距。

由于我国实行城乡分治二元管理的办法，因此，我国的公共服务卫生受其影响，导致城乡非均等化差异明显，城镇居民和农村居民户籍所在地不同，所享受的公共服务卫生大不相同。这种发展形态对于基础公共卫生服务均等化水平发展造成了严重的阻碍。城乡二元社会经济结构阻碍了生产要素的优化组合合理的流通，同时，还使一部分农民在接受城市居民平等的公共服务上出现了阻碍，从而导致了城乡发展的机会条件不均等，加剧了城乡差异，导致城乡发展面临对立与冲突的问题。

（1）转移支付保障城乡区域基本医疗统筹卫生服务均等化。从长期发展水平来看，湖南省的转移支付制度并没有达到各市、区、县的有效转移的目的，从实质上没有真正能够为湖南省的基础公共卫生服务的差异提供援助服务。湖南省政府只负责将中央的、省里的一般性转移支付落实到各市、区、县，并没有实行实质性的一般性转移支付，而后来实行的一般性转移支付只是为了保障困难辖区的财政支持。市级财政只是逐年以一次性的支付方式进行资金的补贴和增加。这反映了财政若要在公共卫生服务中发挥作用，就需要改革当前的转移支付制度，提升县、乡的财政支持能力，从而促使提升县、乡里的供应基础、公共卫生服务的能力。在改革实施过程中，转移支付过程要打破长期以来的惯性思想，不能仅按照以前规定的税收返还项目进行，实行专项为主、一般为辅的转移方式会导致经济富裕的地区永远都比经济落后的地区所获得的财政支持要高。为了解决这一问题，实质性地发挥政府财政转移制度的作用，同时，遵循公平公正的理念制度，将经济贫困地区和条件落后的公共卫生事业较落后的地区进行转移支付资金链的调整，突出其差异性的需求。将转移支付差异性的处理，从而确保贫穷落后的地区可以在财政上得到更多的支持。改革实施方案可以从以下两个方面入手，一是通过湖南省财政资源横向转移到发达地区，去支援落后地区。具体实施方案可由市区或区结对子，经济条件发达地区帮助经济条件较差地区，比如江岸管理汉南、武昌管理蔡甸等，通过区域一对一的帮扶，从而推动区域资源转移支付，可以更加精准地解决问题，从而促进湖南省落后地区公共卫生事业的发展，提高

湖南省公共卫生发展的均等化。二是改变一般性转移支付的途径和力度，湖南省财政在完成一般资源转移性支持的同时，对这笔资金的用途加以指导和监督，保证市、区、县的转移支付资金能够促进湖南省基础公共卫生服务系列的发展，切实落实、应用到公共卫生服务上。

由于二元结构化造就的湖南省基础公共服务卫生问题导致城镇、乡里发展的不均衡，因此，若想改变城乡分治二元管理体制必须建立完善的城乡一元化无差异管理体制，从而保证基本公共卫生服务领域全体居民拥有相同公民权，不受差别对待。对二元管理体制改革中政府应发挥主导作用，建立完善集备的城乡综合管理。

湖南省农村改革实验区批准建立，根据政策要求，将居民公共卫生服务联系在一起。调整城乡分治需要满足以下几点：一是逐渐解决城乡居民户籍差别制度，从而建立居民户籍统一无差别制度，只要是拥有湖南户籍的就可以享受多方面的优惠服务；二是根据实际情况尽量减少政府的层级，层级多容易导致官僚作风，从而影响基础公共卫生服务均等化供给；三是由上级管下层的方式，市管乡的方式兼顾全市范围内公共卫生服务，湖南省内全部享受优质的基础公共卫生服务质量水平；四是对比区域政府的竞争力和基础公共卫生服务，提高湖南省地区基本公共卫生服务发展水平。

（2）引入群众卫生服务需求机制，缩小城乡一体发展不均的差距。基础公共服务水平在湖南省有待提高，主要是受限于经济发展的水平与高度。政府制定的公共政策会影响居民的社会协调合作。

目前，群众参与政策制定的人员较少，一般普通群众参与的是物价调整的政府正常听证会。公共卫生政策是国家公共物品政策的重要组成部分，基础公共卫生服务的水平质量与公共卫生政策的执行力有直接关系，只有受百姓欢迎的公共政策才能顺利进行，才能更好地为人民服务，反之则无法进行。公共卫生政策采取"自上而下"的制定模式，居民群众"自上而下"的需求与公共卫生政策"自上而下"的制定模式之间存在脱节会导致基础设施失衡，因此，在制定政策前需要了解并满足人民群众的需求，政府机关人员需要对居民进行采访和调研，尽可能地满足群众的要求。另外，利用现代信息技术进行网络筛选和专家学者的意见，从而制定可行性的科学政策。最后，建设切实满足群众需求的公共卫生政策，对于湖南省提出的对象自主机制具有一定的创新性，所以需要落入实地，居民表达的需求才能更好地解决。

基础公共服务在我市与发达地区存在差距的原因是经济发展水平的不同，所以要想提高湖南省基础公共卫生服务质量水平，首先要考虑的问题是大力发展湖南省经济，以经济为动力，带动相关产业的发展。但是在发展过程中需要注意以下三点：

①在加强市区经济发展的同时，需要同步发展各市、区、县的经济。湖南省

前期发展主要城区的经济，后期发展中既要确保主城区的发展优势，又需要通过主城区带动周边城市发展，将主城区劳动力需求大、占地面积广的劳动密集型与资源密集型产业迁往周边城区，带动周边城区的发展。

②发展科技道路重点发展新兴产业。湖南省现阶段拥有完善的工业加工体系与完备的基础设施，根据其自身条件的优势，需要高新产业代替传统工业发展模式，建立附加值较高的科学发展之路，从而促进湖南省经济更好的发展。

③在城乡一体化发展的同时建立现代化田园城市与花园城市。这一想法的提出无异于是对湖南省规划建设的一种冲击。一体化的城市田园和花园城市的基础是城乡结合发展，所以，整个湖南省的经济建设田园城市与花园城市才具备实现的可能性。

以上举措的实施必定对湖南省城乡经济发展具有推动意义，将为湖南省城乡完善基础公共卫生事业提供宝贵的基础资金支持。

7.3 新时代湖南省乡村振兴与新型城镇化耦合协同产业对策研究

我国城乡矛盾的主要方面是乡村与农业发展的滞后，因此，城乡关系优化的关键的就是解决乡村的发展问题。中共十九大报告中首次提出乡村振兴战略，高度重视新时代农村农业和农民的发展问题。

7.3.1 推进农业供给改革，创新农村农业发展模式

农业供给侧改革通过增加农产品的供给渠道来解决乡村与农业发展滞后的问题，是我国农业体制改革的有效措施。关于农业供给侧改革的发展可以从以下三个方面来进行：

7.3.1.1 创新农业发展模式

推进农业供给侧改革首先应该打破传统农业自给自足的发展模式，根据市场的需要，创建新的农业发展模式，拓宽农业产品的销售渠道。根据人们对农业需求的提高，可以将农业与旅游业、工业、林业相结合。大力发展乡村休闲旅游产业，如农家乐和生态园等。打造成具有乡村文化、旅游、健康养生的乡村休闲品牌。丰富农产品的多样化，将农产品进行加工，吸引客户的眼球，推出农产品的绿色品牌。这一举措，促进了农业与工业的结合，提高了农产品在价格上的优势。将农产品加工可以使其推广到更多的地区，有更多的销售渠道。

发展乡村经济除了靠政府的扶持外，还可以吸引一些资本和企业等来投资农村的闲散土地资源，例如建立农产品加工厂，建立大棚进行专业化的种植来提高乡村经济。通过现代化的技术及管理模式，最大限度地利用资源。政府出台相关政策，提高农民的积极性，让农民也参与到农业体制改革当中。既可以促进农业

发展新模式，又可以提高农民收入。

7.3.1.2 加快发展现代农业

要加快我国现代农业的发展，首先就要弄清我国农业发展滞后的原因。2016年我国农业科技贡献率为56.2%，《全国农业可持续发展规划（2015—2030年)》预测，到2020年，我国农业科技进步贡献率将达到60%。而如荷兰、日本、美国这些发达国家的农业科技贡献率都超过了80%。我国大部分农村地区都还在采用传统的农业耕种模式，使得农业生产未能像工业生产一样实现大规模、有条理、有制度的生产，造成了农业资源的极大浪费。而要想提高农业生产效率，离不开农业技术革新。采用符合我国国情的农业生产技术、生产手段和管理方式，让工业带动农业的发展，最后使农业现代化与城镇化、工业化共同发展，所以，农业技术创新成为我国农业向现代化农业转型的重要环节。

通过提高农业技术创新能力，为农业高新技术的研发与应用提供有力的财政支持并创造环境。政府应加大对农业发展的财政力度。设立农业技术研发专项资金部门、鼓励农业研发和创新技术的部门。西方农业强国都大力发展农业创新技术，农业技术的提高可以促进农业产量与质量的提升。通过设立农业创新技术相关部门，可以加快农业高新技术的发展，使农业生产过程变得高效可控。

提高农业技术创新能力的一个重要方面就是研发农业机械化设备，使得农业生产过程中变得高效、可控、精准。鼓励农业设施研究机构，并在高校开设相关专业，培养出农业创新技术的高技能人才。政府加大对农业企业研发资金的投入，加快我国制造出更加高效、智能、实用的农业机械设备。

7.3.1.3 推进农业品牌建设

近些年来，我国农业行业越来越重视品牌的培育，国家也在品牌建设发展方面持续发力。将农产品品牌化，可以提高农产品在全国的知名度，使人们更加信任和喜欢品牌农产品。对农民来说，可以提高市场风险对农产品的冲击，使农民选择合适的销售渠道并种植经济效益好的农产品，可以拓宽农民的销售渠道，提高农民的收入。对消费者而言，可以选择多种品牌的农产品，通过对不同农产品的了解，形成较为稳定的品牌偏好，降低在不同农产品之间选择的消费。对广大农村地区来说，农产品的品牌化可以提高本地区的知名度和美誉度，进而提升当地的经济收入，吸引外资，开拓更加广阔的市场。我国已经有很多的地区开始打造农产品品牌，如"金华火腿""盱眙龙虾""烟台苹果"等农产品品牌，但因为经验不够等因素，导致农产品品牌化发展速度较慢。

加强农业品牌化建设，首先，是提高农产品质量，因地制宜，围绕当地的优势主导产业，打造高质量农产品作为推向全国的标签，制定并实施当地农业品牌发展规划。其次，政府应用实际行动来扶持当地的农产品品牌建设，健全相关法律法规，杜绝假冒伪劣产品，大力发展当地的农产品品牌，将无公害产品、绿色产品、有机食品及地理标志产品等国家认证标志的产品推向全国，提高知名度。

再次，还可以扶持或引进一批具有较强开发、加工及市场拓展能力的重点龙头企业，对当地特色农业进行深度开发。最后，高质量的农产品一定要有较强的营销模式，可以通过互联网、电视广告等传媒工具来吸引消费者的注意。

7.3.2 促进城乡垂直分工，加强城乡产业合作体系

城乡发展协调度依赖于当地的总体经济发展水平。例如，江苏省苏南地区城乡协调度就高于苏中和苏北地区城乡协调度，一个重要原因就是苏南地区的经济发展水平较高，经济发展水平较高的地区可以为城乡发展不协调的地区提供经济和物质上的帮助，加快落后地区的发展。以苏南为例，苏南地区作为全国首创"乡镇企业"模式的地区，其城乡发展均衡，将工业带入乡村，增加乡村人口的就业率和经济收入，同时，也使整个苏南地区的经济发展加快，因此，要解决城乡发展不均衡的问题，就要加强工业设施基础，让工业在城乡之间均匀分布，促进城乡产业的协调发展。

7.3.2.1 优化城乡产业空间布局

由于大部分的产业都集中在城市，因此，城市具有一定的聚集效应，而乡村比较分散，工业和企业较少，导致城乡产业分布不平衡。

随着现在大型中心城市的产业开始转型，一些污染严重的工业设施向服务业转变。大部分省会城市、直辖市或区域经济中心选择发展现代贸易、金融保险、文化教育、中介咨询等现代服务业和与之关联度较高的高新技术产业，以加强城市的文化底蕴和发展活力。次一级的城市开始大力发展并改进工业生产模式，既可以提高次一级城市的经济水平，也使工业有了更宽广的发展方向，而中心城市通过发展服务业，既解决了城市拥挤和竞争过于激烈的问题，也可以在城市郊区发展生态旅游和观光农业等产业。

次一级的中心城市在继承了中心城市转移产业的基础上，应进行相应的技术升级和改革，引导乡镇企业的发展和方向。而其他县市级城市应成为中心城市与乡镇之间关联的纽带，为乡镇居民和企业等提供一些服务类型的产业。加强小城镇乡镇企业的联系，可以提高城市工业的竞争力。发展乡镇企业，可以吸引大量的农村劳动力，推动农村居民向"城市化"的进程。另外，次一级的中心城市可以缓解中心城市的居住、就业等压力。

另外，农村和乡镇地区可以大力发展中心城市需要的副产品。例如，粮食、蔬菜、肉类、豆类、奶类及各种工业原料等。一些发展基础和环境较好的乡镇可以根据本地的条件，适度发展一些工业设施，同时，为了提高农村居民的生活条件，应增加一些机械化设备和健康保障方面的服务设施。由于农村的自然环境较好，因此，可以打造乡村度假和观光旅游区，吸引外来游客前来体验生活。

7.3.2.2 建立城乡产业合作机制

大量农村剩余劳动力涌入城市使得乡村经济发展所需的劳动力出现了严重缺

乏，同时，也加重了城市的承载力负担，这是当前最为突出的城乡问题。为解决这一问题，城乡产业合作计划相应而生。城乡产业合作能够有效地解决乡村剩余劳动力问题。城乡之间不合理的人口流动主要是因为农村就业岗位少，吸引力低所引起的，解决好这一问题的根本措施是发展好农村经济。当前乡村发展的短板主要表现在：底子薄、发展滞后、现代化产业基础薄弱、贫困人口多、人均收入低、公共基础设施等方面同城镇相比存在明显差距。针对这一现状，通过开展城乡产业合作，为农村发展提供更多的就业岗位，吸引大量优秀人才。在城乡二元体制机制下，单纯依靠农民自身的力量难以支撑乡村产业的发展。以城乡合作开发乡村旅游业为例，农村只能提供旅游风景地和少量的劳动力，难以承担起基础设施建设的资金成本。通过城乡合作开发，城市可以为乡村旅游业注入资金，解决农村资金难的问题，也可以完善农村的基础设施建设，并为农村旅游景区提供广泛的营销宣传支持和稳定的客源。对于城市周围地区而言，其紧邻中心城市，有着充足周末假期、喜爱户外活动的城市客源，其基础设施与远郊相比更加完善。近郊地区主要采用农户个体经营、合作经营等方式进行产业合作。而对于远郊的农村地区，其保留了大量优美的自然田园风光和极具特色的民俗文化传统，吸引了大量游客前来，但是，由于基础设施落后、交通闭塞打击了群众的热情，因此，乡镇旅游在发展初期往往存在较大困难。城乡产业合作开发不仅促进了乡村经济的多元化，增加了居民人均收入，也为城市居民提供了体验不同生活的机会，加强了城乡居民的交流联系。另外，还推动了城乡融合发展，促进了城乡一体化建设。

7.3.3 完善农村金融体制，促进城乡资金合理配置

在过去的社会经济建设中，受"工业城市"潮流的影响，国家更注重对城市与工业的发展，而忽略了对农村和农业的建设。国家和地方财政资金大多流入城市与工业的建设，对于农村和农业的投入较少，导致城乡之间的资金配置严重失衡，使农村的发展与城市远远脱节。我国是农业大国，农村和农业的发展直接关系到我国经济的发展水平。农村和农业是城市工业发展的重要保障，城市工业的大量农产品和劳动力资源大多都来自农村和农业。而资金的不合理分配，加上农村资金来源渠道少，导致农村经济发展缓慢。反观美国、日本等国，由于城乡发展协调度高，这些国家每年投资大量的资金来构建完善的农村金融体系，缩小城乡资金分配差距。

为打破这种城乡二元经济结构，促进城乡资金合理配置，中共中央、国务院印发《关于建立健全城乡融合发展体制机制和政策体系的意见》，并加大财政对农村农业的支持力度，适当减少对城市工业的投入，不断完善农村金融支持体系，着力破解影响城乡融合发展的体制机制障碍，促进城乡要素自由流动、平等交换和公共资源合理配置，为农村农业发展提供更多的融资渠道和资金支持。

7.3.3.1 加大对乡村农业的财政支持力度

财政补贴和直接投资是财政对农村与农业的主要支持方式。但财政对农村农业的资金支持结构并不合理，超过一半的资金用于农业的基础设施、设备的建设及行政事业单位的支出，只有少数的资金用于农业产业引导、技术创新。硬件（交通通信、水电、水利及灌溉等基础设施）和软件（农业科研院所、农村职业教育与推广体系建设）建设两个部分是财政资金的主要投资点。

农业的弱质性决定了国家必须加大对农业发展的关注度和支持度，财政部也明确了适度增加财政支农投入是财政支持农业工作的发力点。为保证支农工作取得良好效益，优化投入结构成为财政部需要重点解决的问题。与此同时，建立严格而明确的监督管理机制是确保财政资金落到实处的重要举措。设立一个独立于其他部门的专业部门来管理财政资金，可以避免责任不清、职责混乱等问题。各地方政府应当积极主动地承担起支农财政资金，明确支农资金的投入方向与重点。整合财政支农的各项政策，通过实地考察，明确各地实情，因地制宜地建立财政支农政策体系，打好政策组合拳。政府应逐年增加对农业基础设施建设的资金，适当减少在行政事业方面的投入，并且设立一些补助项目专项资金，使财政资金尽可能多地流入与农民生产生活息息相关的领域。例如：饮水、用电、文化教育、医疗卫生等基础设施建设等，提高农民的生产积极性。

7.3.3.2 完善农村金融支持体系

健全和完善农村金融支持体系是财政支农必须解决的问题，我国现有的农村金融体系存在漏洞，仅依靠财政资金无法填补其资金缺口，必须引入市场机制，发挥市场这只无形的手的调节作用。市场调节是我国社会经济的主要调节方式，通过市场调节可以吸引社会资金流入，减轻政府的资金压力，为开展农村农业建设提供更多的融资渠道和资金支持。

《农村金融法》是发展农村经济而制定的法律法规。由于其目前还不成熟，因此，法律条文仍有待补充和完善。因为受教育水平的影响，农民的金融意识还不够强，金融法产生的效果还不明显。现我国所形成的多元化、多层次的农村金融结构体系是由农村政策性、合作性、商业性和其他新型农村金融所构成的混合性体系，其融资的稳定性较低、融资成本高。而且当前我国农村金融网点数量总体上较少，地区分布数量不均。

为弥补体系所存在的漏洞，加强对乡村与农业发展的支持，必须首先加强政策性金融、合作金融与商业性金融三者间的交流合作，形成一个相互联系的统一体。其次要加大对农村金融服务机构的支持力度，增强其为乡村和产业发展的服务能力，为农村金融发展提供更多的融资渠道、金融产品。最后要联合政府、乡村机构向村民普及金融知识，提高居民的融资意识，营造良好的融资环境。

7.3.4 发挥城镇纽带作用，扶持特色小（城）镇发展

近期，国家发改委就特色小镇与特色小城镇的区别发展出台了《关于规范推进特色小镇和特色小城镇建设的若干意见》（以下简称《意见》），特色小镇与特色小城镇的概念在《意见》中均有明确指出。小城镇介于城乡之间，地位特殊。不同的学科对小城镇概念的理解可以有狭义和广义两种。我国狭义上的小城镇是指除设市以外的建制镇，广义上的小城镇，除狭义概念中所指的县城和建制镇外，还包括集镇的概念。小城镇是联结城市与乡村的重要纽带，是我国城镇体系中不可缺失的一部分。特色小镇是创新创业的平台而并非行政建制镇，是特色小镇与小城镇的根本区别所在，但二者在城乡一体化建设中都发挥着各自不可替代的作用。

以人为本，遵循城镇化发展规律是特色小（城）镇建设所必须坚守的。人是社会生产力中最重要的生产因素，小城镇的建设应围绕居民逐步展开，推动"市民化"的进程。由于地域差距、经济差距、发展环境差距等，小城镇的发展情况各不相同。小城镇建设应从自身发展的实际情况出发，合理布局有关居民生产生活的主要功能区，统筹安排各项建设，尊重差异性、倡导多样性，逐渐建设和完善"以点带面，主次错落"的小城镇体系。

因地制宜是特色小城镇建设的关键，特色产业是特色小城镇发展的动力源泉。特色小城镇的建设要以发展特色产业为核心，结合本地区的实际情况，立足于自身所拥有的区位、资源、产业等优势条件，提高自身竞争力。独树一帜，独领风骚，是特色小城镇发展的另一法宝。充分保留和发扬当地特色文化，深度挖掘出当地的自然、地理、人文、技艺等优势资源，防止千镇一面。产业特色是特色小城镇发展的根本优势。找准特色、凸显特色、放大特色是小城镇发展的重要方向。

特色小（城）镇建设的目的是打造适宜居民居住、环境优美的小城镇。生态田园风貌是特色小城镇的重要属性，保护生态田园风貌是小城镇建设应重点关注的问题。美丽的田园景观和生态风貌不仅营造了良好的居住环境，还提高了对人才与人口的吸引力，丰富了人才资源，带动了城镇经济发展。转变城镇发展方式，推动城镇集约化发展，严守生态保护红线，是特色小城镇发展的重要途径。既可以高效利用资源，减少资源浪费，也有利于合理控制小城镇规模。

7.4 新时代湖南省乡村振兴与新型城镇化耦合协同生态对策研究

7.4.1 城乡土地资源合理利用，构建和谐城乡空间体系

土地是万物承载的根本，是生态发展的源泉，也是人类社会发展的基础，是不可再生资源。我国人多地少，人均面积少、土地总质量低。面对此类情况，我国应该制定严格的土地管理政策。要实行可持续的发展策略，解决人民生活、经济建设、生态环境三大问题，对于土地的合理利用也是最关键、最基础的问题。

在过去，城镇与乡村在土地资源规划过程中，由于缺乏对土地资源合理利用的意识与规划，所以面对土地的规划与城市化推进的过程中存在对土地利用不合理、城乡界限不明、城市扩张占用农村用地、城中村等问题。针对此类问题，应该吸取经验，规范城乡土地资源的分配，建立合理的资源利用制度，构建城乡和谐的空间结构体系。

在土地资源分配的过程中，国外的生态宜居型城市就有典型的对于土地资源的集约化利用分配。所谓"集约利用分配"就是注重对土地资源的功能利用、综合利用和混合利用，以此来提高土地的利用率。在土地资源的分配过程中，主要是对于旧城的改造和城中村改造，通过对二者之间的改造来决定城市的储存空间和主要功能的布局。在城市的规划过程中，应该依据城市主要交通轴线来进行功能区的布局建设，在建设过程中也应该尽量考虑建设区域之间的关联性。例如，生活、工作、教育应该形成一个关联区域。城市建设中的主城是重要规划建筑，所以对于主城的建筑，我们应该采用高密度组团建设，减少那些占用土地且不宜居的城市"面子工程"。例如，大广场、大马路等低密度建筑。在城市建设过程中，要充分利用每一寸土地，同时，还要注重对城市建设的绿化，依照建设与环境相适应的原则，合理规划用地、提高土地利用效率、减少占地无用建筑等问题，加强对于土地存量的管理和监督，全市绿化也应该注重连贯性、空间的易达性与人均绿地面积的指标量数。

构建和谐的城乡空间结构体系。我国要对城乡空间布局进行合理的优化，解决城乡之间布局存在的现状问题。首先，将城市与乡村融进一个统一的空间布局规划中，尽管城乡在发展过程中有不同的空间特质，但是现如今二者之间的地理边界并不分离，所以，如果要改变二者之间无序发展的混乱现状，就必须进行全面统筹和安排城乡空间布局。其次，在城乡二者之间进行合作的时候，要对各自的优缺点进行准确的定位，要考虑城乡之间的职能、产业分工等不同差异并有所侧重发展。找到属于城乡之间各自的发展道路，城市根据发展特点应该侧重于集约化的利用，选择知识密集性的高新技术产业和现代服务业为主导；乡村根据发

展特点应该侧重于分散村镇的集聚发展，以附近城市产业转移为主，但是在发展的过程中还要注重农业用地与当地的生态功能区的保护，实行经济效益、环境效益、社会效益三者的统一。

7.4.2 建设城乡统筹生态工程，提高农村生态保护意识

在城乡发展的过程中，既要注重生态环境的保护，也要协调城乡之间的关系，建立一个城乡覆盖型的综合生态保护体系。

在城乡发展过程中采取因地制宜的发展策略，吸取西方发达国家对于城乡治理过程中的城乡生态治理工程的建设经验。例如，美国纽约州在城市和乡村地区中投入14亿美元用生态系统方法（EA）对当地的土地、水资源和生物资源进行综合管理，在方法实行过程中，预计节约了30亿~80亿美元饮用水过滤费用，并成功地保护了城乡居民的水源地。在城乡统筹的生态治理体系发展过程中，我们既要有人工系统的存在，也要借助于原本当地生态的系统，使二者之间能够进行协调的发展，互相补充和修正，满足城镇居民生活与发展的需要，又不对当地的生态系统、自然景观造成破坏，实现经济、社会、生态三者的有机协调统一发展。

自然资源是人类在发展与生存过程中不可或缺的资源，是大自然的馈赠，但是面对大自然的馈赠，我们不应该一味地索取，因为大部分自然资源具有稀缺性、不可再生性、有限性，所以在资源的取用过程中，我们应该制定相应的制度，如有偿使用制度和生态补偿制度。早在2013年，我国对资源的取用已经有了以上两种制度，但是，在这些制度的实行过程中还需要多方的支持，一是由政府调控与市场机制共同参与制定科学合理的资源定价机制。政府在资源的使用过程中发挥主导作用，针对资源的稀缺程度和消耗自然资源对生态的损坏，将这些情况反映在资源的价格中，市场调节就是将资源算成市场中的特殊商品出售，根据资源的状况调整自然资源在市场中的价格。二是对资源进行合理的资源税的收取，根据资源的采取、消耗制定相应的税收标准，按照"谁消耗谁付费，谁受益谁补偿"的原则收税。三是通过建立相关的法律法规，以法律形式完善生态补偿制度、标准，对生态的功能进行平衡发展，将补偿落实到位，同时也保护生态环境。

加强并提高农村居民的环境治理与生态保护意识。城市在发展过程中已经偏向于生态城市、宜居城市的发展，主要是在治理过程中对于城中村的改造、城市绿地空间建设等生态环境的改善，将对于生态环境与发展过程中存在的问题，以生态环境为主统一治理。与城镇相比农村在发展过程中，不注重生产生活方式、设备落后，在生活过程中随意排放污水、垃圾，不注重对生态环境的保护，城镇工业转移使农村的生态环境更加恶化。为了保护生态环境，应该对农村加大治理的投资，建立垃圾处理站、污水处理厂等基础设施，从设备与制度上解决农村居民的生活方式与传统意识问题，同时，在思想上也应该对农村居民进行宣传与教

育，提高居民对于生态环境的保护意识与相关的保护措施，切实落实农村居民能够在生活中灵活运用。

7.4.3 加强城乡生态环境监测，完善生态评价考核机制

各地在发展过程中，应该根据国家统一制定的城乡生态文明考核体系评价的框架，根据自身的生态发展情况制定符合本地区发展的生态文明考核评价机制。在机制的构建中要注重动态与静态的结合，机制考核中既要有科学化的体系设计，能够通过精确的数据来显示生态环境在发展过程中的影响与损益评估，又要在一定的发展过程或时间段内，对于生态环境的变化能够进行监督与评价，同时，还能够根据城乡在发展过程中的实际情况调整评估的体系。对于体系中相关的环境监督管理制度、奖惩制度、相关责任人制度、各项生态环境具体标准与要求、生态环境承载力预测预警等制度之间进行配合，要全方位地了解城乡的生态环境变换情况，加强对生态环境的保护作用。在生态环境的体系中应该有明确的生态环境保护的红色底线，城市在监测土地开发、利用或者在推进过程中不能越过底线去进行建设。

实行严格的环境监管制度。对环境监管制度进行详细的细分与完善，将制度全面覆盖对于生态环境有破坏的物质。例如，工业生产和居民在生活中产生的污染物等全部纳入环境监测与管理体系中。在制度的实行过程中，要对现行的监管部门，特别是工业生产部门、环境监察部门与公众的权利、义务和责任分开，制度应该实行奖惩制度，激发民众对于生态环境的保护欲望。对于环境监察部门的权力应该进行扩分，使其有充分的权利进行监察处罚，以此来保证监察工作的质量。在制度的实行过程中，除对于已经发生污染破坏的地方进行处罚外，还应该在制度中对预防和控制进行相关的制度建设，将污染与破坏遏制在萌芽阶段。在环境监管实践中，官官相护是在监管中遇到的实际问题，环境监管部门作为一个独立发展的部门，应该杜绝其他部门对于环境监管的干预，严格按照国家或地方对于环境质量的要求标准和相关环境保护法规进行环境监察。对于环境污染处于客观状态下发生的，处理状态通常有两种：①要对已经发生破坏的环境进行赔偿或者补偿，减少事故的发生对于环境的损害，帮助环境恢复；②对于环境产生较大影响与后患的，可通过与相关的部门协调对相关责任人进行刑事追查。

7.5 本章小结

新时代湖南省乡村振兴与新型城镇化建设是一个复杂的系统工程，是贯彻落实科学发展观、构建和谐社会的内在必然要求。政府是湖南省乡村振兴与新型城镇化建设的主要推进器。本章从政府、社会、产业和生态等方面进行分析湖南省乡村振兴与新型城镇化耦合协同研究，提出不同的发展建议，旨在促进城乡统筹结构系统优化，实现地域城乡一体化空间的耦合协同发展。

（1）政府对策研究。通过研究湖南省乡村振兴与新型城镇化耦合协同建设的发展现状，提出构建农业产业化、城乡统筹教育发展体系和城乡统筹法制建设的政治基础，从而加快湖南省乡村振兴与新型城镇化实现经济发展方式的转变，完成体制转轨进程，继续保持高速经济增长，克服各项制度障碍，构建完善的制度环境。

（2）社会对策研究。以新时代湖南省乡村振兴与新型城镇化耦合协同发展这一社会背景，通过统筹城乡农村经济、城乡社会保障和城乡医疗服务，有利于提升社会公共服务水平、人民生活水平及满足人们精神层面的需求。对新时代湖南省乡村振兴与新型城镇化耦合协同这一发展战略有一定的帮助。

（3）产业对策研究。通过推进农业供给改革，创新农村农业发展模式、促进城乡垂直分工，加强城乡产业合作体系、完善农村金融体制，促进城乡资金合理配置及发挥城镇纽带作用、扶持特色小（城）镇发展这四个方面进行统筹分析，对新时代湖南省乡村振兴与新型城镇化耦合协同产业发展具有一定的帮助，有利于提升内部协调水平，加强人口、经济、土地、社会、生态和城乡统筹六个方面相互协调、配合、互补，为城乡统筹提供了有力保障和发展条件。

（4）生态对策研究。从城乡土地资源合理利用，构建和谐城乡空间体系、建设城乡统筹生态工程，提高农村生态保护意识和加强城乡生态环境监测，完善生态评价考核机制这四个方面构建新时代湖南省乡村振兴与新型城镇化耦合协同生态对策研究。以至将乡村振兴与新型城镇化耦合协同生态发展逐步系统化与完善，促进湖南省城乡统筹的健康发展。

第8章
结论与展望

8.1 主要结论

本文的核心目标是研究新时代湖南省乡村振兴与新型城镇化的耦合协同，遵循现状分析—理论机制—耦合模型—治理对策的基本逻辑结构来研究湖南省乡村振兴与新型城镇化的发展。为实现研究目标，从理论分析和实证检验两个角度进行分析。首先，通过对湖南省乡村振兴与新型城镇化的耦合协同治理现状进行实地调查，了解湖南省乡村振兴与新型城镇化发展的基本情况，提炼出目前湖南省乡村振兴与新型城镇化不协调的原因。其次，从产业、人才、文化、生态振兴角度，构建城乡产业结构融合协同、城乡要素市场深化合作、城乡公共服务均等发展、城乡基础设施互联互通、城乡生态环境共建共治的五位一体耦合协同发展机制。再次，系统性归纳乡村振兴与新型城镇化改造模型，立足城乡协同治理观念，形成城乡多元主体协同耦合、城乡各级资源协同耦合、城乡综合利益协同耦合、城乡网络信息协同耦合的四位一体耦合协同治理模型，多元化更新强调以城市发展带动农村发展，新型城镇化反哺乡村振兴的新格局。最后，以城乡命运共同体为城乡发展主导意识，立足于综合完善顶层设计，科学制定政策规划的政府出发点；着眼于贯彻各方社会资本，良性互动结构市场的社会增长点；贯穿全面交流产业技术，合作推进创新创业的企业动力点，形成互相协同、共同合作的耦合协同治理方针。

（1）对新时代湖南省乡村振兴与新型城镇化的耦合协同相关研究进行梳理与评价是了解当前研究的最新动态，从理论与实践两个角度架构文章的研究基础。

（2）首先，对乡村振兴与新型城镇化的内涵进行分析。其次，从1949—1978年、1978—2003年、2004—2016年及2017年至今四个阶段对乡村振兴与新型城镇化的发展历程进行详细具体的阐述。再次，从乡村振兴战略、城镇化、新型城镇化、耦合协同模式四个关键词对研究内容进行详细具体的阐述。最后，分析城乡生态空间协同发展、城乡产业空间协同发展、城乡交通空间协同发展、城乡空间结构协同发展四位一体的构成要素。

（3）在新时代的背景下，基于湖南省乡村振兴与新型城镇化发展，对湖南省乡村振兴与新型城镇化的耦合协同治理现状进行实地调查，从发展战略、教育就业、医疗社保、基础设施四个方面分析湖南省乡村振兴与新型城镇化发展的现状特征，可以准确、全面地刻画新时代湖南省乡村振兴与新型城镇化的发展水平。

（4）分析长久以来城乡发展不协调、不均衡所制约我国社会现代化进程与乡村振兴、新型城镇化发展的因素，针对制约因素，建立基于产业振兴、人才振兴、文化振兴、生态振兴，架构五位一体的耦合协同发展机制。在研究中发现，新时代湖南省乡村振兴与新型城镇化耦合协同机制的探讨是十分复杂的，除城乡产业结构融合协同、城乡要素市场深化合作、城乡公共服务均等发展、城乡基础设施互联互通、城乡生态环境共建共治等机制外，仍有一些相关的机制，如网络通信技术推动、政府利益驱动等，但乡村振兴与新型城镇化耦合协同机制的构建最终是由以上五种动力因素综合累积作用的结果。

（5）乡村振兴和新型城镇化战略均是解决"三农"问题、实现现代化的重要途径，二者互为联动、相互促进。根据乡村振兴与新型城镇化在实施过程中的突出问题，提炼其主要原因，进而提出了四位一体的主体模式：一是构建城乡多元主体耦合协同模式。从土地整合、产业支撑、人才培养及生态保护四个维度对乡村振兴与新型城镇化的主体进行了系统的分析。二是构建城乡各级资源耦合协同模式。分别从社会保障角度，经济社会角度，产业集群角度及城乡交通角度就乡村振兴与新型城镇化资源耦合协同问题进行了探讨与研究。三是构建城乡综合利益耦合协同模式。基于产业的角度，分别从农业、新兴制造业、旅游业及服务业等多角度对乡村振兴与新型城镇化的综合利益问题进行了全面的剖析。四是构建城乡网络信息耦合协同模式。构造以建设信息资源发布共享平台为核心，以建设现代信息技术支撑系统为动力，以建立健全信息反馈控制系统为保障的网络系统，实现乡村振兴与新型城镇化网络信息的同步发展。

（6）新时代湖南省乡村振兴与新型城镇化建设是一个复杂的系统工程，是贯彻落实科学发展观、构建和谐社会的内在必然要求。政府是湖南省乡村振兴与新型城镇化建设的主要推进器。本章从政府、社会、产业和生态等方面分析湖南省乡村振兴与新型城镇化耦合协同研究，提出不同的发展建议，旨在促进城乡统筹结构系统优化，实现地域城乡一体化空间的耦合协同发展。

8.2 研究展望

基于中国城乡发展、基础理论阐释和实现路径的探索，主要从乡村振兴和新型城镇化战略两方面进行研究：

（1）乡村振兴与新型城镇化建设主要解决"三农"问题与现代化建设问题，二者之间相互促进。产业城乡发展是乡村产业发展的"黏合剂"，乡村产业发展为产业城乡发展奠定基础；生态宜居是城乡可持续发展的内在需求，可持续发展为生态宜居提供重要保障；乡风文明是现代城乡发展的核心，现代城乡发展以乡风文明建设为依托；治理有效为城乡发展空间提供规划目标，城乡发展空间合理化是治理有效性的载体；生活富裕是城乡经济发展的目标导向，城乡经济发展是实现乡村生活富裕的根本路径。通过产业、技术、资本、信息与人口等要素在城乡之间流通，乡村振兴与新型城镇化二者之间相互配合发展，形成城乡资源流通、城市反哺农村的格局，进一步缩小城乡差距，努力实现城乡平衡发展。

（2）乡村振兴和新型城镇化战略的理论基础还很薄弱，面对这样的国家层面战略需求，经济学、地理学等还需要对二者的战略耦合机理、过程及驱动因素、驱动机制进一步研究，尤其是乡村振兴和新型城镇化战略耦合机理需要进一步完善。关于乡村振兴和新型城镇化的理论研究，新型城镇化的理论体系初具规模，且建立科学的乡村振兴理论体系势在必行。产业、土地、资本、技术、信息和人口等各种要素的运动都是乡村振兴和新型城镇化战略耦合的实现形式。这是一项复杂的系统工程，涉及社会、经济、生态环境的方方面面。另外，有关乡村振兴和新型城镇化的相关主题研究也亟待展开。

后　记

本书基于中国城乡发展、基础理论阐释和实现路径的探索，主要研究湖南省乡村振兴与新型城镇化的耦合协同，主要解决"三农"问题与现代化建设问题。贯通城乡产业、技术、资本、信息与人口等要素，形成城乡村资源流通、城市反哺农村的格局，进一步缩小城乡差距，努力实现城乡平衡发展，研究具有以下特点：准确性，广泛利用湖南省权威方志、年鉴及其他城乡资料；代表性，以湖南省本土重要的地域、地理和省情为核心；权威性，汇集湖南省乡村振兴和新型城镇化研究领域中的名家学者。

乡村振兴和新型城镇化战略耦合是一项复杂的系统工程，涉及社会、经济、生态环境的方方面面，对于乡村振兴和新型城镇化战略耦合机理需要进一步完善，乡村振兴和新型城镇化的相关主题研究也亟待展开，这也是本书留下的一大缺憾。本书的遗憾正是一个"召唤性结构"，它将为学术界学者们研究乡村振兴和新型城镇化更多更好更深刻的学术成果的面世留下巨大的空间。

本书的章节是在不同阶段完成的，在整理成书的过程中，得到了田定湘教授、齐绍琼研究员、刘连香副教授等人的鼓励和指正，除增补若干数据之外，有些章节也做了相当幅度的修订，我要向他们表示谢意。邓昭俊老师制作索引并协助校对，如果没有他的费心费力，那么这本书不可能顺利完成。王耿博士帮忙整理与检查部分资料，感谢邓昭俊老师和王耿博士的帮忙。另外，我的学生阳波、文斌、郑华夏、舒子鉴、赵峰峰、杨小洁、唐旭权、寇雪芳、王思佳、赵伟国、唐晚桂、李海霞等对数据的收集和整理付出了辛勤的劳动，在此一并感谢。与此同时，编辑部同仁为本书的出版提供了不少建议与帮助，尤其是为若干专有名词加注，特此表示感激。

由于资料来源、编写水平有限，对于书中存在的挂漏讹谬之处，望大家不吝指正。感谢一路走来陪伴我的读者，在完成本书的过程中，我听到了太多的鼓励和感谢。

编者

参考文献

[1] 郑传贵,卢晓慧.韩国新村运动实践机制诠释与启示[J].乡镇经济,2008(4):121-126.

[2] 颜毓洁,任学文.日本造村运动对我国新农村建设的启示[J].现代农业,2013(6):68-69.

[3] 曲卫东,斯宾德勒.德国村庄更新规划对中国的借鉴[J].中国土地科学,2012(3):91-96.

[4] 李瑞霞,陈烈,沈静.国外乡村建设的路径分析及启示[J].城市问题,2008(5):89-92+95.

[5] Renting H, Rossing W, Groot J, et al. Exploring multifunctional agriculture. A review of conceptual approaches and prospects for an integrative transitional framework [J]. Journal of Environmental Management, 2009, 90: S112-S123.

[6] 房艳刚,刘继生.基于多功能理论的中国乡村发展多元化探讨——超越"现代化"发展范式[J].地理学报,2015(2):257-270.

[7] 付姓."人、地、钱"始终是农村改革的关键——首都农经学者共论农村40年[J].农村经营管理,2018(12):26-27.

[8] 朱霞,周阳月,单卓然.中国乡村转型与复兴的策略及路径——基于乡村主体性视角[J].城市发展研究,2015(8):38-45+72.

[9] 陈锡文.乡村振兴首先要坚持农村基本经营制度[J].农村工作通讯,2018(17):48.

[10] 蔡昉.把乡村振兴与新型城镇化同步推进[J].中国乡村发现,2018(4):12-16.

[11] 宗锦耀.实施乡村振兴战略推进产业融合发展[J].吉林农业,2018(2):15-16.

[12] 廖洪乐.乡村振兴需要整合乡村和城镇力量[J].农村工作通讯,2017(22):22.

[13] 李铜山.论农业多功能性及我国的发展方略[J].重庆社会科学,2007(5):13-16.

[14] 郑辽吉,马廷玉.多功能农业创新网络构建与分析[J].农业现代化研究,2015(4):643-650.

[15] 乌东峰, 谷中原. 论现代多功能农业 [J]. 求索, 2008 (2): 1-6.

[16] 张京祥, 申明锐, 赵晨. 乡村复兴: 生产主义和后生产主义下的中国乡村转型 [J]. 国际城市规划, 2014 (5): 1-7.

[17] 李国祥. 新型农业经营主体是推动乡村产业振兴新生力量 [J]. 农经, 2018 (12): 14-17.

[18] 李霞, 王璐, 王明田, 等. 县域乡村建设规划的难点与创新——访2016年安徽省来安县县域乡村建设规划项目组 [J]. 小城镇建设, 2016 (6): 58-60+64.

[19] 武仁仲, 路阳, 刘碧含. 城乡一体化背景下的县域乡村建设规划编制探索——以贵州省惠水县村寨体系规划为例 [J]. 小城镇建设, 2016 (6): 46-52.

[20] 赵毅, 段威. 县域乡村建设总体规划编制方法研究——以河北省安新县县域乡村建设总体规划为例 [J]. 规划师, 2016, 32 (1): 112-118.

[21] 吴亚伟, 张超荣, 江帆, 等. 实施乡村振兴战略创新县域乡村建设规划编制——以《安徽省广德县县域乡村建设规划》为例 [J]. 小城镇建设, 2017 (12): 16-23.

[22] 蔡立力, 刘文杰. 县域乡村建设规划编制的思路和方法 [J]. 广西城镇建设, 2016 (5): 24-35.

[23] 胡小兰. 以岳西县为例探讨山区县域乡村建设规划编制重点内容 [J]. 建设科技, 2017 (11): 52-53.

[24] 吴小平, 蔡奇志, 李贤颖, 等. 城乡统筹背景下琼中黎族苗族自治县县域乡村建设规划探析 [J]. 规划师, 2018, 34 (3): 139-146.

[25] 杨青夫, 刘成旭. 社会主义新农村建设中的生产发展 [J]. 山东省农业管理干部学院学报, 2006 (2): 1-4.

[26] 胡逢绪. 夯实新农村物质基础——对社会主义新农村建设生产发展要求的解析 [J]. 理论导报, 2007 (6): 13.

[27] 赵福春, 宋洪德. 关于新农村建设中生产发展情况的调查 [J]. 大庆社会科学, 2008 (1): 68-70.

[28] 白雪瑞. 中国城乡关系与经济发展 [J]. 北方论丛, 2007 (2): 145-148.

[29] 卢增兰, 杨勇承. 依靠节约资源型新技术, 实现新农村的"生产发展"——社会主义新农村建设问题探讨之一 [J]. 杨凌职业技术学院学报, 2006, 5 (2): 23-26.

[30] 刘志澄. 新农村建设的首要任务是加快现代农业建设 [J]. 农业经济问题, 2007 (2): 4-7.

[31] Ostrom E. Governing the Commons: The Evolution of Institutions for Collective Action [M]. Cambridge University Press, 1990.

[32] Kevin J. O'Brien. "Implementing Political Reform in China's Villages", Australian Journal of Chinese Affairs, 1994, (32) 33 – 62.

[33] Jean C. Oi and Scott Rozelle, "Elections and Power: The Loans of Decision Making in Chinese Villages" [J]. The China Quarterly, 2000, (162) 513 – 539.

[34] 弗里曼 [美]. 中国乡村, 社会主义国家 [M]. 北京: 社会科学文献出版社, 2002.

[35] 萧凤霞 [美]. 华南的代理人与受害者: 乡村革命的协从 [J]. 中国学术, 2001 (1): 349 – 352.

[36] 俞可平. 治理与善治 [M]. 北京: 社会科学文献出版社, 2000.

[37] 俞可平. 中国治理变迁三十年 [J]. 吉林大学社会科学学报, 2008 (5).

[38] 周晓菲. 从"管理"到"治理"一字之差, 其内涵有何区别——专家解读全面深化改革的总目标 [N]. 光明日报, 2013 – 12 – 4 (01).

[39] 俞可平, 徐秀丽. 中国农村治理的历史与现状——以定县、邹平和江宁为例的比较分析 [J]. 经济社会体制比较, 2004 (2): 13 – 26.

[40] 徐勇. 县政、乡派、村治: 乡村治理的结构性转换 [J]. 江苏社会科学, 2002 (2): 27 – 30.

[41] 贺雪峰. 乡村治理研究的三大主题 [J]. 社会科学战线, 2005 (1): 219 – 224.

[42] 吴毅. "双重角色""经纪模式"与"守夜人"和"撞钟者"——来自田野的学术札记 [J]. 开放时代, 2001 (12): 114 – 117.

[43] 申静, 陈静. 村庄的"弱监护人": 对村干部角色的大众视角分析——以鲁南地区农村实地调查为例 [J]. 中国农村观察, 2001 (5): 53 – 61 + 81.

[44] 王长江. 当前推进基层党建理论与实践创新亟待探讨的几个问题 [J]. 中共浙江省委党校学报, 2016 (1): 36 – 39.

[45] 张希贤. 论党的建设新阶段: 全面从严治党 [J]. 理论探索, 2015 (2): 13 – 16.

[46] 陈东平. 创新社区治理加强基层服务型党组织建设 [N]. 组织人事报, 2016 – 11 – 08 (009).

[47] 姜裕富. 熟人社会、跨村任职与乡村治理——基于常山县跨村选任村党组织书记的研究 [J]. 湖北社会科学, 2013 (4): 43 – 46.

[48] Chenery H B. Patterns of Development: 1950 – 1970 [M]. Oxford University Press, 1957.

[49] Berry B. City Classification Handbook: Methods and Application [M]. John Wiley and Sons Inc, 1971.

[50] Lucas R E. On the Mechanics of Economic Development [J]. Journal of Monetary Economics 1988 (1): 3 – 42.

[51] Fay M, Opal C. Urbanization without Growth: A Not so Uncommon Phenomenon [J]. The World Bank, Washington, DC. Working Paper, 2000.

[52] Moomaw R L, Shatter A M. Urbanization and Economic Development: A Bias toward L Cities [J]. Journal of Urban Economics, 1996, 40 (1): 21 – 32.

[53] Ortega J. Pareto – improving Immigration in an Economy with Equilibrium Unemployment [J]. The Economic Journal, 2000, 110 (1): 112 – 120.

[54] Kawsar M A. Urbanization, Economic Development and Inequality [J]. Bangladesh Research Publications Journal, 2012 (4): 440 – 448.

[55] Quintana D C. Agglomeration, Inequality and Economic Growth: Cross – section and panel data analysis [J]. Working Paper, 2011.

[56] Farahmand S, Akbari N. Spatial Affects of Localization and Urbanization Employment Growth [J]. Journal of Geography and Regional Planning, 2012, Economies on Urban (2): 115 – 121.

[57] Peres R, Muller E. Innovation Diffusion and New Product Growth Models: A Critical Review and Research Directions [J]. International Journal of Research in Marketing, 2010, 27 (2): 91 – 106.

[58] Gallup J L, Sacks J D, Mellinger A. Geography and Economic Development [J]. International Regional Science Review, 1999, 22 (1): 179 – 232.

[59] Henderson V. Urbanization in Developing Countries [M]. Oxford University Press, 2002.

[60] Downs A. Still Stuck in Traffic: Coping with Peak – hour Traffic Congestion [M]. Betsy Kulamer, 2004.

[61] Sanidad Leones C V. The Current Situation of Crime Associated with Urbanization: Problems.

[62] Copel B R, Taylor M S. Trade and Tran's boundary pollution [J]. American Economic Review, 1995, (4): 716 – 737.

[63] Northam R M. Urban Geography [M]. New York: John Wiley and Sons, Inc, 1979.

[64] 陈晓倩, 张全景. 城镇化水平测定方法构建与案例 [J]. 地域研究与开发, 2011 (4): 76 – 80.

[65] 陈明, 王凯. 我国城镇化速度和趋势分析 [J]. 城市规划, 2013 (5): 16 – 22.

[66] 朱洪祥. 山东省城镇化发展质量测度研究 [J]. 城市发展研究, 2007 (5): 37 – 44.

[67] 张春梅,张小林等.发达地区城镇化质量的测度及其提升对策——以江苏省为例[J].经济地理2012 (7): 50-55.

[68] 沈正平.优化产业结构与提升城镇化质量的互动机制及实现途径[J].城市发展研究,2013 (5): 70-75.

[69] 相伟.深度城市化战略的内涵与实施保障研究[J].经济纵横,2012 (4): 49-53.

[70] 张明斗,王雅莉.中国新型城市化道路的包容性发展研究[J].城市发展研究,2012 (10): 6-11.

[71] 辜胜阻,朱农.中国城镇化的区域差异及其区域发展模式[J].中国人口科学,1993 (1): 7-16.

[72] 吕文明,刘海燕.湖南省城镇化区域差异与协调发展对策[J].经济地理,2007 (3): 467-469.

[73] 巴曙松.城镇化区域差异与融资机制[J].中国金融,2013 (8): 16-17.

[74] 张明斗,王雅莉.中国新型城市化道路的包容性发展研究[J].城市发展研究,2012 (10): 6-11.

[75] 王雅莉,张明斗.中国民生型城镇化的框架设计与优化路径研究[J].城市发展研究,2013 (5): 62-69.

[76] 马凯.转变城镇化发展方式提高城镇化发展质量走出一条中国特色的城镇化道路[J].国家行政学院学报,2012 (5): 4-12.

[77] 康银劳,袁兰兰.促进西部地区城镇化发展的政策建议[J].宏观经济管理,2001 (3): 44-45.

[78] 赵峥,倪鹏飞.当前城镇化发展的特征、问题及政策建议[J].中国国情国力,2012 (2): 10-13.

[79] 周元,孙新章.中国城镇化道路的反思与对策[J].中国人口资源与环境,2012 (4): 56-59.

[80] 甘露,马振涛.新型城镇化的核心是人的城镇化[N].人民日报,2012-10-29 (023).

[81] 单卓然,黄亚平.新型城镇化概念内涵、目标内容、规划策略及认知误区解析[J].城市规划学刊,2013 (5): 16-22.

[82] 魏后凯.多角度聚焦走新型城镇化道路[N].社会科学报,2013-06-20 (001).

[83] 耿明斋.新型城镇化引领"三化"协调发展的几点认识[J].经济经纬,2012 (1): 4-5.

[84] 魏人民.新型城镇化建设应解决七个失衡问题[J].经济纵横,2013 (9): 12-15.

[85] 陈伯庚,陈承明.新型城镇化与城乡一体化疑难问题解析[J].社会科

学，2013（9）：34-43.

[86] 苗建萍. 新型城镇化与新型工业化的互动发展机制 [J]. 经济导刊，2012（1）：94-96.

[87] 刘嘉汉，罗蓉. 以发展权为核心的新型城镇化道路研究 [J]. 经济学家，2011（5）：82-88.

[88] 刘少华，夏悦瑶. 新型城镇化背景下低碳经济的发展之路 [J]. 湖南师范大学学报（社科版），2012（3）：84-87.

[89] 黄艳芬，陆俊. 新型城镇化过程中的财税制度取向与配套改革 [J]. 税务研究，2013（9）：20-24.

[90] 王正明，吕艾芳. 推进新型城镇化的税收政策选择 [J]. 税务研究，2013（9）：40-42.

[91] 张明斗，王雅莉. 中国新型城镇化发展中的财税政策研究 [J]. 现代经济探讨，2013（11）：32-36.

[92] 陈映. 四川加快新型城镇化发展的对策建议 [J]. 经济体制改革，2010（6）：133-137.

[93] 张占仓. 河南省新型城镇化战略研究 [J]. 经济地理，2010（9）：1462-1467.

[94] 王发曾. 中原经济区的新型城镇化之路 [J]. 经济地理，2010（12）：1972-1977.

[95] 亚当·斯密. 国民财富的性质及其原因的研究 [M]. 北京：商务印书馆，2002.

[96] 马克思，恩格斯. 马克思恩格斯全集 [M]. 北京：人民出版社，1995.

[97] 宋冬林，姚常成. 改革开放四十年：中国城镇化与城市群的道路选择 [J]. 辽宁大学学报（哲学社会科学版），2018，46（5）：45-52.

[98] 张卫，糜志雄. 我国新型城镇化的发展趋势、挑战及对策 [J]. 宏观经济管理，2018（8）：47-53.

[99] 梁雯，孙红，刘宏伟. 中国新型城镇化与物流协同发展问题研究——以长江经济带为例 [J]. 现代财经（天津财经大学学报），2018，38（8）：69-80.

[100] 吴艳艳，袁家冬. 2000—2015年陕西省城镇化发展协调度空间演化 [J]. 经济地理，2018，38（7）：75-83.

[101] 郭未，鲁佳莹. 乡关何处：新型城镇化背景下的农民工入户意愿及选择 [J]. 人口与发展，2018，24（3）：35-42.

[102] 杨大楷，缪雪峰. 启动民间投资，推动城镇化建设 [J]. 金融教学与研究，2003（4）：8-10.

[103] 乔观民. 温岭市非公有制经济发展与城市化研究 [J]. 经济地理，

2004, 24 (2): 241-245.

[104] 杨重光. 民营经济是推进城市化的重要力量 [J]. 中国城市经济, 2004 (3).

[105] 许高峰. 论民营经济在区域经济发展中的作用 [M]. 北京: 经济科学出版社, 2012.

[106] 刘德承. 民营经济推动下的农村城镇化研究——浙江省典型案例 [D]. 杭州: 浙江师范大学, 2011.

[107] 廖明珠. 改革开放30年民营经济推动下的温州农村城镇化研究 [D]. 杭州: 浙江财经大学, 2016.

[108] 秦岭, 高怀定. 城镇化进程中的民营经济: 贡献、冲突与调节——以扬州市为例 [J]. 桂海论丛, 2004, 20 (2): 47-49.

[109] 武翠莲. 河北省民营经济与城市化相互关系分析 [D]. 保定: 河北大学, 2011, (5): 4-5.

[110] 西奥多舒尔茨. 改造传统农业 [M]. 北京: 商务印书馆, 1987.

[111] 约翰·梅尔 [美]. 农业经济发展学 [M]. 北京: 北京农村读物出版社, 1998.

[112] 龙冬平, 李同昇, 苗园园, 等. 中国农业现代化发展水平空间分异及类型 [J]. 地理学报, 2014, 69 (2): 213-226.

[113] 迟清涛. 中国农业现代化发展研究 [D]. 长春: 吉林农业大学, 2015.

[114] 陈江涛, 张巧惠, 吕建秋. 中国省域农业现代化水平评价及其影响因素的空间计量分析 [J]. 中国农业资源与区划, 2018, 39 (2): 205-213.

[115] 闵耀良. 知识经济与农业现代化 [J]. 中国农村经济, 2001, (1): 19-23.

[116] Robert Paarlberg. The Ethics of Modern Agr [J]. commentary, 2009 (46): 4-8.

[117] 王一夫. 黑龙江垦区工业化、城镇化与农业现代化协调发展水平综合评价与分析 [D]. 大庆: 黑龙江八一农垦大学, 2013.

[118] 韩永强. 淮河流域新型城镇化与农业现代化协调发展研究 [D]. 蚌埠: 安徽财经大学, 2015.

[119] 赵宏海. 安徽省城镇化与农业现代化协调发展研究 [D]. 合肥: 安徽大学, 2013.

[120] Gilly J P, Wallet F. Forms of Proximity, Local Governance and the Dynamics of Local Economic Spaces: The Case of Industrial Conversion Processes [J]. International Journal of Urban&Regional Research, 2010, 25 (3): 553-570.

[121] Kaplinsky R, Morris M. A handbook for value chain. 2001.

[122] Meyer Stamer J. Path dependence in regional development: Persistence

and change in three industrial clusters in Santa Catarina, Brazil [J]. World Development, 1998, 26 (8): 1495 – 1511.

[123] Messina J. Institutions and Service Employment: A Panel Study for OECD Countries [J]. Labour, 2005, 19 (2): 343 – 372.

[124] Pandey S M. Nature and Determinants of Urbanization in a Developing Economy: The Case of India [J]. Economic Development & Cultural Change, 2009, 25 (2): 265 – 278.

[125] Moomaw R L, Shatter A M. Urbanization and Economic Development: A Bias toward Large Cities? [J]. Journal of Urban Economics, 1996, 40 (1): 13 – 37.

[126] Ozawa T. Institutions, Industrial Upgrading, and Economic Performance in Japan [J]. Journal of Economic Issues, 2005, 81 (4): 461 – 463.

[127] Cohen B. Urbanization in developing countries: Current trends, future projections, and key challenges for sustainability [J]. Technology in Society, 2006, 28 (1): 63 – 80.

[128] Black D, Henderson J V. Urban Growth [J]. Social Science Electronic Publishing, 1997, 12 (2): 233.

[129] Davis J C, Henderson J V. Evidence on the political economy of the urbanization process [J]. Journal of Urban Economics, 2003, 53 (1): 98 – 125.

[130] Henderson V, Kuncoro A, Turner M. Industrial Development in Cities [J]. Journal of Political Economy, 1995, 103 (5): 1067 – 1090.

[131] 宋连胜,金月华.论新型城镇化的本质内涵 [J].山东社会科学,2016 (4): 47 – 51.

[132] 刘志伟.新型城镇化的产业支撑和就业安置研究——以哈尔滨市阿城区产业规划编制为例 [J].国土资源科技管理,2015, 32 (5): 43 – 49.

[133] 刘立峰.对新型城镇化进程中若干问题的思考 [J].宏观经济研究,2013 (5): 3 – 6.

[134] 汪大海,周昕皓,韩天慧,等.新型城镇化进程中产业支撑问题思考 [J].宏观经济管理,2013 (8): 46 – 47.

[135] 石忆邵.中国新型城镇化与小城镇发展 [J].经济地理,2013, 33 (7): 47 – 52.

[136] 陈晖涛.强化福建省新型城镇化发展的产业支撑对策研究 [J].福建师范大学学报 (哲学社会科学版),2016 (2): 22 – 28, 36.

[137] 黄祖辉.现代农业能否支撑城镇化? [J].西北农林科技大学学报 (社会科学版),2014 (1): 1 – 5.

[138] 向丽.中国农业现代化与新型城镇化的脱钩关系研究 [J].税务与经

济, 2017 (4): 50-57.

[139] 郭爱君, 陶银海. 新型城镇化与农业现代化协调发展的实证研究 [J]. 西北大学学报 (哲学社会科学版), 2016, 46 (6): 97-103.

[140] 徐君, 高厚宾, 王育红. 新型工业化、信息化、新型城镇化、农业现代化互动耦合机理研究 [J]. 现代管理科学, 2013 (9): 85-88.

[141] 袁开福. 城市产业支撑的发展与培育研究——以贵州省为例 [J]. 技术经济与管理研究, 2011 (4): 95-98.

[142] 王政武. 基于现代农业支撑的广西新型城镇化发展路径探析 [J]. 广西社会科学, 2015 (3): 80-84.

[143] 蒲文彬. 产业支撑视角下的贵州城镇化构建问题研究 [J]. 贵州师范大学学报 (社会科学版), 2012 (1): 51-57.

[144] 王晓燕. 河南省新型城镇化产业支撑体系研究 [J]. 华北水利水电大学学报 (社会科学版), 2014 (5): 26-28.

[145] 范海燕, 李洪山. 城乡互动发展模式的探讨 [J]. 中国软科学, 2005 (3): 155-159.

[146] Myrdal G. Economic Theory and Under-Developed Regions [M]. London: Duckworth, 1957.

[147] Epsteint. S, Jezeph. D. Development-There is Another Way: a Rural-Urban Partnership Development Paradigm [J]. World Development, 2001, 29 (8): 1443-1454.

[148] 方辉振. 城乡经济社会发展一体化新格局的形成机理研究 [J]. 经济体制改革, 2010 (1): 137-140.

[149] 任保平. 城乡经济社会一体化: 界定、机制、条件及其度量 [J]. 贵州财经学院学报, 2011, 29 (1): 18-22.

[150] Kreukels T, Pollé E J. Urbanization and Spatial Planning in an International Perspective [J]. Journal of Housing and the Built Environment, 1997, 12 (1): 135-163.

[151] 张泰城, 张小青. 中部地区城镇化的动力机制及路径选择研究 [J]. 经济问题, 2007 (2): 47-49.

[152] 黄亚龙. 城乡一体化的发展动力机制研究 [J]. 中小企业管理与科技 (下旬刊), 2009 (10): 120-121.

[153] Todaro M P. A Model of Labor Migration and Urban Unemployment in Less Developed Countries [J]. American Economic Review, 1969, 59 (1): 138-148.

[154] 王振亮. 城乡一体化的误区——兼与《城乡一体化探论》作者商榷 [J]. 城市规划, 1998, 22 (2): 56-59+61.

[155] Zhang K H, Song S. Rural – Urban Migration and Urbanization in China: Evidence from time – series and cross – section Analyses [J]. China Economic Review, 2003, 14 (4): 386 – 400.

[156] 吴靖. 中国城市化动力机制探析 [J]. 经济学家, 2007 (5): 121 – 122.

[157] 周云波. 城市化、城乡差距以及全国居民总体收入差距的变动——收入差距倒 U 形假说的实证检验 [J]. 经济学（季刊）, 2009, 8 (4): 1239 – 1256.

[158] 王平, 杜娜, 曾永明, 等. 海口市城乡一体化发展的动力机制研究 [J]. 商业经济研究, 2014 (13): 143 – 145.

[159] 蒲艳萍, 吴永球. 经济增长、产业结构与劳动力转移 [J]. 数量经济技术经济研究, 2005 (9).

[160] Benjamin D, Brandt L, Giles J. The Evolution of Income Inequality in Rural China [J]. Economic Development and Cultural Change, 2005, 53 (4): 769 – 824.

[161] Cai F, Yang D U. Wage Increases, Wage Convergence and the Lewis turning Point in China [J]. China Economic Review, 2011, 22 (4): 601 – 610.

[162] 陈斌开, 林毅夫. 发展战略、城市化与中国城乡收入差距 [J]. 中国社会科学, 2013 (4): 81 – 102 + 206.

[163] 刘桂贤, 李强. 略论产业转移推动城乡统筹发展的机制和策略 [J]. 商业经济研究, 2009 (14): 82.

[164] Jr L R, De M. Foreign Direct Investment, International Knowledge Transfers, and Endogenous Growth: Time Series Evidence [J]. Studies in Economics 1996, 11 (32): 187 – 212.

[165] Markusen J R, Venables A J. Foreign Direct Investment as a Catalyst for Industrial Development [J]. European Economic Review, 1997, 43 (2): 335 – 356.

[166] 陈白杨. 城乡产业转移的效应研究——以皖西地区为例 [J]. 经济视角（上）, 2013 (8): 64 – 66 + 53.

[167] 李岳峰, 刘汶. 论我国农业现代化与农业机械化的内涵及基本特征 [J]. 农业现代化研究, 2008, 29 (5): 518 – 521.

[168] 冯献, 崔凯. 中国工业化、信息化、城镇化和农业现代化的内涵与同步发展的现实选择和作用机理 [J]. 农业现代化研究, 2013, 34 (3): 269 – 273.

[169] 马晓河, 蓝海涛, 黄汉权. 工业反哺农业的国际经验及我国的政策调整思路 [J]. 管理世界, 2005 (7): 55 – 63.

[170] 吴群.论工业反哺农业与城乡一体化发展［J］.农业现代化研究，2006，27（1）：35-39.

[171] 朱劲松，刘传江.重新重工业化对我国就业的影响——基于技术中性理论与实证数据的分析［J］.数量经济技术经济研究，2006（12）：82-92.

[172] 李杰义.工业反哺农业机制构建的价值基础与对策建议——基于农业产业链的分析视角［J］.价格理论与实践，2010（3）：73-74.

[173] C. W. Watts, A. R. Dexter, E. Dumitru, J. Arvidsson. An assessment of the vulnerability of soil structure to destabilisation during tillage. Part I. A laboratory test［J］. Soil&Tillage Research. 2014,（2）156-167.

[174] Martin Oppermann. Rural tourism in Southern Germany［J］. Annals of Tourism Research, 1996, 23（1）.

[175] 江明融.公共服务均等化论略［J］.中南财经政法大学学报，2006（3）：43-47.

[176] 李强，罗仁福，刘承芳，等.新农村建设中农民最需要什么样的公共服务——农民对农村公共物品投资的意愿分析［J］.农业经济问题，2006（10）：15-20.

[177] 樊丽明，解垩，尹琳.农民参与新型农村合作医疗及满意度分析——基于3省245户农户的调查［J］.山东大学学报（哲学社会科学版），2009（1）：52-57.

[178] 迟福林.公共服务均等化：构建新型中央地方关系［J］.廉政瞭望，2006（12）：41.

[179] 李乐，张凤荣，张新花，等.农村公共服务设施空间布局优化研究——以北京市顺义区为例.地域研究与开发，2011，30（5）：12-16.

[180] 罗震东，韦江绿，张京祥.城乡基本公共服务设施均等化发展的界定、特征与途径［J］.现代城市研究，2011，26（7）：7-13.

[181] 马慧强，韩增林，江海旭.我国基本公共服务空间差异格局与质量特征分析［J］.经济地理，2017，31（2）：212-217.

[182] 黄金川，黄武强，张煜.中国地级以上城市基础设施评价研究［J］.经济地理，2016，31（1）：47-54.

[183] 李志军，刘海燕，刘继生.中国农村基础设施建设投入不平衡性研究［J］.地理科学，2010，30（6）：839-846.

[184] 南锐，王新民，李会欣.区域基本公共服务均等化水平的评价［J］.财经科学，2017（12）：58-64.

[185] 丁焕峰，曾宝富.中国区域公共服务水平均等化差异演变：1997-2007［J］.城市观察，2016（5）：24-29.

[186] 王悦荣.城市基本公共服务均等化及能力评价[J].城市问题,2015(8):9-16.

[187] 刘斌,余兴厚,罗二芳.西部地区基本公共服务省际差异研究——基于因子分析与聚类分析模型的初探[J].贵州财经学院学报,2015(3):87-91.

[188] 李敏纳,覃成林.中国社会性公共服务空间分异研究[J].人文地理,2016,25(1):26-30.

[189] 韩增林,刘天宝.中国地级以上城市城市化质量特征及空间差异[J].地理研究,2015,28(6):1508-1515.

[190] 刘德吉.国内外公共服务均等化问题研究综述[J].上海行政学院学报,2015,10(6):100-108.

[191] 李敏纳,覃成林,李润田.中国社会性公共服务区域差异分析[J].经济地理,2015,29(6):887-893.

[192] 欧向军,甄峰,秦永东,等.区域城市化水平综合测度及其理想动力分析——以江苏省为例[J].地理研究,2014(5):993-1002.

[193] 郑新立.聚焦农村改革促进城乡一体化发展[J].南方企业家,2017(3):18-19.

[194] 常修泽.中国现阶段基本公共服务均等化研究[J].中共天津市委党校学报,2015(2):66-71.

[195] 张恒龙,陈宪.构建和谐社会与实现公共服务均等化[J].地方财政研究,2007(1):13-17.

[196] 唐颖.统筹城乡视角下重庆市人力资本投资及对策研究[D].重庆:重庆大学,2013.

[197] 包兴荣.社会公正话语下的城乡社会性公共服务统筹自议[J].四川行政学院学报,2006(3):70-73.

[198] 陈轶,朱力,张纯.城乡统筹的国际经验借鉴及其对我国的启示[J].安徽农业科学,2014,42(15):4850-4853+4922.

[199] 谢瑞.甘肃省农村最低生活保障制度城乡统筹发展研究[D].兰州:兰州大学,2009.

[200] 李燕凌,曾福生.农村公共品供给农民满意度及其影响因素分析[J].数量经济技术经济研究,2008(8):3-18.

[201] 夏锋.千户农民对农村公共服务现状的看法——基于29个省份230个村的入户调查[J].农业经济问题,2008(5):68-73.

[202] 王谦.基于农民视角的农村公共服务供给合意度和需求程度分析——以山东省三县市的调研为例[J].山东社会科学,2008(3):152-155.

[203] 马林靖,张林秀.农户对灌溉设施投资满意度的影响因素分析[J]. 农业技术经济,2008(1):34-39.

[204] 白南生,李靖,辛本胜.村民对基础设施的需求强度和融资意愿——基于安徽凤阳农村居民的调查[J].农业经济问题,2007(7):49-53.